Pennalismus

Quellen zur protestantischen Bildungsgeschichte (QPBG)

Nr. 6

Herausgegeben von Ralf Koerrenz, Alexandra Schotte und Annika Blichmann

Gefördert vom Landesgraduiertenkolleg
„Protestantische Bildungstraditionen in Mitteldeutschland"
der Friedrich-Schiller-Universität Jena

Pennalismus

Ein Phänomen protestantischer Universitäten im 17. Jahrhundert

Herausgegeben von Matthias Hensel

EVANGELISCHE VERLAGSANSTALT
Leipzig

Bibliografische Information der Deutschen Nationalbibliothek
Die Deutsche Nationalbibliothek verzeichnet diese Publikation in der
Deutschen Nationalbiografie; detaillierte bibliografische Daten
sind im Internet über http://dnb.d-nb.de abrufbar.

© 2014 by Evangelische Verlagsanstalt GmbH · Leipzig
Printed in Germany · H 7744

Gedruckt auf alterungsbeständigem Papier.

Umschlag: Kai-Michael Gustmann, Leipzig
Satz: Katja Rub, Leipzig
Druck und Bindung: Docupoint GmbH Magdeburg

ISBN 978-3-374-03760-5
www.eva-leipzig.de

INHALT

I. Einleitung

Der Pennalismus des 17. Jahrhunderts ist in seiner Komplexität heute weitestgehend unbeachtet. Nur sporadisch und am Rande gerät dieses Phänomen als Teil frühneuzeitlicher Studentenkultur in den Blick historischer Forschung. Dabei löste es eine der größten Krisen in der Geschichte der protestantischen Universitäten aus und zwang diese zu revolutionären Maßnahmen – erstmals sahen sich die konkurrierenden Hochschulen zu einem gemeinsamen Vorgehen gezwungen, um diese „Pest der Academien", diesen „schändlichen Pful aller Laster" zu steuern.[1]

Unter dem Begriff ‚Pennalismus' wurden schon von den Zeitgenossen alle möglichen Frevel und Untugenden der Studenten zusammengefasst. In ihm sah man zugleich deren Ursache und Nährboden. Die Geschichtsforschung des 19. Jahrhunderts bis hin zum 2. Weltkrieg übernahm die zeitgenössischen Urteile weitestgehend unkritisch. Umso wichtiger ist es, eine eindeutige Bestimmung dessen vorzunehmen, was unter dem Begriff Pennalismus verstanden wurde, wie er entstehen konnte, wie das Pennalwesen praktiziert und bekämpft wurde. Die überlieferten Quellen sind hierfür ein reicher Fundus.

Das neue humanistisch-protestantische Bildungskonzept, das Melanchthon und seine Mitstreiter im 16. Jahrhundert in Wittenberg entwickelten, setzte das Individuum in den Mittelpunkt. Der Student wurde nun nicht mehr nur als Mitglied einer standesspezifischen Gruppe gesehen, sondern als Person, die individuelle Freiheiten genoss, doch zugleich in sittlicher und wissenschaftlicher Hinsicht der Erziehung und Ausbildung durch die Universitäten oblag.

---

1   Gänzliche Abschaffung des schädlichen Pennal=Wesens auf der Universität zu Jehna (siehe Quellentexte).

Vor Beginn der Reformation war das Wohnen außerhalb der Bursen und Kollegien verboten und wurde lediglich Adeligen sowie Studenten, die Verwandte in der Stadt hatten, und nur unter der Aufsicht eines Präzeptors erlaubt.[2] Erziehung und Disziplinierung, Lehre und Leben waren untrennbar in der ‚universitas magistrorum et scholarium‘ miteinander verwoben. Durch das von Reformation und Humanismus begründete Recht auf persönliche Freiheit verschwanden die Bursen bis 1600 nahezu vollständig aus dem deutschen Raum. Damit vollzog sich ein entscheidender Wandel der universitären Lebenswelt. Jetzt wurde das Wohnen und Speisen in Bürgerhäusern außerhalb der Kollegien allgemein üblich. Zwar wurden neuen Studenten noch immer Präzeptoren zugeteilt und den Stubenwirten und Tischhaltern in bestimmtem Umfang Aufsichts- und Erziehungspflichten übertragen, doch die bisherige umfassende Observanz der Studenten konnte nicht erhalten werden. Schon 12 Jahre nach Gründung der Jenaer Hohen Schule wollten selbst die Stipendiaten nicht mehr im dortigen Kollegium wohnen und der Landesherr wies 1560 die Professoren an, diese wieder dort unter ihrer Obhut zu beherbergen, damit wenigstens die Gratifikanten vom nächtlichen Gassenlaufen abgehalten würden.[3]

Nicht zuletzt durch die ‚Diaspora‘ der Studierenden verlor der Sonderstatus der Universitäten im gesamtgesellschaftlichen Entwicklungsprozess mehr und mehr an Bedeutung. Die akademische Lebenswelt musste sich zunehmend in ihre Umgebung und damit überwiegend in ein städtisches Umfeld einfügen. Diesem Prozess begegnete die gesamte universitäre Gemeinschaft, wenngleich mit unterschiedlichen Mitteln, mit

---

2 Vgl. Tholuck: Rationalismus, S. 220 und 223f.
3 Vgl. UAJ A 174, fol. 18–20 und 21–24. Vgl. auch Hensel: Stadt, S. 85.

regressivem Beharren, Dringen auf ihre ständischen Privilegien und der Verteidigung der ‚akademischen Freiheit'.[4]

Bestimmte Teile studentischer Kultur sind schon seit dem Spätmittelalter als ‚gegenkulturelle Kontinuitätslinien'[5] sichtbar. Die Grundlagen studentischer Entität liegen damit auch im spezifischen Rechtsstatus und Rechtsraum der Universitäten seit dem Mittelalter. Aber erst die Auslegung der akademischen Freiheit durch Teile der Studentenschaft in Folge der Reformation erlaubte deviantes Verhalten, das jene bestimmte Standeskultur hervorbrachte, welche den Boden für den Pennalismus und das Schoristentum auf protestantischen Universitäten zu Beginn des 17. Jahrhunderts bereitete.

Vor diesem Hintergrund bildeten die Studenten in den Universitätsstädten der Frühen Neuzeit allmählich eine eigenständige soziale Gruppe mit einer spezifischen Devianzkultur, Normen und Habitusformen, eigenen Symbolen und einer eigenen Sprache. Damit begannen sie sich von ihrer Obrigkeit zu emanzipieren und eigene Soziabilitätsformen auszuprägen. Es entstanden rein studentische Gesellschaftsformen und Korporationen wie Tischgemeinschaften oder Landsmannschaften sowie standesspezifische, genuin studentische Bräuche und teilweise informelle Riten, die zunehmend und allgemein als ‚Schorismus' oder ‚Pennalismus' bezeichnet, sukzessive verboten wurden und ins Verborgene auswichen. Die Erhöhung der Attraktivität studentischer Geselligkeitsformen durch Verbote wiederum wurde von vielen Studenten als gegenkulturelles ‚Identifikationsangebot' angenommen.[6]

Daraus erklärt sich, dass nur wenige Zeugnisse und Schriftstücke dieser studentischen Gemeinschaften selbst überliefert sind. Ihre Aktivitäten, wie auch die studentische Devianzkultur

---

4   Vgl. Asche: Freiheit; Baumgart: Universitäten.
5   Füssel: Sittenverfall, S. 130; weiterführende Literatur ebd.
6   Vgl. a. a. O., S. 146.

generell, lassen sich meist nur aus den Überlieferungen der akademischen Jurisdiktion ex negativo nachweisen. Es ist zu vermuten, dass der größte Teil dieser unterschiedlich streng strukturierten studentischen Vergesellschaftungen, die Societates, Conspirationes, Nationes, Compagnien, Königreiche oder Kränzchen genannt wurden, überwiegend aus Tischgemeinschaften entstanden ist, die keinerlei direkte Kontinuitätslinien zu den universitären Nationen und Bursen des Mittelalters aufweisen.

Das Pennalsystem ist kaum denkbar ohne Berücksichtigung seiner Organisation durch die Gemeinschaft der Studierenden, die Struktur des universitären Lebens und Lehrbetriebs, die Einflechtung älterer akademischer Traditionen und ohne die Beachtung der allgemeinen Lebensumstände in der ersten Hälfte des 17. Jahrhunderts. Die rasche Ausbreitung des Pennalwesens auf allen protestantischen Universitäten des Alten Reiches lässt darauf schließen, „daß im Studentenleben die Grundlagen zur Ausbreitung des ganzen pennalistischen Systems schon vorhanden waren und nur einer letzten Zusammenfassung bedurften."[7] Denn die Voraussetzungen dafür dürften an den meisten protestantischen Universitäten ähnlich gewesen sein. Zugleich spiegelt die Geschichte des Pennalismus den langfristigen Konflikt „zwischen der institutionellen Disziplinarmacht der Universitäten und den Autonomiebestrebungen studentischer Vergesellschaftung."[8] Diesen Annahmen soll im Folgenden nachgegangen werden.

---

7 Franke: Pennalismus, S. 208.
8 Füssel: Riten, S. 5, der hier auf kulturtheoretische und soziologische Ansätze zur Einordnung des Themas verweist. Schon Bärnstein: Beiträge, S. 18 meinte dazu: „Es würde sich vom culturgeschichtlichen Standpunkte aus wohl lohnen, eine eingehende Untersuchung darüber anzustellen, wie die offiziellen Institute der inspectores morum und der depositio mit dem neuen Nationalismus und dem Pennalismus genetisch ineinandergreifen."

Die bisherigen Darstellungen des Themas beruhen hauptsächlich auf Drucken, die im Zuge und in Folge der Bekämpfung des
Pennalismus entstanden. Zeitgenössische Autoren diagnosti-
zierten die Verrohung der Sitten allgemein und besonders der
Studenten durch den Dreißigjährigen Krieg.[9] Der Verfasser des
Berichts an den Hessischen Landgrafen zwecks Abschaffung
des Pennalwesens auf der Universität Gießen von 1660 meint
gar:

> „Es können und sollen auch von vernünfftigen Leuten / und
> noch vielmehr von Christen / keine andere Gedancken ge-
> schöpfft werden / als daß Gott / nechst anderen Sünden und
> Schanden / auch um solcher Ubelthaten des Pennalismi wil-
> len / unser Vatterland Teutscher Nation mit dem dreissig jäh-
> rigen Kriege heimgesucht [...] habe".[10]

Auch die unzähligen Universitätsprogramme, die augen-
scheinlich als Vorlage für die meisten Autoren bis ins 20. Jahrhundert dienten, sprechen eine ähnliche Sprache. Hier wird der

---

9   Vgl. das Kapitel Zeitgenössische Kritik sowie Uhse: Criticus. Meyfart:
     Erinnerung, S. 136, schreibt z. B.: „Wenn jemand in eine Stadt kommet
     / da dergleichen Vnwesen bey der Vniversitet eingerissen ist / vnd etwa
     darbey mit diesem Laster beschmeissete Evangelische Studenten mit
     grosser Menge zu finden / [...] die ziehen auff in der Kleidung wie Kriegs-
     Gurgel / vnd haben die furchtsame Haasen Degen angegürtet / die stin-
     ckende Speyvögel Feder auffgestecket / die lahmen Fußhincker Stieffel
     vnd Sporen angeleget / die krancken / auch wol bettelarme Raben Koller
     vmb sich geworffen / vnnd die Strickwürdige Buben Feldzeichen / Ich
     irre / Scharpen oder Favoren an die lincke Schulder geheffted / oder zum
     wenigsten vmb den Kothwanst vnnd schindgrubenmässigen Bauch /
     wie den Hopffen vmb die Stangen / gezogen. [...] vermynete Studenten /
     wollen für hertzhaffte Soldaten vnd versuchte Kriegs Officirer angese-
     hen seyn / [...] reget dergestalt der SchaffsThor hervor an allen Orten."
     Fast zur gleichen Zeit beschreibt der Jenaer Theologe Johann Gerhard
     1635 die Übernahme militärischer Sitten durch die Studierenden in ei-
     ner Rektoratsrede, teilweise wiedergeben bei Füssel: Sittenverfall, S. 133.
10   Bericht der Universität Gießen an Landgraf Georg von Hessen von 1660
     (siehe Quellentexte).

Pennalismus freilich nicht systematisch geschildert, sondern es werden allein seine schlimmsten Zuspitzungen hervorgehoben.[11]

Als erster Historiograph befasste sich Christian Schöttgen in der ‚Historie des ehedem auf Universitäten gebräuchlich gewesenen Pennal-Wesens' von 1747 mit dem Phänomen.[12] Seine Arbeit ist zugleich eine erste und noch heute unumgängliche Bibliographie. Getragen vom Interesse der zumeist nationalistisch und corpsstudentisch geprägten sogenannten ‚Sittengeschichte' an der Geschichte des studentischen Lebens und Brauchtums, entstanden ab dem frühen 19. Jahrhundert etliche Aufsätze und Artikel, welche die Feststellung des allgemeinen Sittenverfalls zumeist unkritisch weitertrugen.[13]

---

11 Vgl. Müller: Episode, S. 118; zu Universitätsprogrammen, speziell zu den Jenaern, siehe Ders.: Sammlung.

12 Vgl. Schöttgen: Historie.

13 Brügmann: Zucht, ist stark völkisch-nationalistisch geprägt, bietet allerdings eine umfangreiche Quellensammlung zum Studentenleben der Frühen Neuzeit (vgl. besonders S. 47–106). Bauer: Sittengeschichte, stellt den Pennalismus ins Zentrum, seine Einschätzungen sind allerdings meist undifferenziert und pauschal. Die Arbeit enthält zahlreiche Abbildungen und basiert auf sehr guter Quellenkenntnis, allerdings scheinen die Nachweise völlig durcheinander geraten zu sein. Zudem ist sie völlig unstrukturiert und über weite Teile lediglich eine Anekdotensammlung, die Einzelfälle verallgemeinert. Auch Bärnstein: Beiträge, bietet einen umfassenden und geordneten Überblick studentengeschichtlich relevanter Drucke. Vgl. auch Meiners: Geschichte; Kelter: Student; Bruchmüller: Studententum; Ders.: Student; Eckstein: Pennalismus; Dolch: Geschichte; Baeker: Kämpfe; Becker: Geschichte; Keil/Keil: Geschichte; Paulsen: Geschichte; Tholuck: Rationalismus; Lange: Pennalismus; Fick: Schulen. Im Hinblick auf den Pennalismus schrieb Werner Klose: Freiheit, S. 73, noch 1967: „Diese Landsmannschaften entarteten im Gefolge des großen Krieges zu Terrororganisationen der Studentenschaft." Vgl. auch Füssel: Riten, S. 6, Anm. 19; Ders.: Feder, S. 2, Anm. 7, und Ders.: Sittenverfall, S. 125f. Hier weist er darauf hin, dass im Zeitraum zwischen dem 2. Weltkrieg und den 1990er Jahren fast keine wissenschaftliche Auseinandersetzung mit dem Pennalismus oder der Alltagsgeschichte der Universitäten und Studenten im Dreißigjährigen Krieg stattfand.

Der allgemeine Niedergang habe sich an den protestantischen Universitäten besonders in Form des Pennalismus und seiner Begleiterscheinungen wie dem Duellwesen[14], der soldatischen Kleidung, der Rauf- und Sauflust, ja dem lasterhaften Leben der Studenten insgesamt, niedergeschlagen.[15] Andere Stimmen verhallten fast ungehört. Bis heute prägt jenes Dogma das Bild vom akademischen Alltag in der ersten Hälfte des 17. Jahrhunderts, da ausführliche Monographien zum Thema bisher nicht verfasst wurden. Dennoch sind die Arbeiten der letzten beiden Jahrhunderte, mit der gebotenen Vorsicht betrachtet, auf Grund fehlender Quelleneditionen auch heute noch unerlässlich. Erst Richard Walter Franke, obwohl stark völkisch-national geprägt, und Hans Müller, die Anfang des 20. Jahrhunderts das Pennalwesen in Leipzig bzw. Jena untersuchten, setzten sich differenzierter mit dem Thema auseinander.[16] Ihre Aufsätze sind bis heute die einzigen, die sich in großem Umfang auf Archivalien stützen und Aussagen lückenlos belegen. Daneben wurde der Pennalismus hauptsächlich in Unterkapiteln und kleineren Aufsätzen behandelt.[17] Die bisher anspruchsvolls-

---

14 Vgl. zuletzt: Krug-Richter: Anmerkungen.
15 So argumentiert z. B. Brügmann: Zucht, S. 12, im Ton seiner Zeit: „Der Blut- und Substanzverlust des deutschen Volkes ist zweifellos die Hauptursache dieses kulturellen Verfalls." Auch vor und nach dem Krieg gehörten Gewalt, Waffen und die studentische Devianzkultur allgemein zum universitätsstädtischen Alltag. Ebenso wie teilweise gewaltsame Initiationsriten schon zuvor gebräuchlich waren und in einigen Bildungseinrichtungen noch heute sind. Als Beispiel für neueren Pennalismus siehe z. B. Flöter: Eliten-Bildung, S. 269–284, sowie Lieber: Amboss. Zur Gewöhnlichkeit von Zucht- und Prügelstrafen im 16. Jahrhundert siehe Bauer: Sittengeschichte, S. 5–12. Füssel: Riten, S. 3f, und Ders.: Sittenverfall, S. 131, mit Verweisen und Beispielen aus dem In- und Ausland, warnt zugleich vor der Annahme von Kontinuitätslinien.
16 Vgl. Müller: Episode; Franke: Pennalismus. Beide sind hervorragende Kenner der Geschichte des Pennalwesens ‚ihrer' Universität.
17 Vgl. besonders Darstellung zur Geschichte einzelner Universitäten. Für die Jenaer Universität vgl. zudem Platen: Fall, sowie Späte: Leben, S. 89–118.

te Auseinandersetzung mit akademischen Initiationsriten und ihrem historischen Kontext liefert Marian Füssel.[18] Seine Analysen stützen sich vor allem auf umfangreiches, oft wenig bekanntes Quellenmaterial, das allerdings keine Archivalien umfasst.

II. Der Pennalismus

Erst vom Beginn des 17. Jahrhunderts und aus dem akademischen Latein entstammen vermutlich die Begriffe ‚Pennale' für neue Studenten und ‚Pennalismus', gebildet aus dem Wort ‚Penna' für Feder, bzw. ‚Pennal' für Federbüchse.[19] Als Pennal wurden ursprünglich wohl fleißige Studenten bezeichnet. Es war also „anfänglich kein Schimpf= sondern ein Ehren=Titul, deßen sich niemand zu schämen hatte, weil die Feder einem Studenten eben so nöthig, als einem Soldaten sein Gewehr."[20] Zum Schimpfwort neben anderen sei es erst durch die unfleißigen Studenten gemacht worden, die es als ehrenrührige Bezeichnung für hörige, abhängige, feige und unerfahrene Studenten

---

18 Füssel: Feder; Ders.: Riten. Ders.: Sittenverfall, S. 145, meint, der Pennalismus habe sich „als kulturelles Deutungsmuster der Krise auf die gesamte akademische Kultur" übertragen. „Der Krieg war jedoch nicht die Ursache des Pennalismus, sondern bot lediglich kulturelle Rahmenbedingungen, die entsprechende Tendenzen weiter befördert haben dürften, da landsmannschaftliche Verbindungen am Studienort gerade angesichts der Kriegswirren von besonderer Relevanz sein konnten."

19 Vgl. Schöttgen: Historie; S. 33–39. Dass das äußere Zeichen der Pennale eine im Gürtel getragene Feder bzw. Federbüchse war – wie Füssel: Riten, S. 20, annimmt und sich dabei auf Meiners: Geschichte, S. 159, bezieht, der vermutlich seine Annahme aus Zincgrefs ‚Facetiae Pennalium', S. 62, übernommen hat, ist aber mit Sicherheit eine drastische Verallgemeinerung weniger Einzelfälle.

20 Schöttgen: Historie, S. 13. Vgl. auch Palaeottus/Penna: Disputatio: §5: „Et dictur pennalis ab adiuncto proprio, quia assuetus est gastare pennas in theca sub cingulo suo ad excipiendum omne verbum, quod cadit ex ore praeceptoris sui".

gebrauchten, weshalb damit vornehmlich Studienanfänger
betitelt wurden.[21] Weitere Bezeichnungen für Studienanfänger
waren Fuchs[22], Quasiomodogeniti, Neovisti, Novizen, Juniores,
Vulpeculae, Caeci, Rapschnäbel („weil sie, wie die jungen Raben
oder andere Vögel, gar gelb um den Schnabel ausgesehen"[23]),
Haushähne, Mutterkälber, Säuglinge, Schützen, Bacchanten
oder Beani („mit welchem Nahmen bekannter maßen alle die-

---

21   Siehe Zincgref: Facetatiae pennalium, S. 48f: „Auß den Pennal Thesibus.
     Ein Pennal ist ein vnvernünfftig Thier, das weder maß noch ziel hat in
     seiner Bäwerischen grobheit / wird also genennet à Pennis von Federn
     die er in seinem Pennal oder Schreibzeug am Gürtel tregt / vmb nach
     zuschreiben / alle wort so auß seines Praeceptoris Mund fallen / Sons-
     ten ein Calmenser / vom Calamar, oder Schreibzeug. Andere nennens
     ein Iuuenalem, andere studiosorum quasimodo genitum, andere ein
     Neouistum oder Newfeuster / oder Rabschnabel / andere Bachanten
     oder Bachfrantzen / per contratium weil sie lieber die Weinkanten als
     die Bachkanten brauchen. Andere Beanum quasi pene Asinum, dann er
     ist nichts anderst / als ein halber Esel / der nur zwei Beine hat / vnd
     gleichsam die Häfe aller Studenten / der sich viel dunck / vnnd doch
     wenig weiß / hat ein Kopff ohne Hirn vnnd Stirn / ohne Schamm / vnnd
     Zaum / vnd oben drauff noch viel vberbliebene Corallenzincken von sei-
     nen Hörnern seligen. Ist ein freygebiger Kautz / dann er gibt lieber ein
     Finger auß der Hand als ein Pfennig auß der Taschen / Sein Gelt verbirgt
     er vnder sein Bettstroh / zehlet alle Glässer / die man bey ihm außtrin-
     cket. Will nirgendts gern der letzte sein / dann er ist noch von der Schul
     hero gewohnet / vmb die Oberstell zu disputieren. Weiß die Nierenbra-
     ten meisterlich zu anatomiren / vnnd dem Burgermeister den Titulum
     Iuris de Edendo aufzuschlagen. Gehet ihm wie einem Pfawen / spreitet
     sich gewaltig auß / wann er seine Morgistral geschicklichkeit ansihet /
     lest aber den Schwantz bald fallen / wann er seinen schmehlichen stand
     erblicket." Ähnlich spöttisch werden einfältige Studenten auch in Me-
     landers ‚Joco-seria', S. 143f. und 221f. beschrieben. Zur Herleitung des
     Begriffs und zu den folgenden unterschiedlichen Bezeichnungen für
     Pennale und Schoristen siehe Schöttgen: Historie, S. 12–19.
22   Schon in einer Einladung der Philosophischen Fakultät der Universi-
     tät Jena vom 1. August 1596 zur Verkündung von 16 neuen Magistern
     beklagt der Dekan, dass die fleißigen und ordentlichen Studenten und
     vor allem Adlige, die ihrem Stand Ehre zu machen strebten, von den
     unfleißigen und unordentlichen Studenten als ‚vulpes scholasticae' be-
     schimpft würden, vgl. ThULB HSA 2 Hist. lit. VI, 3 (141).
23   Schöttgen: Historie, S. 17, nach Palaeottus/Penna: Disputatio.

jenigen beleget wurden, welche noch nicht deponiert waren"[24]),
Unschuldige oder Innocentes, Imperfecti, Galli domestici, Half
Papen, Schieber (weil sie sich für Studenten ausgaben, ohne das
Pennaljahr gehalten zu haben), Spulwürmer (weil sie unrein
seien und mit allerlei ,Medizin' gereinigt und geheilt werden
müssten), Calamarii und Cornutos. Hauspennäle, Hausunken,
Stammfeix und Dominastri wurden jene genannt, die sich vor
dem Pennalismus und damit vor dem Besuch der Universitäten
fürchteten.

Allen Definitionen des Pennalismus gemeinsam ist das
Prinzip der Unterordnung der jüngeren unter die älteren Studenten. Die damit einhergehende Differenzierung zwischen
Studenten und Studienanfängern bedeutete, dass den Neulingen studentische Privilegien verweigert wurden, sich zudem
die älteren Studenten Vorrechte über sie aneigneten und sie zu
entwürdigenden Tätigkeiten und Diensten zwangen. Dieses
System fand seinen Ausdruck zugleich in ehrenrührigen Bedrückungen und gewaltsamen Quälereien,[25] besonders aber in
der materiellen Ausbeutung der Studienanfänger. Das Abhän-
gigkeitsverhältnis dauerte rund ein Jahr,[26] begann mit dem

---

24 Schöttgen: Historie, S. 17.
25 Aus einer Intimation der Universität Jena vom 11. März 1638 geht hervor,
    dass Pennalen ein Gericht aus Wurst, Brot, Salz, Kehricht, Nesseln, ge-
    stoßenen Ziegelsteinen, Knoblauch, Öl und Essig in Form eines Kloßes
    in Mund gestoßen wurde, so dass Blut floss. Auch ihre Bücher wurden
    mit den Stiefeln und Sporen zerstampft, vgl. ThULB HSA 2 Hist. lit. VI, 4
    (274), abgedruckt in Fritsch: Scholaris Peccans, S. 77–81; vgl. auch Keil/
    Keil: Geschichte, S. 114, Bauer: Sittengeschichte, S. 82f. Auch Schröder:
    FriedensPosaune, S. 41, berichtet: „Sie haben ihnen unnatürliche Trün-
    ke von zerschnittenen Nesteln, Oesel aus den Lichtputzen, Dinte, Senf,
    garstige stinkende Butter, Nußschellen u. s. w. untereinander ver-
    mischt, eingegeben."
26 In kaum einer Überlieferung gibt es Anzeichen dafür, dass das
    Pennaljahr länger als 12 Monate gedauert hätte. Ausnahmen sind
    die Rostocker Rektoratsrede Johann Quistorps aus dem Jahr 1625:
    Orationes duae, S. 22, und Schöttgen: Historie, S. 94–97, der die Aussage
    eines Rostocker Studenten aus dem Jahr 1639 wiedergibt, dass dort die

sogenannten Accessschmaus und endete mit einem Absolutionsschmaus, welche die Pennale den Pennalputzern, die auch
Pennalisirer, Schoristen[27], Absoluti, Agirer oder Agenten, Perfecti oder einfach Herren genannt wurden,[28] auszurichten hatten. Zumindest aus der Spätphase des Pennalismus sind zudem
verschiedene Abstufungen des Pennalstandes überliefert. „An
der Herborner Akademie nannte man die Neuankömmlinge
die ersten 6 Wochen ‚vulpes‘, darauf 24 Wochen lang ‚asini‘ und
schließlich bis zur 45. Woche ‚pennales‘.“[29] Von katholischen
Universitäten sind aus dieser Zeit nur sehr vereinzelt Hinweise
auf ähnliche Formen von Hänselungen oder Probejahren überliefert.[30]

Der Begriff ‚Pennalismus‘ taucht erstmals in einem Jenaer Universitätsprogramm vom 23. Dezember 1610 auf, das

---

Pennalzeit 1 Jahr, 6 Wochen und 6 Tage gedauert habe. Schulze/Ssymank:
Studententum, S. 109, gehen, bezogen auf Happel: Roman, S. 285, gar von
einem Jahr, sechs Monaten, sechs Wochen und sechs Tagen aus.

27 Diese Bezeichnung für pennalisierende Studenten war anfangs ausschließlich in Königsberg und vor allem Rostock gebräuchlich, später
auch auf den kursächsischen Universitäten Wittenberg und Leipzig, vgl.
Erman/Horn: Bibliographie, Bd. 2, Nr. 11420; 15983; 19986. Die Bezeichnung könnte vom lateinischen Verb ‚scortari‘ (huren, Unzucht treiben)
herrühren, wie eine Rostocker Intimation vom 14. Juli 1619 vermuten
lässt, in welcher das als ‚scor‘ bezeichnete lasterhafte Leben der Schoristen ausführlich geschildert wird, vgl. a. a. O., Nr. 15986.

28 Sich selbst bezeichneten sie als „frische Kerls / frölice Burschen / freye /
rediche / dapffere und hertzhaffte Studenten" (vgl. Moscherosch: Visiones, S. 344).

29 Füssel: Riten, S. 21, Anm. 99.

30 Vgl. z. B. Müller: Episode, S. 115. Schon den zeitgenössischen Autoren fiel
dies auf, so z. B. Schöttgen: Historie, S. 51: „In Teutschland nun findet
man nicht, daß dergleichen Unwesen auf Papistischen Universitäten
im Schwange gegangen." und Schröder: FriedensPosaune, S. 48: „O wie
wohl sind die Calvinischen und Päbstlichen Academien, Reiche und
Länder, da man diß [den Pennalismus, Anm. d. Verf.] nicht duldet, in
diesem Fall bestellet." An der Kölner Universität kam es Ende der 1620er
Jahre vermutlich zu einigen Fällen von Pennalismus, möglicherweise in
Zusammenhang mit Depositionsfeiern (vgl. Füssel: Sittenverfall, S. 131,
Anm. 26).

zugleich die erste Intimation gegen das Phänomen überhaupt darstellt.[31] Darin werden die pennalisierenden Studenten als Parasiten, Schlämmer und Säufer beschrieben. Ihnen wird vorgeworfen, sich junger wohlhabender Studenten mit geheuchelter Höflichkeit anzunehmen und deren Unerfahrenheit und Unwissenheit auszunutzen. Sie würden jene Landsleute und Verwandte nennen, sich ihres Wohlwollens rühmen, ihnen Freundschaft fürs Leben anbieten und vorgeben, sie in das akademische Leben einzuführen, da dieses vom Leben der Beani und Bürger sehr verschieden sei. So könnten sie die Novizen, wie Lämmer zur Schlachtbank, in Gasthäuser oder zu ihren Hauswirten führen, wo jene Schmäuse ausrichten müssten. Dabei entstehe, begleitet von Musik, häufig Tumult, Lärm und Üppigkeit und das gute Geld der Eltern werde durchgebracht. Bei dem Schmaus selbst und später würden die Pennale gefoppt, verspottet, beleidigt, geohrfeigt und getreten. Wenn sie zu fliehen versuchten, würden sie unter den Tisch geworfen und dort von ihren Gästen mit Füßen festgehalten. Um sie gefügig zu machen, nähmen die Schoristen ihnen die Bücher und Kleider als Pfand. Weigerten sich die Pennale zu gehorchen und z. B. die Schmäuse zu bezahlen, würden ihre Stuben gestürmt, sie würden fortgeschleppt, um dem Wirt die Zeche zu bezahlen, und zur Strafe müssen sie zusätzlich einen Nachtrunk ausgeben. Am Ende der Ermahnung werden die Übeltäter aufgefordert, sich dahin zu wenden, von wo sie gekommen sind. Das Universitätsprogramm lässt allerdings offen, wie lange diese Praxis schon bestand, welches Aussmaß sie angenommen und wo sie ihren Ursprung hatte.

Immer wieder wird der Pennalismus von seinen Kritikern als Ausgangspunkt oder Katalysator des gesamten studentischen Unwesens dargestellt. Zudem entstand mit ihm parallel neben

---

31   ThULB HSA 2 Hist. lit. VI, 2 (19). Vgl. dazu Müller: Episode, S. 115–117.

der obrigkeitlichen eine zweite normative Ordnung. Beide waren kaum miteinander vereinbar. Das Corneliusmotiv[32], das Pennalisieren der Neulinge und die devianten Auswüchse des Studentenlebens, die nunmehr unter den Begriffen ,Schorismus' oder ,Pennalismus' subsummiert wurden, sind dafür besonders bezeichnend.[33]

> „Nahe verwandt nun mit dem Pennalwesen und deshalb oft mit ihm verwechselt oder zusammengeworfen war das ganze studentische Unwesen der Zeit, also vor allem das Herumlaufen auf den Straßen bei Nacht unter wüstem Gebrüll, mit Degenwetzen und Abschießen von Pistolen; dann die Hausstürmereien, d. h. in den meisten Fällen lediglich das Einwerfen von Fenstern und Schlagen gegen die Haustür [...], weiterhin die Abhaltung von Schmausereien und Saufereien, die gewöhnlich der Anlaß zu schlimmeren Taten waren; Spielen und Schulden machen; dann die ,Balgereien' untereinander mit Anwendung von Degen, Prügeln und Steinen [...], und die Überfälle auf die Bürger [...]; die Ungezogenheiten gegen das weibliche Geschlecht [...]; das Eindringen in die bürgerlichen Hochzeiten und anderen Feste und das herausfordernde, absichtlich störende Benehmen auf diesen; Herausforderungen, Beleidigungen und Angriffe auf die städtische Wache; das Mummenlaufen an Fastnacht und die dabei unter dem Schutz der Unkenntlichkeit verübten Angriffe; und alle andern ,Üppigkeiten' oder ,Exorbitantien', kurz das ganze rohe und ungesittete Wesen, wie es [...] zum großen Schaden des Ansehens der Universitäten im Schwange war. Den Studenten, der solches Leben führte, nannte man, schon ehe der Pennalismus auftrat, Schorist."[34]

---

32 Hergeleitet von Wichgreve: Cornelius. Vgl. dazu Rasche: Disziplinierung; Ders.: Cornelius relegatus in Stichen. Zur Emblematik vgl. Rollos: Vita Corneliana.

33 Vgl. Füssel: Sittenverfall, S. 130.

34 Müller: Episode, S. 121f. Vgl. auch Kindermann: Schoristen-Teufel. Vermutet wurde, dass, nach Moscherosch: Visiones, S. 344, die Herkunft

Dieser Schorist, 1607 erstmals beschrieben in einer Rede des mehrfachen Jenaer Rektors Wolfgang Heider über die pseudo-studiosos,[35] tritt uns in der zeitgenössischen Literatur gleichfalls als pennalisierender Student und in der Figur des verkommenen Studenten Cornelius aus der Komödie Albert Wichgreves, die erstmals 1600 in Rostock aufgeführt wurde, entgegen. Schon in der Jenaer Intimation vom 23. 12. 1610 werden die Pennalputzer indirekt mit den Schoristen und dem Cornelius-Typus gleichgesetzt und wenngleich auch Heiders Pseudostudenten und Cornelius in Wichgrevs Komödie nicht pennalisieren, „scheint es für die Kritiker des Pennalismus selbstverständlich, dass der Schorist zugleich der ärgste Pennalputzer wurde; bzw. er war derjenige, der zu seinem bisherigen üblen Tun noch das Pennalisieren aufbrachte."[36]

Von nun an häufen sich die Bekanntmachungen der Universitäten gegen den Pennalismus, der die Disziplinierung der

---

der Bezeichnung ‚Schorist' daher stamme, dass die Novizen bei ihrem Eintritt einem Ritual unterzogen wurden, wobei ihnen ältere Studenten das Haar abschnitten, „als den Nonnen so profess thun wollen". Vgl. auch Füssel: Riten, S. 20–22; Tholuck: Rationalismus, S. 286; Brügmann: Zucht, S. 61f, der Moscherosch ausführlich zitiert. Siehe auch die Berichte von der Studienzeit Wallensteins, der sich 1599 als Sechzehnjähriger in Altdorf immatrikulierte und bald darauf relegiert wurde. Die Berichte, die etliche Elemente des Schorismus enthalten, sind zu finden bei Baader: Wallenstein, sowie Bauer: Sittengeschichte, S. 47f. und Klose: Freiheit, S. 62f.

35 Vgl. Heider: Hypotyposis Scholastici, auf deutsch wiedergegeben bei Meyfart: Erinnerung, S. 213–231, teilweise auch bei Bauer: Sittengeschichte, S. 83–86. Zu den Rektoratsreden Heiders gegen die Pseudostudenten von 1591 und 1607 siehe Füssel: Sittenverfall, S. 139f sowie eine von Heider erlassene Intimation der Universität Jena ähnlichen Inhalts vom 19. Juli 1607, ThULB HSA 2 Hist. lit. VI, 8 (21).

36 Müller: Episode, S. 122. Besonders die Beschreibung der Studierstube des Cornelius findet sich in etlichen Variationen in zeitgenössischen und späteren Abbildung und in der Literatur wieder, z. B. in Georg Schochs ‚Comoedia vom Studentenleben', vgl. Fabricius: Comoedia, auch wiedergegeben von Bauer: Sittengeschichte, S. 143f.

Studenten auf eigentlich allen protestantischen Universitäten
des Alten Reichs – und darüber hinaus[37] – jahrzehntelang zu
einem schwerwiegenden Problem machte. Besonders die hohen
Ausgaben für die Schmäuse, die als das primäre Element des
Pennalismus gesehen werden müssen, wurden beklagt. Anfangs waren vermutlich nur Access- und Absolutionsschmaus
obligat, später aber wurden Schmäuse, hauptsächlich aus Ge-
tränken an Wein und Bier bestehend, vermehrt und zu etlichen
Gelegenheit gefordert.[38] Zu den Schmäusen kamen zunehmend
auch Trompetenmusik, Tabak, Konfekt, Zuckergebäck sowie
Nüsse, Rosinen und Mandeln – also das noch heute so genannte
‚Studentenfutter'.[39] Die Universität Jena verbot ihren Studenten deshalb schon 1623 erfolglos alle Formen von Schmauserei-
en, besonders aber Eintritts- u. Abgangsschmäuse.[40]

Das Aufwarten am Gemeinschaftstisch war seit jeher die
Aufgabe der jungen Studenten. Ebenso waren auch Schmäuse
zur Feier von Graduierungen oder der absolvierten Deposition
etablierter Bestandteil akademischen Brauchtums. Die Pennalisten hatten diese Elemente akademischer Feiern wie selbstverständlich adaptiert. Eine Möglichkeit, bei einer Strafverfolgung
straffrei auszugehen, war daher die, dass alle Beteiligten angaben, es habe sich um keinen Pennalschmaus gehandelt und die
Ausrichtung sei freiwillig geschehen.[41] Da die Universitäten also

37 Vgl. z. B. Braun: Nationen. An der niederländischen Universität Fran-
    ecker wurde der Pennalismus 1628 als ausgerottet erklärt: vgl. Erman/
    Horn: Bibliographie, Bd. 1, Nr. 12516.
38 Vgl. Späte: Leben, S. 102.
39 Vgl. Gänzliche Abschaffung des schädlichen Pennal=Wesens auf der
    Universität zu Jehna (siehe Quellentexte) sowie zwei Berichte der Uni-
    versität Jena an den Weimarer Hof über die Disziplin der Studenten von
    1657, ThHStAW A 8256, fol. 111–114 und 122–124.
40 Vgl. ThULB HSA 2 Hist. lit. VI, 24/1 (92).
41 Vgl. das Jenaer Universitätsprogramm vom 11. Oktober 1618, ThULB HSA
    2 Hist. lit VI, 5 (303). Die Beteiligten versuchten den Pennalismus zu ver-
    harmlosen und gleichzeitig zu rechtfertigen, indem sie behaupteten,
    den Pennalen würden bei den Schmäusen in ganz humaner Weise mit

nicht kontrollieren konnten, in wieweit es sich um Pennalschmäuse handelte, wurde in Jena 1649 die Teilnahme an Schmäusen im ersten Studienjahr grundsätzlich verboten.[42]

Die äußeren Formen der Schmäuse, wie auch der Pennali-
sierungen insgesamt, waren sehr verschieden. Es kam vor, dass
ein Pennal allein die Kosten bestritt, oder sich mehrere Pennale
zusammentaten. In der Regel waren vermutlich 10 bis hin zu 40
Mann zu bewirten. Der Schmaus kostete im Durchschnitt 2–6
bis hin zu 150 Taler und dauerte zum Teil mehrere Tage. Große
Schmäuse wurden in Gasthäusern ausgerichtet, kleinere bei
Tischwirten und auf den Stuben oder sogar im Konvikt.[43] Daneben mussten die Pennale bisweilen weitere Trinkgelage und
Schmäuse, wie z.B. die sogenannten ‚Korrektionsschmäuse‘,
die eine Form der Bestrafung von Vergehen gegen die Pennalregeln darstellten, bezahlen, ausrichten und dabei aufwarten.

Zu den in Quellen und Literatur am häufigsten erwähnten
Pflichten der Pennale gehörte daneben das Nachtragen und
Holen der Degen auf Befehl der Schoristen, Botengänge aller
Art sowie das Aufwarten bei Schmäusen und Feiern. Sie selbst
durften keine Degen, Sporen, Zöpfe oder Feder am Hut tragen,
keine Liebschaft beginnen oder selbst an Schmäusen teilnehmen. Zudem mussten sie den Schoristen abends heimleuch-
ten, mitunter Bücher für sie ab- und Vorlesungen – so sie sie
besuchen durften – mitschreiben, Trabanten bei Spaziergängen
sein, ihre betrunkenen Herren heimtragen, sie im Krankheits-
fall pflegen oder auf Wunsch musizieren. Auch niederste Arbeiten wie Putzen, Holzhacken und Tabak schneiden wurden

---

leichten und witzigen Scherzen bessere Sitten beigebracht und neben-
bei würden Freundschaften fürs Leben geschlossen.

42 Vgl. Späte: Leben, S. 104.

43 Siehe z.B. den Bericht der Universität Wittenberg an Kurfürst Johann
Georg I. vom 26. Januar 1647, ediert in UB Universität Wittenberg, Bd. 2,
S. 135–137, vgl. auch Franke: Pennalismus, S. 211.

ihnen aufgetragen. In einigen Fällen scheinen sie auch als Kar-
tellträger bei Duellen fungiert zu haben.

Außerdem waren sie verpflichtet, ältere Studenten immer
durch Hutziehen zu grüßen, Schläge, Spott und Beleidigungen
stillschweigend zu erdulden und sich später nicht dafür zu rächen.[44] Die Pennale durften vom Access bis zur Absolution die
Universität nicht wechseln oder verlassen.[45] Ihnen wurden ab-
gesonderte Plätze in der Kirche zugewiesen, an denen sie vor,
während und nach der Predigt verspottet wurden. Dabei kam
es vor, dass die Pennale einen Schoristen dafür bezahlten (pat-
ronus crumenimulga), sie besonders in der Kirche zu protegie-
ren.[46]

Kurz gesagt: Die Pennale mussten nach den Pennalgesetzen leben, alle gewünschten Dienste tun, ihren Herren immer
zur Verfügung stehen, in Lumpen einhergehen, sich schlagen
und beleidigen lassen und sich noch dafür bedanken sowie
über alles Stillschweigen halten,[47] wollten sie absolviert werden und nicht in Verruf geraten.[48] Denn die schlimmsten Stra-

---

44 Auf einigen Universitäten sei ein ‚Königsspiel‘ üblich gewesen, bei dem
    ein Pennal mit der Begründung zum König ernannt wurde, dass man
    ihm Ehre für seine Duldsamkeit erweisen wolle. Dazu wurde ihm eine
    Krone aufgesetzt. Im Anschluss wurde er aber übel traktiert, verspot-
    tet und ausgelacht, bis er sich freikaufte (vgl. Schöttgen: Historie, S. 49,
    nach Liechtbützer: Discursus, S. 4).
45 Vgl. Müller: Episode, S. 118.
46 Vgl. das Jenaer Universitätsprogramm vom 25. März 1655, ThULB HSA 2
    Hist. lit. VI, 4 (283).
47 Vgl. z. B. das Relegationspatent der Universität Leipzig vom 16. April
    1648, ThULB HSA A. I. IX, 8 (289).
48 Vgl. auch Tholuck: Rationalismus S. 282f. sowie für weitere Beispiele von
    Pennalismus der 1630er Jahre aus den Protokollen des Rostocker und Tü-
    binger Universitätsgerichts a. a. O., S. 286–288. Vgl. dazu Happel: Roman,
    S. 365f.: „Denn wenn ein junger Student auf eine teutsche Akademi kam,
    mußte er die ersten vier Wochen ein Fuchs heißen, er durfte nicht zu
    ehrlichen Studenten kommen, sondern mußte auch in der Kirche seine
    Stelle in der sogenannten Fuchsecke nehmen; er durfte keine hübschen
    Kleider tragen, der Mantel (Degen durften sie gar nicht anlegen) wie

fen von Seiten der Studenten – Entehrung, Ausschluss aus der Gemeinschaft oder das ‚Postponieren', also das Verlängern des Pennaljahres – waren offensichtlich schwerer zu ertragen als die Relegation und zwangen nicht zuletzt zum Zusammenhalt.[49]

Um die Absolution zu erlangen, mussten die Pennale die älteren Studenten demütig darum bitten, absolviert zu werden. Diese entschieden dann über die Gewährung der Bitte und setzten die Kosten für den Absolutionsschmaus fest.

Zu den beschriebenen Elementen des Pennalwesens kam spätestens in den 1620er Jahren der Kleidertausch hinzu.[50]

---

auch das Kleid und Hut mußte alles alt, geflickt oder zerrissen sein, kein Band war an ihnen zu sehen; je lumpenhafter ein Pennal ging, je ehrlicher hielt er sich. Wenn die alten Studiosi speisten, mußten die Pennalen vor den Häusern aufwarten, ob irgendeiner etwas zu befehlen hätte. Kamen alte Studenten zu ihnen, so mußten sie spendieren, was jene verlangten, durften aber nur einschencken und nicht trinken. Man zwang sie, unter den Tisch zu kriechen, zu heulen wie eine Katze oder ein Hund, ja den Speichel aufzulecken, und half kein Protestieren. Auf einer gewissen Akademie hat man einen Pennal gezwungen, so lange zu saufen, bis er eines plötzlichen Todes gestorben. In Summa, was ihnen von alten Academicis anbefohlen ward, das mußten sie ohne Unterschied tun. Wenn sie aber ihre Jahre ausgestanden hatten, alsdann kleideten sie sich zierlich an und wurden absolviert. Aber sie durften sich nicht rächen wegen einer im Pennaljahr ihnen angetanen Tat."

49 Weitere Beispiele für Schikane finden sich bei Franke: Pennalismus, S. 216: „In raffinierter Weise legten sich einzelne Pennalputzer ganz bestimmte Methoden zurecht, die Pennäle zu schikanieren, zu demütigen und zu verderben. Man ließ sie sinnlos Steine schleppen, ließ sie sich gegenseitig Ohrfeigen geben oder gar mit Karten um Ohrfeigen spielen, ließ sie niederknien und anstößige Lieder singen oder brachte nachts mit ihnen lärmende Ständchen dar und belästigte damit ehrbare Bürger und Jungfrauen. Die Pennalputzer belegten die Pennäle mit Schimpfworten [Schelm, Bärenhäuter, Hundsfott, Coujon, Dieb, Cirx, Anm. d. Verf], ließ sie vor Saufgesellschaften Musik machen oder Komödien spielen, hetzte sie gegeneinander und ließ sich dann, wenn sie sich schlugen, ‚Diskretionsgelder' von ihnen zahlen, die man in der gewohnten wilden Gesellschaft vertrank und verschmauste." Vgl. auch Eckstein: Pennalismus, S. 35.
50 Zur Studententracht allgemein vgl. Mayer: Tracht; Mitgau: Studententrachten; Meiners: Geschichte.

Neuankömmlinge mussten ihre Kleider ablegen und sie gegen die alten Kleider ihrer neuen Herren oder gegen regelrechte Lumpen eintauschen.[51] Mit den Kleidern wurde auch der Habitus der Rechtschaffenheit abgelegt, um das den Pennalen zugeschriebene Wesen in jeder Hinsicht augenfällig zu machen.[52] Leider fehlen jegliche Abbildungen von Pennaltrachten, doch kann man sie sicherlich mit der sprichwörtlichen Bärenhaut, studentischen Fastnachtskleidern oder dem Bacchantenhabit bei der Deposition vergleichen.[53]

Die Pflichten der Pennale wurden teilweise zu Pennal-Leges zusammengefaßt und sind sicher dort am ausgeprägtesten gewesen, wo die Landsmannschaften durch Statuten und Matrikel ihre Mitglieder am besten überwachen konnten.[54] Damit wurde der Pennalismus ein tragendes Element der „verschworenen Gemeinschaft"[55] der Studenten. Diese war schon allein nötig, um über die Pennale zu wachen, sie anzuleiten und zu organisieren, über ihre Absolution abzustimmen oder über Strafen zu entscheiden.[56]

---

51 Vgl. Schöttgen: Historie, S. 21. Schon 1621 prangerte der Rostocker Theologe Johann Quistorp in seiner Rede zum Rektoratsantritt die Kleidung der Pennale an. Diese hätten die Kragen, Hüte, Kniebänder und ehrbaren Kleider abgelegt (vgl. Quistorp: Orationes duae, S. 2 und 9).

52 Zur Ambivalenz des Status' der Pennale, „die einerseits unter ihrer Ausbeutung litten, andererseits häufig die mit dem Schwellenzustand verknüpften Ausschweifungen genossen" vgl. Füssel: Riten, S. 23.

53 Vgl. Schöttgen: Historie, S. 23, nach Uhse: Criticus, S. 187f.: „Was nun dieses gleich manchem honetten Gemüthe eine Höllen=Angst; so funden sich doch viele Pennäle / welche solch liederliches Leben gar wohl gefiel. Etliche giengen mit durchlöcherten Hüten / zerrissenen Kleidern und Hosen, an statt der Schuhe, in garstigen Pantoffeln einher / und hatten den Mantel entweder am Arm / oder an der Hand hangen." Vgl. auch Keil/Keil: Geschichte, S. 70.

54 Vgl. Späte, S. 106. Belege für Jena finden sich in der Forschungsbibliothek Erfurt/Gotha FBG Chart. A 633, fol. 97.

55 Franke: Pennalismus 204.

56 Vgl. z. B. den Bericht über den Pennalismus an der Universität Gießen von 1660 (siehe Quellentexte).

Schon das Selbstzeugnis Thomas Platters, in dem das Goliardenleben zu Beginn des 16. Jahrhunderts beschrieben wird, enthält etliche Elemente des Pennalwesens, studentischer Dienstverhältnisse und Devianzkultur.[57] Als ‚Schütz' war Platter gezwungen, seinem ‚Bacchanten' in allem zu gehorchen sowie Demütigungen und Gewalt stillschweigend zu ertragen. Schon zu Beginn seines Dienstes wurde ihm sein Geld abgenommen, er musste Lumpen tragen und für seinen Herren betteln gehen. Erst im Alter von 18 Jahren wurde er aus dem Schützenstand entlassen.

Auch die Schoristen gebrauchten die Pennale zu ihrem Dienst, mitunter „vor ein gringes Geld" und der Pennal titulierte den Schoristen mitunter ‚Herr' und dieser ihn ‚Famulus'.[58] Als ‚Famuli' oder ‚Studentenjungen' wurden aber auch allgemein die Diener der Studenten bezeichnet. An der Universität Jena waren es vor allem Schulknaben, die gegen einen bestimmten Lohn niedere Dienste für ihre Herren verrichteten. Die Studenten wurden aber immer wieder aufgefordert, nur ehrbare, hilfsbedürftige und arme Schuljungen oder Studenten anzustellen und sie beim Rektor anzugeben.[59] Dadurch sind schon in den Universitätsprogrammen Famuli und Pennale kaum auseinander zu halten.

Die Erlasse gegen das Betragen der Studentenjungen sind zahlreich und ein häufiger Vorwurf an die Studenten lautet, sie würden ihre Diener zum verlängerten Arm ihrer Unsitten machen, um sie zu allen erdenklichen Schandtaten benutzen.[60] Erwähnt werden vor allem die Beleidigungen anderer Studenten oder der Frauen in der Kirche, das nächtliche Gassenlaufen

---

57 Vgl. Platter: Lebensbeschreibung.
58 Vgl. Schöttgen: Historie, S. 20.
59 So z. B. die Intimation der Universität Jena vom 19. April 1607, ThULB HSA 2 Hist. lit. VI, 9 (262).
60 So z. B. die Intimation der Universität Jena vom 9. September 1610, ThULB HSA 2 Hist. lit. VI, 8 (51).

oder das Einbrechen und Berauben der Obstgärten. Die Famuli
werden dabei, ähnlich wie die Schoristen, wiederholt als „illa
fex olidae"[61], „istud pestilentissimum genus hominum in co-
etu scholastico"[62], „lues pestissima"[63] oder ähnlich bezeichnet.
Ihnen wurde das Waffentragen immer wieder untersagt, doch
oft wurde geklagt, die Studenten würden sie anweisen, ihnen
bei Tumulten Steine herbeizuschaffen, die Waffen nachzutra-
gen oder sie gar selbst zu „wehrhaften Knechten" zu machen.[64]
Das Dienstverhältnis und die Charakterisierung der Famulis
gleichen häufig der Beschreibung der Pennale.

> „Im ganzen lag also von seiten der älteren Studenten das Be-
> streben vor, die Pennale nicht weit über die Stufe der Famu-
> li oder Studentenjungen zu halten [...]. Eine scharfe Grenze
> zwischen diesen bezahlten (oder auch unbezahlt bleibenden)
> Jungen, die meist nicht studierende Knaben, Schüler waren,
> bestand auch dadurch nicht, daß auch unbemittelte Pennale
> nicht selten eine Famulusstelle bei einem älteren Studenten
> annahmen."[65]

Der Unterschied zwischen Pennal und Famulus bestand lediglich darin, dass der Famulus zu seinem Herren in einem festen,
freiwilligen Dienstverhältnis stand, während der Pennal von
allen Studenten, oder zumindest denen seines Tisches, als Diener betrachtet wurde. Beide wurden aber mitunter von ihren

---

61   Intimation der Universität Jena vom 20. September. 1607, ThULB HSA 2
      Hist. lit. VI, 9 (245).
62   Intimation der Universität Jena vom 25. August 1616, ThULB HSA 2 Hist.
      lit. VI, 2 (146).
63   Intimation der Universität Jena vom 15. März 1618, ThULB HSA 2 Hist.
      lit. VI, 8 (217).
64   Vgl. Intimation der Universität Jena vom 6. Mai 1666, ThULB HSA 2 Hist.
      lit. VI, 7 (311) [= Erman/Horn: Bibliographie, Bd. 2, Nr. 9967]; vgl. auch
      Schmeizel: Chronik, S. 114.
65   Müller: Episode, S. 120.

Herren zu Gesetzesverstößen gebraucht und angestiftet. Vermutlich wurden Pennale nicht selten nach dem Accessschmaus einem oder mehreren Studenten regelrecht als Famulos zugeteilt.[66]

Ausgerechnet die Pennale aber wehrten sich vehement gegen ihre Befreiung vom Pennalstand, die für sie schlichtweg den Verlust ihrer bisherigen Werte und die Unmöglichkeit des Eintritts in den ehrbaren Studentenstand bedeutete. Ihre Weigerung, sich auch lange nach dem Anschlag der Abschaffungsmandate ehrbar zu kleiden, zeigt dies deutlich.[67] Der Pennalismus hatte neben Demütigungen und Bedrückungen auch Anreize. Er war der steinige Weg zu einer Gemeinschaft, die Anerkennung, Kameradschaft, Schutz, Patronage, Identität, Zusammenhalt und Standhaftigkeit versprach und durch die Erduldung des Pennaljahres nur umso exklusiver erscheinen musste. Er gab dem studentischen Leben auch dort Ordnung, Struktur und Sicherheit, wo die akademische Obrigkeit keinen Einfluss mehr hatte.

In der Spätphase waren die Pennale selbst zunehmend die Träger aller Unsitten geworden. Sie warfen sich untereinander Abweichungen von den Pennalgesetzen vor oder ermunterten sich gegenseitig, an diesen festzuhalten und sie zu verteidigen.[68] Schon Ende der 1650er Jahre scheinen die Leipziger Nationen sogar selbst gegen einige Unsitten der Pennale und die fehlende Aufsicht durch die Pennalputzer vorgegangen zu sein.[69] Immer zügelloser und energischer stellten sich die Pennale, die sich ja selbst als unvollkommen und wüst begriffen, außerhalb

---

66 Vgl. Tholuck: Rationalismus, S. 282.
67 Vgl. das Kapitel Das Vorgehen der protestantischen Universitäten; Tholuck: Rationalismus, S. 293; Füssel: Riten, S. 31.
68 Wie z. B. die beiden Relegati im Programm der Universität Jena vom 25. Juli 1662, ThULB HSA 2 Hist. lit. VI, 5 (378).
69 Vgl. Franke: Pennalismus, S. 221–224.

jedes ehrbaren Benehmens. Waren es zunächst die Schoristen und Pennalputzer, die mit dem verlotterten Studenten Cornelius gleichgesetzt wurden, so bezeichneten dessen Attribute nun die ‚Juniores' gleich wie die Studentenjungen.[70]

> „Sie wusten nicht nur ihre Neben=Pennäle / sondern auch andere Leute / wenn es gleich in der Kirche unter währendem Gottesdienste war / aufs erschrecklichste durchzuhecheln / stahlen den Leuten alles / was sie aufm Marckte feil hatten / hinweg / gingen oftmahls zu den Bürgern in die Häuser / in die Vor=Städte / und auf die Dörffer / und fingen allda die leichtfertigsten Händel an. Der Senatus Academicus galt bey ihnen nichts / ja sie respectirten auch Fürsten und Herren gar wenig [...]. Man wird nicht irren / wenn man sagt: daß die Pennäle alle boßhafftige Leute in der Welt an Leichtfertigkeit übertroffen haben."[71]

---

70 Vgl. z. B. das Schreiben der Universität Jena an den kursächsischen Oberhofprediger Jacob Weller (siehe Quellentexte).

71 Uhse: Criticus, S. 188, teilw. zitiert bei Schöttgen: Historie, S. 23. Dazu Bauer: Sittengeschichte, S. 59: „In Wittenberg legt um die Mitte des 17. Jahrhunderts ein Student ein Selbstbekenntnis ab, das aber etwas frisiert erscheint, und dessen Zerknirschung eines kleinen Beigeschmacks von Heuchelei nicht entbehrt. 'Ich verbrachte meine Zeit' stöhnte der Sünder, 'nach gewöhnlicher Pennalweise, ohne Gott, ohne Gebet in lauter wüstem heidnischem Geschrei. Zwar, was sag ich heidnisch? Wo ist bei den Heiden ein solch verteufelt Leben jemals geführt worden? Fressen, saufen, gassaten gehen, sich mit den Steinen balgen, Fenster einwerfen, Häuser stürmen, ehrliche Leute durchhecheln, neue Ankömmlinge vexieren, beschmausen und recht räuberischer Weise ihrer armen Eltern Schweiß und Blut helfen durch die Gurgel jagen, das war meine tägliche Arbeit; um das Studieren bekümmerte ich mich nicht, ich hatte genug andere Possen zu tun. Daneben aber wurde des Buhlens keineswegs vergessen, denn weil die Pennale unverschämt waren und keine großen Komplimente gebrauchten, sondern fein gleich zugingen, waren sie bei den leichtfertigen Weibspersonen desto angenehmer und hatten viel freieren Zutritt und Paß bei ihnen als andere'".

Unter sich stellten sie nun eigene Pennalgesetze auf und differenzierten den Pennalstand mit Hilfe von Kleidung, Abzeichen und Privilegien.[72] In Leipzig durfte nach 9 Wochen mit Zustimmung der Pennalputzer ein Mantel angelegt werden, der davor nur über dem Arm hängen durfte. Nach 18 Wochen folgten weitere Privilegien und nach 36–40 Wochen durfte ein Junior schon Patron über jüngere Pennale sein.

Das Verhalten der Pennale lasse sich, so Marian Füssel, mit dem von Victor Turner und Arnold van Gennep in seinem Hauptwerk ‚Les rites de passage‘ (1909) beschriebenen Verhältnis von Liminalität und Communitas als ritueller Prozess erklären, in dem die Anwärter in ihren neuen Status als Studenten aufgenommen werden.[73] Dieser Prozess lasse sich in drei Abschnitte unterteilen: Trennungs-, Schwellen- und Angliederungsphase. Als Trennungsphase identifiziert Füssel Fuchsentaufe, Accessschmaus, Kleiderwechsel und eventuell das Scheren der Haare. Die Schwellenphase dauerhafter Liminalität zwischen Beanus und Student bildete das Pennaljahr mit allen zu erduldenden Demütigungen und Ausplünderungen. Am Ende dieses Prozesses stand die rituelle Eingliederung in die Studentenschaft durch den Absolutionsschmaus, das Abschneiden der Schwänze oder ähnliche Rituale, und das darauf folgende ehrbare Auskleiden. Nun durfte der neue Student selbst Waffen tragen und Pennaldienste einfordern.

Das Übergangsstadium des Pennals war, ähnlich wie kurzfristig bei der Deposition oder beim Mummenlaufen in der Fastenzeit, die Zeit des Gegensatzes zu dem, was als redlich, ehrbar und tugendhaft angesehen wurde. Der Pennalismus ist somit auch eine Art Distinktionspraktik, die durch das Gegenteil, wie in der Corneliuserzählung, gleichzeitig deutlich

---

72 Vgl. z. B. die Intimation der Universität Jena vom 1. September 1660 (siehe Quellentexte).
73 Vgl. Füssel: Riten, S. 21f. und S. 34 sowie Rasche: Art. Deposition, Sp. 924.

macht, wie es eigentlich sein sollte. Dass die Pennale sich gemäß diesen Zuschreibungen verhielten und von den älteren
Studenten dementsprechend behandelt wurden, führte die
maximale Gegensätzlichkeit von Pennal und Student aller Welt
deutlich vor Augen. Diese Unterscheidung kam auch darin
zum Ausdruck, dass die Studenten hinsichtlich ihrer Kleidung
und ihres Benehmens in der Kirche das Fastnachtstreiben und
Verkehrte-Welt-Spielen nachahmten – Bräuche, die seit der
Reformation ohnehin stark in Frage gestellt wurden. Die Dia-
lektik der dauerhaften Antistruktur des Pennalstandes im Verhältnis zur ständischen Umwelt diente somit auch dazu, eine
Wertegemeinschaft ständig wechselnder Mitglieder herzustel-
len und zu tradieren, die über die Studienzeit des Einzelnen
hinaus Bestand hatte.

Ihr Ehrbegriff diente den Studenten nach innen zur Selbst-
erhaltung und Selbstdefinition einer eigenständigen Kultur.[74]
Das Schweigegebot nach außen war die wichtigste Grundlage
im Ehrenkodex des Pennalismus. Ihm ist es geschuldet, „daß
sehr vieles, was unterm System des Pennalismus begangen worden ist, aktenmäßig überhaupt nicht zu fassen ist."[75] Die spezi-
fisch studentische Standesehre wurde in Form von Schweigen
im Konflikt mit der Obrigkeit verteidigt. Der Wirkungsumfang
und Geltungsanspruch des studentischen Wertesystems weite-
te sich also in Bereiche der universitären Disziplinargesetze aus
und geriet mit diesen dort in Konflikt, wo beide verschiedene
Ehrkonzepte vertraten. Der Pennal der Frühen Neuzeit stand
somit vor einem Dilemma; schließlich riskierte er von der gesamten Studentenschaft – auch im überregionalen Umfang –
verrufen zu werden, wenn er Kommilitonen vor dem Rektor
verriet oder sie gar anzeigte. Viele Pennale scheinen daher eher

---

74 Zur Theoriebildung zum Ehrkomplex allgemein siehe Troger: Ehre;
     Wilms: Ehre; Speitkamp: Ohrfeige.
75 Franke: Pennalismus, S. 216f.

einen Meineid geschworen oder sich relegieren lassen zu haben, als dass sie gestanden oder verrieten und sich somit zum öffentlichen Hundsfötter und Schelmen gemacht hätten. Auch deshalb ist es so schwierig, sich ein klares Bild vom Pennalismus zu machen, weil die Inquisitionsprotokolle häufig durch beredtes Schweigen der eigentlichen Akteure diesen Konflikt spiegeln. In den Überlieferungen kommen also nur selten die Beklagten zu Wort und die Kläger zeichneten somit ein einseitig negatives Bild.

Neben der Famulatur zeigt auch die Präzeptur die engen Verknüpfungen von Lehre und Erziehung innerhalb des studentisch-akademischen Lebens und die deutliche Abgrenzung gegenüber anderen gesellschaftlichen Organisationen. Akademische Lehr- und Dienstverhältnisse waren in der Organisation der Bursen untrennbar vereint. Nach deren Niedergang versuchten die Universitäten die nunmehr fehlende Observanz der Novizen auszugleichen, indem diese angewiesen wurden, sich Präzeptoren zu nehmen.[76] Dass man den jüngeren Studenten ältere als ‚inspectores studiorum et morum‘ überordnete, förderte aber zugleich die Hierarchisierung der Studentenschaft sowie der gesamten akademischen Gemeinschaft.[77] Einige Autoren vermuten hierin sogar den Ursprung des Pennalwesens.[78] Tatsächlich mahnte die Universität Wittenberg schon 1615 in einem Programm gegen den Pennalismus, Studenten gewisse

---

76 Vgl. für Jena die Statuten von 1558, abgedruckt bei Schwarz: Jahrzehnt, S. 94–102, und die Freyheiten / Ordenungen / vnd Statuten / der löblichen Vniuersitet Jhena [...] / Anno 1569 [...]; vgl. auch Späte: Leben, S. 168.

77 Vgl. Tholuck: Rationalismus, S. 223f.; Kn., E.: Geschichte, hier Sp. 518.

78 So z. B. Bärnstein: Beiträge, S. 14, der auch auf Mohl: Nachweisungen verweist.

Vorrechte nur nach guter Lebensführung und nicht nach der Anzahl der Studienjahre einzuräumen.[79]

Wo und wann genau der Pennalismus aufkam, wird in den meisten Arbeiten lediglich spekulativ betrachtet. So meint Walter Friedensburg, er sei von Wittenberg ausgegangen.[80] August Tholuck sieht seine Anfänge gar schon vor der Reformation.[81] Und Christoph Meiners sieht die Gründe für sein Entstehen im Aufkommen der Studentennationen.[82] Der Rostocker Pastor Joachim Schröder, selbst Zeuge des Pennalismus, nimmt Rostock als Ursprungsort an.[83] Einen begründeten und sehr überzeugenden Ansatz in diese Richtung verfolgt hingegen Hans Müller. Er geht davon aus, dass die Behauptung des Jenaer Universitätsprogramms vom 23. Dezember 1610 richtig ist und der Pennalismus nicht von Jena, sondern einer anderen Universität ausging. Denn unter den ersten am 28. Januar 1611, also kurz nach jenem Mandat, wegen Pennalismus relegierten sechs Studenten, stehen an erster Stelle Nikolaus Lang aus Dithmarschen, der für 5 Jahre relegiert wurde, und Anton Hanfmann aus Oldenburg, der zusammen mit drei weiteren Studenten auf drei Jahre relegiert wurde. Beide waren vorher seit Mai 1606 bzw. Mai 1605 in Rostock immatrikuliert.[84]

Franke nimmt an, der Pennalismus habe sich zwar ausgehend von Jena oder Wittenberg um 1610 verbreitet, sei aber

---

79 Vgl. ThULB HSA 2 Hist. lit. VI, 12 (49); Erman/Horn: Bibliographie, Bd. 2, Nr. 19986; vgl. auch Späte: Leben, S. 93f. Das Programm enthält auch eine sehr ausführliche Schilderung einer Pennalisation.

80 Vgl. Friedensburg: Geschichte, S. 390.

81 Vgl. Tholuck: Rationalismus, S. 282.

82 Vgl. Meiners: Geschichte, S. 131.

83 Vgl. Schröder: FriedensPosaune, S. 9, 32 und 46; Beschreibung des Pennalismus a. a. O., S. 33–56.

84 Vgl. Müller: Episode, S. 115, Anm. 1 und Hofmeister: Matrikel, S. 282 und 285; vgl. auch Schröder: FriedensPosaune, S. 9 und 32, der ebenfalls von Rostock als Ausgangsort ausgeht.

zusammen mit den Studentennationen im Leipziger Konvikt
entstanden, wo auch das Agieren der Neulinge besonders stark
ausgeprägt gewesen sei.[85] Aus dem Statut der Leipziger Universität von 1601 gehe hervor, dass dort schon damals Trinkgesellschaften bestanden, angeführt von den Senioren der einzelnen
Tische, die auch als Wortführer fungierten. Als diese Trinkgesellschaften im Konvikt 1601 verboten wurden, streikten
die Konviktoristen fast einen Monat lang, so dass das Konvikt
vorübergehend geschlossen werden musste, bis das Verbot ab-
gemildert wurde.[86] Die Senioren der Nationen und Tischgesellschaften waren also eine Art erste studentische Vertretung, die
mitunter bei großen Tumulten als Abgesandte an die akademische Obrigkeit eingesetzt und von dieser auch als solche anerkannt wurden.[87] Die Tendenz der Abspaltung der Studenten
vom alten Corpore Academiae wird hier lange vor der Hochpha-
se des Pennalismus sichtbar, denn das erste offizielle Pennalis-
musverbot der Universität Leipzig in deren Statuten von 1620
spricht davon, dass er „erst neulich" dort aufgekommen sei.[88]

Auch ein Marburger Student gibt in einem Brief 1607 an,
dass, nachdem ein Kommilitone durch die landgräfliche Be-
hörde verhaftet wurde, sich viele Studenten versammelt und
skandiert hätten: „es konde nicht möglich sein, das sie privile-
gia hetten, den sonst dis niht geschehen wer, den in denselben
von Carolo quinto [Kaiser Karl V.] vorsehen, das kein student
under die weltliche hand köme."[89] Wenn der Student nicht los
käme, würden sie alle wegziehen. Die Drohung richtete sich

---

85 Ähnlich argumentiert auch Meiners: Geschichte, S.153. Um 1640 hatte
    sich das Pennalsystem auch im Jenaer Konvikt offenbar fest etabliert,
    vgl. die Beschreibung von Pennalisationen im Jenaer Konvikt (siehe
    Quellentexte).
86 Vgl. Franke: Pennalismus, S. 206f.
87 Vgl. z. B. die Intimation der Universität Jena vom 1. September. 1660 (sie-
    he Quellentexte).
88 Vgl. Franke: Pennalismus, S. 208.
89 Vgl. Brügmann: Zucht, S. 53.

zugleich an die akademische Obrigkeit, da sie die erste Appellationsinstanz für die Studenten war und nach deren Auffassung eben in erster Linie die studentischen Interessen zu vertreten hatte.

III. Studentische Korporationen und das Pennalwesen[90]

Der Pennalismus förderte den Korpsgeist unter den Studenten, schuf feste Regeln und Abgrenzungen zur Außenwelt. Vermutlich wurde das Bedürfnis nach einer starken und überregionalen Gemeinschaft nach dem Verfall der Bursen und besonders in Kriegszeiten für die fern der Heimat und bar alter Bindungen studierende Jugend immer wichtiger.

Schon im 16. Jahrhundert lassen sich studentische Korporationen ausmachen, deren Geltungsanspruch und Gebaren mit den akademischen und landesherrlichen Gesetzen unvereinbar waren.[91] Auch in den Statuten der Universität Leipzig von 1490 und 1543 wird den Veranstaltern von „conspirationes, conventicula, vel conspirationae conventiones" mit Exklusion gedroht.[92] Wegen der engen Verflechtungen der studentischen Verbindungen mit dem Pennalismus wird der sogenannte ‚Nationalismus' häufig im gleichen Kontext genannt und besonders in den Leipziger, Königsberger und Rostocker Universitätsprogrammen vielfach synonym verwendet.

Die studentischen Korporationen, die sich zu Beginn des 17. Jahrhunderts etablieren konnten, dürfen nicht mit den

---

90 Siehe besonders Fabricius: Corps; Dietrich: Landsmannschaft; Marwinski: Tischgemeinschaften; Müller: Landsmannschaften.
91 Vgl. das Schreiben Herzog Friedrich Wilhelms an die Universität Jena vom 20. Juni 1592 (siehe Quellentexte). Studentische Kränzlein und Königreiche existierten aber beispielsweise 1589 auch unter den Tübinger Studenten (vgl. Brügmann: Zucht, S. 50).
92 Franke: Pennalismus, S. 206, Anm. 10.

universitär institutionalisierten Nationen des Spätmittelalters verwechselt werden, wenngleich sie ihre Legitimation in der Nachfolge der mittelalterlichen Nationen sahen, oder, wie die Sächsische Nation der Universität Leipzig 1648, auf die traditionelle Billigung studentischer Nationen an anderen Universitäten wie Königsberg, Rostock, Orleans, Bourges und Siena verwiesen.[93] Sie haben in ihrer äußeren Form vieles mit den Studentenorden des 18. und den Burschenschaften des 19. Jahrhunderts gemeinsam und können als deren Vorläufer bezeichnet werden.[94]

Die Intimationen der Universität Rostock belegen die Existenz von Nationen schon in den 1620er Jahren.[95] Ab den 1640er Jahren werden Nationen auch in Königsberg und ein weiteres Jahrzehnt später auch in Wittenberg und Leipzig verboten.[96] In der ersten Hälfte des 17. Jahrhunderts gab es neben den vier universitären Nationen der Universität Leipzig vier studentische gleichen Namens, also eine Meißnische, eine Sächsische, eine Bayrische/Fränkische und eine Polnische/Schlesische Nation, mit jeweils einem Senior an der Spitze, einem eigenen

---

93 Vgl. Bärnstein: Beiträge, S. 17 und Franke: Pennalismus, S. 227.

94 Vgl. Franke: Pennalismus, S. 229; vgl. auch Beyer: Studentenleben, S. 7f., der diese Annahme jedoch nationalistisch historisiert und den landsmannschaftlich praktizierten Pennalismus als ertragbares und nötiges Übel in einer ebenso üblen Zeit verteidigt. Die Kontinuitätslinien ließen sich entgegen der aktuellen Forschungsmeinung ohne weiteres bis weit ins 18. Jahrhundert verfolgen (vgl. z. B. das ,Patent Die von denen Durchlauchtigsten Herren Nvtritoribvs Der Jenaischen Academie In hoher Conformitaet gnädigst anbefohlene Abschaffung Des Nationalismi, Wie auch Seniorate und Svbseniorate, Hochschmäusse derer Landsmannschafften u. d. g. betreffend,. Gegeben Jena, 23. Juni 1724.' Sogar noch 1722 und 1775 werden vor dem Gießener Universitätsgericht Fälle von Pennalismus verhandelt (siehe Haupt/Lehnert: Chronik, S. 17 und 23). Zum ,Nationalismus' im 18. Jahrhundert in Jena siehe Bauer/ Hellmann/Müller: Logenbrüder; Götze: Logen.

95 Vgl. eine Rostocker Intimation aus dem Jahr 1627, [VD17 28:722010U].

96 Vgl. Erman/Horn, Bd. 2, Nr. 11430, 11432, 11434.; UB Universität Wittenberg, Bd. 2, S. 148; Schöttgen: Historie, S. 103f.

Fiskus, eigenen Matrikeln und Statuten. Die neuen Nationen entstanden im Geheimen und traten erst Ende des 16. Jahrhunderts mancherorts an die Öffentlichkeit. Offiziell erklärten sie, soziale Hilfestellungen für ihre Mitglieder leisten zu wollen, die sich von der Krankenpflege über Finanzhilfe bis hin zur Organisation und Finanzierung von Leichenbegängnissen, Promotionen, Schmäusen und Hochzeiten erstreckten. Außerdem sollten sie den Zusammenhalt unter den Studierenden stärken und der Pflege von Freundschaften dienen.[97]

Vermutlich wurden die Novizen von ihren Kommilitonen häufig schon vor der Immatrikulation dazu angehalten, sich zunächst beim Senior einer Nation zu melden, um dort, „wie einst in Paris von den Procuratoren der Nationen, in die National-Matrikel getragen zu werden."[98] Damit war der Neuling noch vor der Vereidigung vor dem Rektor den Gesetzen der Nation verpflichtet.

Die Gesetze der Westfälischen Studentennation der Universität Rostock aus der gleichen Zeit enthalten neben Pennalregeln ähnliche Disziplinarvorschriften, wie sie die Statuten der Universitäten enthielten.[99] Darin werden die Mitglieder vor allem dazu angehalten, sich und damit ihre Nation ehrbar zu halten. Neulinge sollten gleich nach ihrer Ankunft in der Stadt dem Senior zugeführt werden, wo die Kosten für den Accessschmaus festgelegt werden sollten. Zudem wird züchtiges Benehmen

---

97 Vgl. Franke: Pennalismus, S. 226. Ähnlich rechtfertigen auch die Jenaer Pennalputzer das Pennalwesen, was aus einer Intimation der dortigen Universität vom 8. Juni 1623 hervorgeht (vgl. ThULB HSA 2 Hist. lit. VI, 24/1 (92)). In den Gesetzen der Brandenburger Landsmannschaft in Rostock um 1635 wurde außerdem festgeschrieben, dass Streitigkeiten, die sich nicht zur Kenntnisnahme der Behörden eigneten, von der Landsmannschaft selbst geschlichtet werden sollten (vgl. Brügmann: Zucht, S. 58f.).

98 Tholuck: Rationalismus, S. 282; vgl. auch Bärnstein: Beiträge, S. 18.

99 Vgl. Brügmann: Zucht, S. 14f. und Fabricius: Corps, S. 19f.

und die Anwesenheit aller Mitglieder bei den Conventen erwartet. Die Neulinge dürfen sich den ihnen auferlegten niederen Pflichten nicht entziehen und müssen bei Konventen aufwarten. Sie dürfen weder Mäntel noch Degen, Schleifen, Bänder oder anderen Luxus tragen und müssen nach Ablauf der vorgeschriebenen Zeit ihre Absolution vom Senior der Nation erbitten. Verstöße gegen diese Gesetze sollen mit Geldbußen und Ausschluss aus der Nation gestraft werden.

Die Mitglieder der einzelnen Nationen unterschieden sich äußerlich durch Kleidung und farbige Bänder am Hut, am Degen, über der Brust, als Quaste an der Tabakpfeife und Kokarde am Hut, die auch die unterschiedlichen Phasen des Pennalstandes oder die Stellung innerhalb der Nation kennzeichnen konnten.[100] Die Anzahl der Bänder, die ein Student trug, schwankte, betrug aber mitunter bis zu 14 Stück. Außerdem gab es zumindest in Leipzig und Rostock diverse kleinere Korporationen, die sich auf der Basis gleicher Heimatregionen oder -städte der Studenten formierten und stark von dem jeweiligen geographischen und ständischen Profil der anwesenden Studenten geprägt waren. Diese spalteten sich teilweise in noch kleinere Gruppierungen oder schlossen sich zusammen, wenn ihre Mitgliederzahl sank. Auch die Konviktoristen bildeten eine dieser Verbindungen, die vermutlich noch in einzelne Tische unterteilt war und von denen um die Jahrhundertmitte insgesamt wohl 20 bis 25 in Leipzig existierten.[101]

In der älteren Literatur wird das Nationalwesen als Träger des Pennalismus auf allen protestantischen Universitäten angenommen.[102] Aber während die Mandate zur Abschaffung des

---

100 Vgl. Klose: Freiheit, S. 73f. und Bärnstein: Beiträge, S. 18.
101 Vgl. Franke: Pennalismus, S. 229–232.
102 So z. B. Fabricius: Corps, S. 26 und Keil/Keil: Geschichte, S. 63. Meiners: Geschichte, S. 151, sah schon 1804 die Gründe für das Aufkommen des

STUDENTISCHE KORPORATIONEN UND DAS PENNALWESEN | **41**

Pennalismus für die Universitäten Leipzig, Wittenberg und Rostock die Nationen explizit mit einbeziehen, ist davon in den Jenaischen keine Rede. Hier wird der Nationalismus erstmals in einem Edikt vom 22. Juli 1675 erwähnt, in welchem er als Neuerung und als Gefahr des Wiederauflebens des Pennalismus bezeichnet wird. [103]

In Jena wurden die Formen studentischer Korporation von den Tischgemeinschaften dominiert, die auf Grund ihrer geringen Mitgliederzahl einen landsmannschaftlichen Charakter kaum zuließen. „Die Jenaer Tischgesellschaften, -genossenschaften oder -kompagnien, wie sie sich nannten, formierten sich zwanglos unter dem Nützlichkeitsaspekt. Sie waren notwendige Einrichtungen, die nur bei außergewöhnlichen Ereignissen in den Blickpunkt der Öffentlichkeit gerieten." [104] Die mehr im Hintergrund agierenden, bald fester, bald loser zusammenhaltenden Tischgemeinschaften dürften für den Jenaer Pennalismus, für die Entstehung und Tradierung landsmannschaftlicher und anderer Gruppierungen unter den Studenten von Bedeutung gewesen sein. Öffentlich traten sie vor allem durch anlassbezogene gedruckte Dichtungen in Erscheinung. Aber auch bei Tumulten und Zweikämpfen waren häufig ganze ‚Tische' beteiligt. [105]

Die Organisation der Kosttische für Studenten scheint im 17. Jahrhundert überall ähnlich gewesen zu sein. Als Orientierung

---

Pennalismus in der gleichzeitigen Etablierung von Landsmannschaften und ‚National-Collegia'. Vgl. auch Späte: Leben, S. 93.

103 Vgl. ThULB HSA 2 Hist. lit. VI, 12 (202) [= Erman/Horn: Bibliographie, Bd. II, Nr. 9968]. Darin wird erwähnt, dass sich 400 Studenten zu vier Nationen mit Senioren, Subsenioren und National-Kassen unter dem Vorwand zusammengetan hätten, notleidenden Kommilitonen helfen zu wollen; vgl. auch das Schreiben der Universität Leipzig vom 23. Juli 1675 (siehe Quellentexte) sowie Müller: Episode, S. 123, Marwinski: Tischgemeinschaften, S. 116, und Späte: Leben, S. 117f.

104 Marwinski: Tischgesellschaften, S. 97f.

105 Vgl. Späte: Leben, S. 118.

galten den Jenaer Tischgemeinschaften offenbar die Konvikts-
tische, bei denen auf einen Tisch 12 Personen mit einem Seni-
or an der Spitze kamen, der im Namen des Tisches sprach und
dem Inspektor des Konvikts über das Betragen der Tischgesel-
len berichtete. Die Tischhaltung außerhalb des Konvikts war
schon 1556 privilegiert worden, indem jedem Tisch mit mindestens 9 Personen die Steuer auf den Tischtrank erlassen wurde.
Dafür erwartet man von den Tischhaltern jedoch erzieherische
Aufsicht über die Studenten.[106]

Um die Absolution zu erlangen, mussten die Jenaer Pennale
von Tisch zu Tisch laufen und demütig darum bitten, absolviert zu werden. Die Stimmen der Tische wurden gesammelt
und entschieden über die Gewährung der Bitte. Zum Schmaus
musste mindestens von jedem Tisch einen Student eingeladen
werden. Den Vorsitz dabei führte der Senior des Tisches, an welchem der Pennal speiste.[107] Streitigkeiten unter den Studenten
wurden durch die Tischgemeinschaften beigelegt, indem die
Mitglieder der beteiligten Tische zusammengerufen wurden,
um das Urteil zu sprechen. Dieses lautete mitunter – auch bei
Streitigkeiten, die schon das Universitätsgericht entschieden
hatte –, dass die Entscheidung durch ein Duell herbeizuführen
sei.[108] Vergehen innerhalb einer Tischgemeinschaft, wie unge-
bührliches Benehmen, Mangel an Devotion oder Fluchen, wurden mit Geldstrafen belegt, die in die Tischkasse einzuzahlen
waren und über die Buch geführt wurde. Somit besaßen auch
die Jenaer Tische mit eigenen Gesetzen, Vorstehern, Kassen und

---

106 Vgl. StAJ C III 3, fol. 101–102; ThHStAW Qq B 2041, fol. 9–10; Hensel: Stadt,
   S. 87; Koch: Geschichte, S. 102; Schmid: Unterricht, S. 189f.
107 Vgl. Späte: Leben, S. 106.
108 Vgl. die Intimation der Universität Jena vom 21. August 1659, ThULB
   HSA 2 Hist. lit. VI, 4 (289) sowie Späte: Leben, S. 118 und Schmeizel: Chronik, S. 103.

Rechnungsbüchern ähnliche Strukturen wie die Studentennationen.[109]

Nur wenige der vielen Jenaer Tischgesellschaften sind ak-
tenkundig geworden oder heute noch nachweisbar. 1656 sind
es mindestens 30, die allesamt Dichtungen zum Nachruf
auf Herzog Friedrich, einen Sohn des regierenden Fürsten
Wilhelm von Sachsen-Weimar, verfassten. Dabei betrieben
mindestens 10 der damals 18 in Jena angestellten Professoren
eigene Tische.[110]

Neben den Nationen und Tischgemeinschaften gab es eine
Vielzahl von losen oder lediglich situativen Zusammenschlüssen weniger Studenten, die Conspirationes, Confoederationes,
Verschwörungen, Compagnien, Factiones oder Orden genannt
und häufig synonym bezeichnet wurden, ganz unterschiedliche Ziele verfolgten und generell verboten waren. Sie gründe-
ten sich häufig in Folge der Gefangennahme von Kommilitonen, um diese freizupressen, zur Schmähung ihrer Gegner oder
sie etablierten Trinkgesellschaften.[111]

Die studentischen Korporationen müssen im Hinblick auf
das differenzierte und an allen protestantischen Universitäten ähnlich etablierte Pennalwesen aufgrund ihres Organi-
sationsvermögens als Träger und Beförderer des Pennalismus
betrachtet werden. Trotz aller Konkurrenz unterrichteten
sich die Korporationen der unterschiedlichen Universitäten

---

109 Vgl. Marwinski: Tischgemeinschaften, S. 95. Vgl. auch die Gießener
     Pennalgesetze, die 1656 bei einer Untersuchung konfisziert wurden
     (siehe Füssel: Riten, S. 23, Anm. 114 und Ders.: Sittenverfall, S. 132,
     Anm. 30).
110 1688 gab es immer noch mindestens 26 Tischgesellschaften (vgl. Mar-
     winski: Tischgemeinschaften, S. 103 und 108f., mit Listen der damals in
     Erscheinung getretenen Tischhalter).
111 Vgl. Späte: Leben, S. 116f. Im Februar 1695 wurde z.B. der Student Jo-
     hann Heinrich Tengen aus Osnabrück wegen Saufereien, Anführung
     der „Saufcompagnie Englische Flotte", deren Admiral er war, und etli-
     cher anderer Vergehen auf 5 Jahre relegiert (vgl. UAJ E I 5, fol. 299–300).

gegenseitig über Disziplinarerlasse, Relegationen und andere Strafen, stellten Zeugnisse über die absolvierte Pennalzeit aus, gewährten Schutz vor Strafverfolgungen und bei Ehrenhändeln. Sie etablierten sich als studentische Interessenvertretung und entwickelten nicht nur ein eigenes Initiationsverfahren, sondern übernahmen juristische und administrative Aufgaben, die eigentlich der akademischen Obrigkeit oblagen.

IV. Die Ursprünge des Pennalwesens

Die Ursprünge und Grundlagen des Pennalismus sind, wie wir gesehen haben, im akademischen Leben selbst zu suchen. Bacchanten oder Beani wurden nicht nur die Pennale genannt, sondern auch jene Studenten, die noch nicht deponiert waren. Damit wurde auch schon vor der Hochzeit des Pennalwesens ein deutlicher Unterschied zwischen jungen und alten Studenten gemacht. Dies ist aber nur ein Indiz dafür, dass der Pennalstand aus dem älteren akademischen Aufnahmeritus, der Depositio,[112] entstanden ist. Dabei war es üblich, „daß man denen jungen Leuten, welche erst von denen Schulen dahin kamen, von einem dazu bestellten Manne, den man den Depositor nennete, auf allerhand lächerliche Art und Weise zusetzen und vexiren ließ, ehe sie in die Zahl derer Ciuium Academicorum

---

112 Der Brauch wurde so oft beschrieben, dass an dieser Stelle lediglich auf die entsprechende Literatur verwiesen wird: Erman/Horn: Bibliographie, Bd. 1, S. 572–577, 591–595; Rasche: Art. Deposition; Fabricius: Deposition; Bauer: Deposition; Schade: Jünglingsweihen. Immer noch grundlegend ist Meiners: Geschichte. Eine Darstellung der Deposition nach heutigen wissenschaftlichen Ansprüchen gibt es derzeit nicht, verwiesen sei hierfür auf Füssel: Riten und Ders.: Feder. Für die Universität Jena sei besonders auf Lockemann: Geschichte; Arnold: Deposition; Rasche: Uhrwerck, S. 67–71, Wallentin: Normen, S. 292–295 hingewiesen.

aufgenommen wurden; Damit sie Theils ihres Amtes erinnert, Theils ihr Hochmut bald Anfangs gedämpfft werden möge."[113]

Alle europäischen Universitäten des 16. bis 18. Jahrhunderts, gleich welcher Konfession, kannten diesen Brauch,[114] der auch ,depositio cornuum', ,depositio beanorum' oder ,depositio cornuti'[115] genannt wurde. Seine Ursprünge wurden, ebenso wie die des Pennalismus, hauptsächlich von seinen Verteidigern schon an den Athener Sophistenschulen[116], dem Athenaeum von Konstantinopel[117] und in den Ursprüngen der monastischen

---

113 Art. „Deponiren" in: Zedler, Bd. 7 (1734), S. 325, Sp. 608.

114 Vgl. Müller: Studentenkultur, S. 281; Füssel: Riten, S. 11f.

115 Die Bezeichnung ,cornut' taucht in diesem Zusammenhang erstmals in einem Rostocker Universitätsprogramm gegen den Pennalismus vom 30. Juni 1611 auf, das auch in Luchten: Oratio abgedruckt ist. Gebräuchlich war sie aber besonders an skandinavischen Universitäten (vgl. Braun: Nationen). „Cornut heißt bey den Buchdruckern, ein Lehrling, der nach vollendeten Lehrjahren zwar losgesprochen worden, aber noch kein Gesell ist, als welches er erst durch das so genannte Postulat wird. Daher das Cornuten=Geld, welches ein Cornut von seinem Verdienste wöchentlich an die Gesellen abgeben muß; der Cornuten=Hut, ein mit Hörnern gezierter Hut, welcher ihm bey dem Postulate aufgesetzet und in der Deposition feyerlich abgestoßen wird. Aus dem Lat. Cornutus, als eine Anspielung auf die schon von Alters her eingeführten Depositions Gebräuche. Zuweilen wird ein Cornut auch ein Cornelius genannt, welcher Nahme aber wohl nichts weiter als ein geschmackloses Wortspiel ist." (Art. „Cornut", in: Krünitz: Ökonomisch-technologische Enzyklopädie, Bd. 8 (21785), S. 393.) Die Deposition der Buchdrucker wird auch ,Gautschen' genannt (vgl. dazu Oschilewski: Buchdrucker, sowie Füssel: Riten, S. 33).

116 Als ,Sophismus' bezeichneten auch die Kritiker des Pennalismus Matthäus Meyfart und Joachim Schröder die dogmatischen Kämpfe innerhalb der lutherischen Kirche und brachten diese zugleich mit dem Pennalismus in Verbindung (vgl. das Kapitel Zeitgenössische Kritik). Auch Schöttgen: Historie, S. 126–131 sieht leichtere Formen des Pennalismus schon in der klassischen Antike im Zusammenhang mit dem angeblichen Sittenverfall durch die Sophisten, die für Lehre Geld nahmen.

117 Vgl. das Patent Herzog Albrechts für die Universität Jena vom 9. Dezember 1624 (siehe Quellentexte). Vgl. allgemein: Jahn: Studenten.

Bewegung verortet.[118] Andere brachten die Deposition mit den Intitiationsriten der Handwerkszünfte, Seeleute, Fuhrleute oder Handelsgenossenschaften in Verbindung.[119]

Die in den Sophistenschulen praktizierte Aufnahmezeremonie wird dabei stets als Urtyp des akademischen Aufnahmeritus betrachtet.[120] Der oströmische Kirchenlehrer Gregor

---

118 Meyfart: Erinnerung, S. 12 führt seinen Ursprung gar bis auf den Salomonischen Tempel zurück. Vgl. auch Schöttgen: Historie, S. 126–131; Bauer: Deposition, S. 120; Meiners: Geschichte, S. 122–125; Flöter: Eliten-Bildung, S. 276; Fabricius: Corps, S. 26; Eckstein: Pennalismus, S. 30f.; Füssel: Riten, S. 13. Das Blankoformular eines Depositionsscheins der Universität Marburg aus dem 18. Jahrhundert sagt dazu: „Er [der Brauch zu Deponieren] wurde nämlich um das Jahr 360 von gelehrten Männern an einem prominenten Ort, nämlich in Athen, begründet. Das geht aus der musterhaften Grabrede hervor, die Gregor von Nazianz zum Lobe Basilius' des Großen, Erzbischof von Caesarea, gehalten hat. Eine derartige rituelle Handlung wurde von den Athenern nicht ohne Absicht eingeführt: Denn es ist folgerichtig, daß sie auf diese Weise eine Unterscheidung treffen wollten unter denen, die auf die Akademien strömen, um sich dem Musenlager anzuschließen: da sich die einen hinsichtlich Verstand und Begabung als weniger geeignet zum Studium, andere durch einen falschen Entschluß als diesem fremd zu erkennen geben." (Die deutsche Übersetzung wurde entnommen aus: Nail: Brauch, S. 8).

119 Vgl. dazu Meyfart: Erinnerung, S. 326f: „Etliche vortreffliche Leute stehen in der Meynung / diese Academische Barbarey / vnd Teuffelische pennalisirerey rühre meistentheils her von der Bäwrischen gewohnheit des deponirens, von dem nunmehr auch die Kutscher=Jungen / vnd FuhrKnechte / weil sie bißweilen auch dazu / vielleicht Ehren halben / gezogen werden / zu singen vnnd zu sagen wissen. Andere zu geschweigen ist dieser Meynung gewesen / Herr Doctor Dinnerus [...] / weil im Niederlande / Engellande / Schottlande dieser Gebrauch nicht zu finden / vnd das pennalisiren nicht zu hören. Dieses stelle ich an seinen Ort / gläube es selbsten / sehe aber keine dienliche Mittel / solche bey den OberTeutschen abzuschaffen. [...] Das ist wahr / durch das deponiren werden die löblichen Studien manchem garstigen Handwercke gegleichet". Vgl. auch Füssel: Riten, S. 6f.

120 So z. B. Meiners: Geschichte, S. 122–125, der Parallelen zu den Studentennationen zieht. Schon damals seien die Neulinge vor Erreichen der Schule abgefangen und zunächst durch ihre Landsleute zu ihrer neuen

von Nazianz, der um 381 Erzbischof von Konstantinopel war, studierte gegen 348 in Athen.

> „Hier lernte er die ‚Wasserweihe', eine rituelle und mit allerlei Ulkereien angereicherte Badehandlung, kennen, der sich die Novizen an den [...] Sophistenschulen zu unterziehen hatten, bevor sie in den Kreis der Studenten aufgenommen und bei der Gelegenheit mit dem Pallium (der Stola ähnliches ringförmiges Band), dem privilegierten Gewand der Sophisten, geschmückt wurden. Die akademische Deposition des Spätmittelalters wird in der Tradition dieser Wasserweihe gesehen, wiewohl eine Kontinuität dieser oder ähnlicher Initiationsriten der Antike für das mittelalterliche europäische Universitätswesen nicht ohne weiteres zu belegen ist."[121]

Zeremonien wie die Deposition, die mit derber Härte vollzogen wurden, waren bei vielen Genossenschaften üblich, so auch bei der Hanse. Aus ihrer Niederlassung im Norwegischen Bergen ist das sogenannte ‚Rauchspiel' überliefert, bei welchem der Neuling in einen Rauchfang gehängt wurde, „damit sein Hals mit Rauch konnte gefüllet werden, so legte man ihm verschiedene Fragen zu beantworten vor. Wenn man ihn nun zur Genüge beräuchert zu haben glaubte, so ließ man ihn wieder herunter und führte ihn aus dem Feuerhause, wo außerhalb der Türen sechs Tonnen mit Wasser standen, womit man ihn begoß, um den Rauch gleichsam abzuspühlen."[122] Vermutlich

---

Herberge verbracht worden, wo die Neckereien begannen. Nach dem Bad waren sie als Gleiche unter Gleichen aufgenommen.

121 Nail: Brauch, S. 9. Vgl. auch Hundorph: Tractätlein.

122 Zitiert nach Brügmann: Zucht, S. 16, Anm. 16. Vgl. auch Bauer: Sittengeschichte, S. 12: „Es sei nur flüchtig daran erinnert, daß die Hanseaten in Bergen ebenfalls ihre Lehrlinge zwangen, Birkenruten zu schneiden, mit denen sie tags darauf in unerhörter Weise gezüchtigt werden sollten".

von diesem oder ähnlichen Initiationsritualen der Hanse leitet
sich das Verb ‚hänseln‘ ab.[123]

Einige Autoren verweisen darauf, dass die Eintrittsbräuche
der Schulen, Klöster, Gilden etc., ebenso wie die dazugehörige
Eintrittsgebühr, ein gesamtgesellschaftliches Phänomen waren. Ihre Beibehaltung und Historisierung war damit auch für
die akademische Gemeinschaft ein konstitutiver Bestandteil.
„Die Aufnahme in diese Gruppen hatte [...] erhebliche rechtli-
che und soziale Folgen und musste sowohl der Umwelt als auch
dem Aufzunehmenden selbst nachhaltig vermittelt werden."[124]
In einer Depositionsrede im Anhang an die vierte Auflage von
Heinrich Caspar Abels ‚Wohlerfahrener Leib-Medicus‘ wird die
Beibehaltung des bereits sehr umstrittenen Brauches wie folgt
verteidigt:

---

123 Vgl. dazu Art. „Hänseln", in: Krünitz: Ökonomisch-technologische
     Enzyklopädie, Bd. 20 (²1789), S. 705-707: „Diminutivum des noch im
     Niedersächsischen üblichen Zeitwortes hänsen, in eine Hanse, d. i.
     in eine Gesellschaft aufnehmen. Da diese Aufnahme von Alters her
     mit gewissen lächerlichen, oft aber auch beschwerlichen und grausa-
     men Gebräuchen begleitet war, die man gar bald für das Wesentliche
     der ganzen Sache zu halten anfing: so ist auch dieses Zeit=Wort den-
     selben besonders eigen geworden, so daß es überhaupt, mit gewissen
     lächerlichen Gebräuchen zu etwas einweihen bedeutet. Es wird diese
     Gewohnheit noch bis diesen Tag an einigen Orten unter Kaufleuten,
     Handelsdienern und Kaufmannsjungen, Handwerksburschen und
     einigen reisenden Passagieren, beobachtet, daß nähmlich, wenn ein
     solcher in ihre Zunft aufgenommen werden will, oder auf der Reise
     [...] zum ersten Mahl an einen gewissen Ort kommt, wo er vorher nie-
     mahls gewesen, und wo der Hänsel=Actus gemeiniglich vollzogen zu
     werden pfleget, er solches hänseln mit Wasserbegießen, Kettenbeißen,
     in Rauch=Fang stecken, und andern dergleichen Fratzen mehr, an sich
     verrichten lassen, oder sich davon loskaufen muß. [...] Nunmehr ist das
     hänseln so gemein geworden, daß es damit bis auf die Fuhrleute ge-
     kommen ist, und daß, insonderheit auf dem thüringer Walde, die zum
     ersten [...] Mahl auf die Leipziger Messe reisenden, entweder durch
     einen hohlen Stein kriechen, oder den so genannten Hänselgroschen,
     d. i. Geld zum Verschmausen geben müssen."
124 Rasche: Art. Deposition, Sp. 924.

„Wann dann nun die Deposition so viele hundert Jahr bey unterschiedlichen Völckern und Weltweisen in ihren Schulen im Brauch gewesen, auch in unserm Teutschland zugleich mit den Studiis auffkommen und eingeführet worden, und noch immer bis dato verblieben, so behalten wir auch billich und mit Recht solche Gewohnheit, weil darinnen gute Erinnerungen vor die Jugend und allerhand feine Lehren begriffen."[125]

Die Bezeichnungen ‚Bejaunia', ‚Bejaunium' oder ‚Beanium'[126] werden erstmals in Urkunden der ersten Hälfte des 14. Jahrhunderts verwendet und bezeichnen Gelder, welche man bei Antritt oder Abgang von der Universität Paris sowie bei Übernahme bestimmter Ämter etc. an die Bursen zahlte.[127] Die dabei stattfindenden Übergangsriten wurden ‚Bejannare' oder ‚Bejannizare' genannt.[128] An den Universitäten des Alten Reiches verstand man unter ‚Beanium' aber schon bald nur noch die Accessgebühr, die ein Neuankömmling bei der Ankunft an einer Universität der Burse zu zahlen hatte, egal, ob er bereits studiert hatte oder nicht.[129]

Immatrikulationsgebühren wurden schon auf den französischen Hochschulen des 14. Jahrhunderts erhoben. Zugleich wurde den älteren Studenten jedes Semester erneut untersagt, von den Neuankömmlingen zusätzlich etwas zu nehmen oder zu fordern, sie zu vexieren, zu provozieren oder zu schlagen. Das besagen ein Statut der philosophischen Fakultät der Universität von Orleans von 1341 und eine Pariser Verordnung von

---

125 Abel: Leib-Medicus, S. 71–111, hier S. 79, zitiert nach Bauer: Deposition, S. 124. Diese Verteidigung ist teilweise wörtlich übernommen aus [Anonym]: Deutscher Sermon, S. 40–56, teilweise wiedergegeben bei Brügmann: Zucht, S. 67–70. Vgl. dazu Füssel: Riten, S. 15f.
126 Vgl. Schulze/Ssymank: Studententum, S. 45.
127 Vgl. Schwinges: Student, S. 181–223, hier S. 212f., sowie Fabricius: Deposition, S. 16–34.
128 Vgl. Eckstein: Pennalismus, S. 31.
129 Vgl. Schwinges: Student, S. 217, sowie Meiners: Geschichte, S. 103f.

1340. In den Statuten der Universitäten Prag, Wien, Köln und Löwen wurde bald angemahnt, von den Novizen und Beani nicht mehr als das Immatrikulationsgeld zu nehmen. Extreme Fälle von Erpressung oder Hänselung der Novizen aus dem 14. Jahrhundert sind aber weder an französischen noch an deutschen Universitäten direkt nachweisbar und werden in den Statuten ebensowenig erwähnt wie die Deposition. Da sie jedoch spätestens im 16. Jahrhundert allerorten praktiziert wurde, ist anzunehmen, dass zusammen mit den Eintrittsgebühren schon bald ein Ritual den Übergang vom Bean zum Studenten markierte. Indizien dafür liegen schon 1336 aus Frankreich vor. Die Deposition tritt hier erstmals unter dem Begriff ‚Beanismus' auf. ‚Bean', ‚bec jaune' und ‚Bacchant' waren um 1500 Schimpfworte für angehende Studenten, aber auch ungebildete, wüste und ungesittete Menschen allgemein.[130]

Die älteste bekannte Beschreibung einer Deposition enthält die ‚Trivita Studentium'[131] des Goswin Kempgyn de Nussia von etwa 1471. Weitere Schilderungen liefern das ‚Manuale scholarium'[132] um 1500 und Johannes Schrams Erfurter Rede ‚Monopolium der Schweinezunft'[133] von 1494. Sie wurden immer wieder Gegenstand von Theaterstücken und der zeitgenössischen Literatur, was den hohen Stellenwert der gewalttätigen und demütigenden Initiation in der zeitgenössischen Studentenkultur unterstreicht.[134]

Durch die Übernahme der Organisation und Struktur der französischen Universitäten durch die später auf deutschem Gebiet gegründeten Lehranstalten gelangte vermutlich auch

---

130 Vgl. Füssel: Riten, S. 7f; Meiners: Geschichte, S. 112–119; Tholuck: Rationalismus, S. 282.
131 Vgl. Bernhard: Goswin.
132 Vgl. [Breda]: Manuale.
133 Vgl. Schram: Monopolium.
134 Vgl. Füssel: Riten, S. 14f.

die Deposition dorthin.[135] In den ersten Jahrhunderten war sie offenbar ein informeller, zeremonieller Akt unter den Studenten in den Bursen oder Nationen, durch den die Befreiung von der Beanität durch Necken und Schabernack, Beichte und Absolution symbolisch vollzogen wurde. Dadurch war die ‚depositio beani' gleichsam eine „Art religiöse Weihe"[136], an dessen Ende der Neuling durch die Verabreichung des Salzes der Weisheit (sal sapientiae) und des Weins der Freude (vinum laetitiae) absolviert wurde. Nach Vollzug des Rituals war es üblich, einen Schmaus oder Trunk zur Feier des Eintritts in die neue Gemeinschaft zu geben. Derartige Convivia waren schon im 14. Jahrhundert bei Graduierungen oder anderen akademischen Feiern üblich.[137]

1447 taucht die Deposition erstmals in den Statuten der Universität Erfurt als ein harmloser Aufnahmeritus auf, der mit einer Lateinprüfung und einer Aufnahmegebühr verbunden war.[138] In Prag und Wittenberg wurde sie schon 1528 von der Universität selbst vollzogen und in Jena sogar in den Gründungsstatuten der hohen Schule 1548 festgeschrieben.[139]

Als aber die Bursen verödeten, wurde die Deposition von den Studenten und Universitäten weiter als unerlässlicher Bestandteil des Studiums angesehen. Sie wurde nun in den Statuten vieler Universitäten als offizielles Aufnahmeritual verankert

---

135 Das nehmen z. B. Schade: Jünglingsweihen; Fabricius: Deposition und Arnold: Deposition, S. 125, an.
136 Lockemann: Geschichte, S. 250.
137 Vgl. Meiners: Geschichte, S. 105f.
138 Vgl. Klose: Freiheit, S. 48; Bock: Reform, S. 56–59.
139 Vgl. ThHStAW EGA Reg. O 554 fol. 16–28 und fol. 31–43; als Faksimili wiedergegeben von Zucker/Schneider: Papyrus-Urkunden; abgedruckt bei Schwarz: Jahrzehnt, S. 132–141. In den erneuerten Statuten von 1558, 1569 und 1591 kehrte diese Bestimmung immer wieder, 1653 hingegen war von der Deposition keine Rede mehr und die Studenten sollten bei Studienantritt nur noch zu einem gesitteten Leben ermahnt werden (vgl. Arnold: Deposition, S. 126). Allgemein zur Jenaer Schule als protestantische Neugründung: Asche: Jena.

und von der akademischen Obrigkeit institutionalisiert und fiskalisiert. Damit wurde den Studenten endgültig die Verfügungsmacht über den Aufnahmeakt entzogen. Da vermutlich eine allein den Studierenden vorbehaltene Form der Initiation von denselben als unerlässlich betrachtet wurde, etablierte sich nun eine abgewandelte, übersteigerte Form der Deposition in Form des Pennalwesens. Damit wurde die Deposition jedoch nicht obsolet,[140] wie die gleichbleibend hohe Anzahl der durchgeführten Depositionen belegt.[141]

Die Deposition wurde nun durch einen zum Depositor bestimmten älteren Studenten, wie in Tübingen, oder durch den Famulum communis im Beisein des Dekans der philosophischen Fakultät vollzogen.[142] Damit wurde die Deposition allgemein mit der Immatrikulation verbunden und auch offiziell zum festen Bestandteil der Aufnahme in die Universität, der durch die Aushändigung eines Formulars bestätigt wurde.[143] Der Eintrag in die Matrikel erfolgte zumeist erst danach. Nun konnte sich kaum mehr ein Student der Prozedur entziehen, wollte er als vollwertiger Student anerkannt sein. Studenten, die nicht deponiert waren, wurden mitunter als ‚minderwertige Gesellen‘, ‚Bacchanten‘, ‚Pennale‘ oder ‚Bärenhäuter‘ beschimpft. Über den herrschenden Zwang, sich deponieren zu lassen,[144] schreibt Eberhard Werner Happel in seinem Akademischen Roman:

---

140 Wie z. B. von Bauer: Deposition, S. 121f, behauptet wird.
141 Vgl. Lockemann: Geschichte, S. 265.
142 Vgl. Tholuck: Rationalismus, S. 203.
143 Vgl. Füssel: Riten, S. 9.
144 Vgl. dazu Füssel: Riten, S. 7: „Welche Ängste der Status des Bacchanten bei den Betroffenen hervorrufen konnte, zeigt die Autobiographie des bayrischen Pastors Balthasar Sibenhaar (1541–1661), der von seiner Reise nach Jena 1558 berichtet: ‚Und weiln wir noch nit Deponiret gewesen, haben wir ungewanderte Lappen, uns aus furcht, nit vil dürffen sehen lassen, sind in der Stadt, von einer Kirchen zur anderen gangen, wie die

„Ich habe in Thüringen eine seltsame Sache erlebet. Daselbst waren etliche halbgelehrte Dorffküster, welche, weil sie in der Jugend deponiert worden, einen ihres Mittels, der doch schon länger als sie miteinander der Schulen und Kirchen gedient, auch Weib und Kinder hatte, mit Konsens ihrer Herren Priester ganz und gar aus ihrer Zunft und Zeche schlossen, bis er sich durch eine Deposition zu Jena wieder legitimiert hat, in ihre Gesellschaft aufgenommen zu werden."[145]

Durch Humanismus und Reformation erfolgte zudem eine pädagogisch-moralische Bedeutungsaufladung und Formalisierung des Rituals, die auch die Disziplinierung der ständisch-autonomen Studentenschaft zum Ziel hatte.[146] Die körperlichen und psychischen Demütigungen sollten nun vor allem erzieherisch auf das ungestüme, anmaßende Wesen der angehenden Studenten einwirken und sie zu gesetzestreuem Leben ermahnen.[147] Diesen Effekt betonten die Verteidiger der Deposition bis zum Ende des 17. Jahrhunderts immer wieder.

---

verirrenten Schaffe, und immer uns die gedancken gemacht, als werde man uns ansehen, wie wir noch Bachanten sindt, und unser spotten.'"

145 Happel: Roman, S. 345.

146 Vgl. Rasche: Art. Deposition, Sp. 925, sowie Arnold: Deposition, S. 125.

147 Das geht auch aus einer Tischrede Luthers aus dem Jahr 1536 hervor: „Er [der Student] sollte wissen, daß seine Studia und dieser Studentenstand vielem Unglück, Unlust und Widerstand unterworfen wäre, und allerley Anstoß haben würde. Es hebt sich mit dem Deponiren und Vexiren an, und bleibet auch bis in die Grube, darum so sollt er sich zur Geduld schicken. Denn das Deponiren ist nichts Anders, denn ein Werk des Gesetzes, das uns lehret, daß wir uns selbst erkennen, wer und wie wir sind, und uns demühtigen sollen, beide fur Gott und den Menschen, wie einem jeglichen in seinem Stande gebühret: dass man nicht hochmühtig und stolz werde, als die jungen Studenten, Baccalaurien, Magistri und Doctores in ihren Gaben thun, die ihnen doch Gott aus lauter Gnaden schenket. Darum schicket ihnen Gott auch viel Depositiones zu, auf daß sie wol deponiret und gedemühtiget werden. Und ist das Deponiren in Universitäten und hohen Schulen ein alter Brauch und Gewohnheit." (Luther: Tischreden, Bd. 6, Nr. 7033, S. 347; teilweise wiedergegeben bei Füssel: Riten, S. 35.) Vgl. auch die Tischrede vom 23. Juli 1539 (siehe Quellentexte).

„Ihr seid auch zu füßen gelegen aller deren / die diesem actui zugeschauet haben. Dabey solt ihr ein Denckzeichen haben der Demuth und Unverdiensthafftigkeit; Obsequium amicos parit, sat Terentius: Gehorsam bringt Gunst. Wer underdienstbar ist / der bekommt bald gute Freund: Darum so lehrnt hierbey / eure Obern und Vorgesetzten in schuldiger Observantz zu ehren / mit euers gleichen recht zu leben"[148]

In gewisser Weise dienten Demütigungen, Erniedrigungen und körperliche Übergriffe, die ja in der Deposition als offziellem Übergangsritus theatralisch überspitzt vorgelebt wurden, auch der Legitimierung des Pennalismus. Schließlich wurden derartige Praktiken hier als rechtmäßige und durchaus wünschenswerte Erziehungsmethoden dargestellt. Dies wurde aber um 1800 nicht mehr verstanden, denn es sei, so Christoph Meiners, schwer zu erklären, „wie solche Beschimpfungen und Mißhandlungen, dergleichen man während der Deposition an den sogenannten Beanen oder Bacchanten verübte, nicht bloß auf hohen Schulen entstehen, und geduldet, sondern gesetzlich vorgeschrieben, in Gegenwart von Professoren durch besonders dazu bestellte Personen vollzogen, und Jahrhunderte lang als ein nützlicher alter Brauch beybehalten werden konnten."[149] Schon die erneuerten Heidelberger Statuten vom 19. Dezember 1559 beklagen jene Tendenzen, die später in Form des Pennalismus so stark bekämpft wurden. So sei die „Deposition nunmer zu einem unnutzen gespeie und fatzwerkh geratten, doraus dieienigen, so deponiert werden, mehr zu beurischer unzuchtiger barbarei angereitzt und bewegt' würden als zu tugendhaftem Verhalten."[150]

---

148 [Anonym]: Sermon, zitiert nach Brügmann: Zucht, S. 69.
149 Meiners: Geschichte, S. 125f.
150 Zitiert nach Füssel: Riten, S. 24.

Besonders das 17. Jahrhundert brachte eine große Menge Schriften hervor, die den Pennalismus und die akademische Deposition zum Gegenstand haben. Neben den Erlassen der Landesregierungen und Universitäten wurden auch einige Disputationen, Dissertationen und Traktate, z. T. von den Depositoren selbst verfasst, die entweder die Vorzüge der Deposition loben oder sie scharf kritisieren.[151] Die Debatte um ihren Sinn und Zweck führte dazu, dass im Zuge des Kampfes gegen den Pennalismus auch die Abschaffung der Deposition gefordert wurde. So meinte der Straßburger Theologe Johann Schmid 1636, da die Deposition kaum einen Nutzen habe, dem Missbrauch und der Quälerei dadurch aber Vorschub geleistet werde, müsse sie abgeschafft werden. Dass man sich auf das Herkommen und die Tradition berufe, könne allein nicht ihre Beibehaltung rechtfertigen.[152]

Nachdem der Pennalismus für ausgerottet erklärt wurde, wurde die Deposition vielerorts immer mehr verkürzt und abgeschwächt und mit dem 18. Jahrhundert verschwand sie praktisch vollständig von den Universitäten im Alten Reich. Die 1694 neu gegründete Universität Halle führte die Deposition gar nicht erst ein. Hier wurde sie, wie später auch an anderen Hochschulen, durch ein Examen vor dem Dekan der

---

151 Vgl. die Schriften über Beanismus und Deposition im Quellenverzeichnis sowie Fabricius: Quellen.

152 Vgl. Arnold: Deposition, S. 128. Ähnlich äußerte sich Meyfart in seiner ‚Christlichen Erinnerung' aus demselben Jahr, S. 328: „Beschawet die deposition, welche viel gemeiniglich vertheidigen / was Nutz kömmet aus derselbigen? Die Knaben werden tribuliret, außgehönet / zerschlagen / müssen anhören grobe Zotten / vnd harte Stösse leiden / vnd in Teutschland / da solche Närrische / lumpische / vnd Büffelische Comoedien gespielet werden / endet sich das Affenwerck mit fressen vnd sauffen. So viel seyn verwundet / auch viel seyn durch solche grawsame Schertzposse gestorben. Halten demnach dafür / es were billich solches abzuthun, aber indem sie verbichet kleben auff den Gesetzen / gefellet ihnen besser das alte zu behalten. [...] Wenn du die Dinge auff frembden Vniversiteten fündest / du würdest sie nicht leiden / vnd lobest sie in deiner Academi."

Philosophischen Fakultät ersetzt. Lediglich das Vorzeigen der Depositionsinstrumente wurde noch mancherorts zu erzieherischen Zwecken praktiziert.[153] Dennoch existieren auch heute noch derartige gewaltsame Initiationsriten, beispielsweise in Frankreich unter dem Begriff ‚bizutage‘, in den USA unter ‚hazinge rites‘ oder ‚fraternity hazing‘, in den Niederlanden unter ‚ontgroening‘ und in England unter ‚fagging‘. In Deutschland wurden die akademischen Aufnahmeriten zusammen mit den studentischen Verbindungen ins Arkane abgedrängt und sind bis heute unter Begriffen wie ‚Fuchsbrennen‘, ‚Fuchstaufe‘ oder ‚Fuchswischen‘ bekannt.[154]

Das symbolische Abschneiden der Fuchsschwänze der Pennale zur Absolution und Aufnahme in die ehrbare Studentenschaft ist erst im 17. Jahrhundert belegt, wenngleich der Brauch selbst sicher viel älter ist. Eine derartige ‚pennalistische Deposition‘[155] wird erstmals in einem Verzeichnis der Pennalisationen im Jenaer Konvikt um 1640 erwähnt. Hier musste ein Pennal einen halben Taler für das Abschneiden seines Schwanzes, das als alter Brauch bezeichnet wird, zahlen.[156] In einem Relegationspatent der Universität Leipzig vom 18. August 1661 wird unter anderen der Student Christoph Friedrich Breuer von Merseburg auf 5 Jahre relegiert, weil er den ‚vulpecularum scholasticarum‘ wiederholt die Schwänze abgeschnitten habe.[157] In Wittenberg wurden diejenigen neuen Studenten, die sich nach dem Abschaffungsmandat richteten, ‚kurfürstlich Sächsische reformierte privilegierte Schwanzbursche‘ geschimpft, da sie ihre

---

153 Vgl. Arnold: Deposition, S. 131.
154 Vgl. Füssel: Riten, S. 3: Ders.: Feder, S. 12; Rasche: Art. Deposition, Sp. 926f.
155 Vgl. Franke: Pennalismus, S. 223.
156 Vgl. die Beschreibung von Pennalisationen im Jenaer Konvikt um 1640 (siehe Quellentexte).
157 Vgl. ThULB HSA 2 Hist. lit. VI, 17 (100); Abdruck des Relegationsprogramms durch die Universität Jena ebd., 5 (373).

Schwänze, ohne absolviert zu werden, ja auf ewig behalten mussten.[158] Und eine Rostocker Intimation vom Dezember 1670 richtet sich gegen eine neu aufkommende Form des Pennalismus, die sogenannte ‚decaudatio', bei der alte Depositionsriten wieder aufleben würden. Die Hauptrolle spielte dabei ein den Neulingen angehefteter Fuchsschwanz.[159] Der Fuchsschwanz galt als Narrenattribut, ähnlich den Hörnern oder dem Bacchantenzahn bei der Deposition, und wird auch heute noch bei Fastnachtsumzügen im Süddeutschen Raum verwendet.[160]

Von den Autoren des 19. und frühen 20. Jahrhunderts wurden Deposition und Pennalismus kaum unterschieden und häufig sogar synonym behandelt.[161] Andere hingegen unterstrichen gerade die Gegensätzlichkeit der beiden Initiationsverfahren.[162] Deshalb sollen an dieser Stelle ihre Unterschiede und Gemeinsamkeiten kurz zusammengefasst werden.

Sowohl der Pennalismus als auch die Deposition hatten die Aufnahme neuer durch ältere Mitglieder der akademischen Gemeinschaft zum Ziel. Ihre Wurzeln reichen mindestens bis

---

158 Vgl. UB Universität Wittenberg, Bd. 2, S. 168–170.
159 Vgl. Erman/Horn: Bibliographie, Bd. 2, Nr. 16017.
160 Vgl. Mezger: Narrenidee, S. 34.
161 So schreibt z. B. Tholuck: Rationalismus, S. 205, bezogen auf den Depositionsgegner und Theologen Johann Schmid (1594–1658) in Straßburg: „beide sind, wie Lemnius sich ausdrückt, Geschwister und Hurkinder. Er [Schmid] schreibt darüber 1636 an Hannecken in Marburg: ‚Wir haben gesehen, welche Verheerung die Pest des Pennalismus bisher hin und wieder auf den Universitäten angerichtet. [...] Wir haben auch nach Wittenberg geschrieben und unsre Zustimmung zu den trefflichen Rathschlägen gegeben. Ein Exemplar dieses Briefes hat auch Feuerborn von mir bekommen, worin wir auch der Deposition erwähnen, für deren Abschaffung, da sie keinen oder nur sehr geringen Nutzen hat, ihr Mißbrauch aber groß und verabscheuungswürdig ist, ich eine Zeit lang gearbeitet habe, worin, wie ich nicht zweifle, Ew. Excellenz mit mir übereinstimmen wird." Vgl. auch Schmidt: Komödien, S. 12; Schade: Jünglingsweihen, S. 362.
162 Vgl. z. B. Müller: Episode, S. 123.

zu Bräuchen frühmittelalterlichen Klosterschulen. Eventuell folgte an den französischen Universitäten des 14. Jahrhunderts auf die Deposition eine Art Probezeit, angelehnt an das Noviziat der Mönche, die aber darüber hinaus nicht nachzuweisen ist.[163] Antrittsschmäuse waren sowohl nach der Deposition, als auch zum Antritt und Ende der Pennalzeit üblich und mussten in Gänze von den Neulingen bezahlt werden. Die Bezeichnungen ‚Novize' oder ‚Junior' für Studienanfänger wurde sowohl vor als auch nach der Deposition von Studenten und in den Universitätserlassen gebraucht und auch für Pennale verwandt. Sie spiegeln verbal die Hierarchisierung der Studentenschaft wieder. Auf dieser Differenzierung basierten auch die Erziehungsabsichten beider Übergansverfahren. Gewaltsame Demütigungen und befristete Entrechtungen durch die Mitglieder der akademischen Gemeinschaft sollten dem Neuling seine darauf folgende Statusveränderung und die damit verbundene Würde vor Augen führen. Besonders die beiden Verfahren innewohnende Symbolik in Form von Verkleidungen, Sinnsprüchen und einer mehr oder minder vorgegebenen Dramaturgie vermittelten dem Neuling ihre Bedeutung. Eide und Gelöbnisse, mit deren Einhaltung die persönliche Ehrbarkeit verbunden war, mussten sowohl dem Depositor als auch den Pennalputzern geleistet werden.[164] Besonders zentral waren dabei das Verbot der Rache sowie das Versprechen, den Verlauf der Aufnahmehandlungen keinem Uneingeweihten zu verraten. Nicht zuletzt wurde sowohl am Pennalismus als auch an der Deposition kritisiert, sie würden lediglich dem Zweck dienen, den Neulingen ihr Geld abzunehmen. Die bei weitem bedeutsamste Gemeinsamkeit war jedoch die, dass jene, die

---

163 Vgl. Meiners: Geschichte, S. 105.
164 Wie bei der Deposition wurde 1629 einem Leipziger Pennal beim Accessschmaus das Salz der Weisheit in einem Biergemisch aus einem Topf zu trinken gegeben (vgl. Franke: Pennalismus, S. 215).

nicht deponiert waren bzw. kein Pennaljahr absolviert hatten, von der Gemeinschaft der Studierenden nicht als vollwertiges Mitglied anerkannt wurden.

Beide Verfahren dienten der Unterwerfung der Neulinge unter Regeln und Gesetze der Gemeinschaft, jedoch forderten die Pennalputzer absoluten Gehorsam. Damit aber widersetzten sie sich der akademischen Obrigkeit und stellten dieser ihre eigene Autorität entgegen. Folglich wurden die studentischen Aufnahmeverfahren von dieser als illegitim betrachtet. Der wohl größte Unterschied bestand aber darin, dass die Deposition an einem Tag abgetan war, während der Pennalismus als „eine Art dauerhafte Deposition" bezeichnet werden muss.[165] Aus dem Aufnahmeritual wurde eine Art Anwartschaft oder Probezeit. Zwischen Neuling und Student wurde so zugleich das Stadium des ‚Pennals' geschaffen.[166] Die Observanz innerhalb der Studentenschaft war naturgemäß höher als gegenüber der universitären Obrigkeit und so war der Zwang zur Absolvierung des Pennaljahr zumindest für einige Studenten ein absoluter. Die Schmäuse anlässlich der Deposition wurden von den Universitäten, im Gegensatz zu den erzwungenen üppigen Pennalschmäusen, selten beanstandet.[167] Während vorsichtige Eltern mitunter schon ihre Kinder deponieren ließen, um sie dem Verfahren nicht zu Studienbeginn aussetzen zu müssen, bot sich im Pennalwesen dafür kaum eine Möglichkeit.[168] Das wog umso schwerer, da die Gewalt, von der akademischen Obrigkeit während der Deposition vornehmlich als Drohung

---

165 Vgl. Füssel: Riten, S. 20.
166 Vgl. Bärnstein: Beiträge, S. 19.
167 Vgl. Franke: Pennalismus, S. 207 und 214. Vom Beginn des 16. Jahrhunderts sind Klagen der Kölner Bürger über die Depositionsschmäuse überliefert (vgl. Keussen: Universität, S. 169–173).
168 Zur Kinderdeposition siehe Brügmann: Zucht, S.20; Volkmann: Kindes-Immatrikulationen sowie die Absolvierung von drei Knaben durch Luther (siehe Quellentexte).

benutzt, im Pennalismus wohl wesentlich spürbarer, nachhaltiger und ungehemmter eingesetzt wurde. Und während sich die Deposition lediglich in der eingeschränkten universitären Öffentlichkeit beider Konfessionen abspielte, waren die Pennale der protestantischen Universitäten auch für Nichtakademiker eindeutig identifizierbar.

Deposition und Pennalismus lassen sich auf den protestantischen Universitäten des Alten Reiches eindeutig trennen. Die Betrachtung der schwedischen Universität Uppsala um 1600 zeigt hingegen eine außergewöhnliche Vermischung der akademischen Deposition mit dem durch die Nationen geprägten Pennalismus, in Zusammenhang mit der Duldung und bisweilen Förderung durch die Universitätsbehörden.[169]

Bald nach Wiedereröffnung der Akademie zu Uppsala 1595 schlossen sich ihre Studenten nach geografischer Herkunft zu losen Gemeinschaften zusammen, um, wie sie angaben, Unterstützung bei Krankheit oder Geldknappheit zu leisten. Ihre Strukturen entsprachen im Wesentlichen denen der Ende des 16. Jahrhunderts entstandenen Landsmannschaften in Rostock, zu denen sie in regem Austausch standen. Innerhalb dieser kleinen Gruppen, den ,societates nationales', wurde die durch die Universitätsstatuten vorgeschriebene und klar geregelte Deposition vorgenommen. Die Studenten feierten den Abschluss der Deposition mit dem sogenannten ,cornutöl', ein Fest, das die Neulinge für ihre zukünftigen Kommilitonen auszurichten und zu finanzieren hatten, an dem sie aber nicht aktiv teilnehmen durften. Organisiert wurden die Feste zunächst von älteren Studenten, die sich als Präzeptoren oder Prokuratoren der Novizen verstanden und bei der Zeremonie ihre Neulinge schmähten und schlugen, ihnen das Geld abnahmen und an den Fiskus der Nation übergaben. Ebenso wie

---

169   Hierzu siehe Braun: Nationen. Vgl. auch Schöttgen: Historie, S. 121–123.

die Pennalschmäuse wurden die cornutöl-Feste in städtischen Wirtshäusern oder an den Kosttischen abgehalten, später versuchten die Studenten unter sich und im Geheimen zu bleiben. Konsumiert wurde zunächst nur Bier, später auch Wein, Speisen und Tabak.[170] In der Regel ersuchten die Pennale bei einem Nationalkonvent die anwesenden Studenten um ihre Absolution, die daraufhin sogleich vollzogen wurde. Entscheidend dabei war das einstimmige Votum der Studenten.

Zwar wurden die Schmäuse wegen des dafür betriebenen Aufwands von der Universität schon 1626 untersagt. Die Studenten weigerten sich aber erfolgreich, darauf zu verzichten und so wuchsen Einfluss und Bedeutung der Nationen. Sie gaben sich 1640 feste Regeln und entwickelten sich von der Bedarfs- zur Zweckgemeinschaft. 1656 existierten bereits 15 verschiedene Nationen. Trotz des 1655 verhängten Verbots der Nationalkonvente konnten die Nationen nicht geschwächt werden, sodass die Universität versuchte, sie in die Organisation der Akademie zu integrieren, indem den Nationen 1663 Professoren als Inspektoren vorgestellt wurden. Zugleich verordnete der akademische Senat, dass von nun an jeder Student einer Nation beitreten müsse. Diese Verpflichtung wurde tatsächlich erst 2010 abgeschafft. 1692 sollten durch ein königliches Verbot sowohl das Pennalwesen als auch die Deposition abgeschafft werden, was erneut den Widerstand der Studenten hervorrief. Letztlich wurde lediglich die Deposition aufgegeben. Die Pennalzeit, die etwa ein Semester währte, und die Absolution der Pennale durch ältere Studenten blieben hingegen bis weit ins 18. Jahrhundert erhalten.

---

170 Die Rechnung eines 1645 gehaltenen Nationalkonvents mit 37 Teilnehmern umfasst 375 Liter Bier, ½ kg Tabak, 33 Pfeifen, 1½ Liter Branntwein, Gläser und Raummiete. Ab 1660 kamen Zitronen, Zwieback, Walnüsse sowie Musikanten hinzu und ab 1680 zunehmend Speisen wie Konfekt, Fisch, Schinken, Käse und Zuckergebäck. Außerdem wurden nun die Räume geschmückt (vgl. Braun: Nationen, S. 58f.).

V. Der Kampf gegen den Pennalismus

Mit dem Pennalwesen begann auch die dauerhafte gemein-
schaftliche Missachtung der akademischen und territorialen
Obrigkeit durch Teile der Studentenschaft. Vom Bursenzwang
befreit, konnten die Studenten nun bei Nichtakademikern
wohnen und ein weitestgehend unbeaufsichtigtes und selbst-
bestimmtes Leben führen.[171] Sie begannen, sich von den offiziellen Gemeinschaften der Universitäten zu lösen und neue
Vergesellschaftungsformen auszubilden, die zunehmend zu
festen Zusammenschlüssen mit eigenen Regeln und Traditi-
onsbildungen wurden. Aber erst als diese zur Gefahr für die
Autoritäten und den Ruf der protestantischen Univeristäten
– und damit der lutherischen Konfession insgesamt – wurden,
versuchte zunächst jede Universität für sich, dieser als Pennalismus bezeichneten Gefahr entgegenzuwirken. Allerdings
verbreitete und etablierte sich das Pennalwesen ungemein
schnell, auch waren die Studenten nicht an einen Studienort
gebunden, so dass die meisten protestantischen Universitäten die Lösung des Problems nur in einem gemeinsamen und

---

171 Von der Forschung bisher unbeachtet ist die Tatsache, dass sich viele
Studenten offensichtlich lange Zeit nicht oder sogar nie immatriku-
lierten – vielleicht, um sich nicht unter die Observanz der Universitätsbehörden zu begeben, oder ältere Studenten verboten es den Neulingen, damit diese sich bis zu ihrer Absolution nicht als vollwertige
Studenten ausgeben konnten. Schließlich wurde die mit der Immatrikulation verbundene Deposition nach Hundorph: Tractätlein „auff
etlichen Universitäten der erste Gradus Studiorum genennet". Ob sich
die Neulinge stattdessen gar nicht oder in einem anderen Rahmen
einschrieben, z. B. an den Tischen, ist ungeklärt. Eine Begründung
der Studenten lautete, die Anmeldung sei eine Versklavung und der
abzulegende Eid sei unbillig, denn man müsse schwören, was man
nicht leisten könne (vgl. die Intimation der Universität Jena vom 25.
November 1621, ThULB HSA 2 Hist. lit. VI, 12 (76)). Disziplinarerlasse
dagegen wurden häufig zu Semesterbeginn, aber auch darüber hinaus
veröffentlicht. Vgl. auch Tholuck: Rationalismus, S. 248, für einen ähnlichen Fall an der Universität Straßburg.

gleichzeitigen Vorgehen aller betroffenen Hochschulen sahen. Vor allem die Konkurrenzsituation unter den Universitäten und ihren Landesherrschaften verhinderte aber lange Zeit die Umsetzung eines solchen Plans. Viele Universitäten meinten einem solchen Universitätskartell nicht ohne Konfirmierung ihrer Erhalter und Territorialherren beitreten zu können. Erst nach vielen Jahren und langwierigen Verhandlungen kam am 1. Mai 1654 auf dem Regensburger Reichstag ein gemeinsamer Beschluss fast aller evangelischen Stände zustande, dem auch das Königreich Schweden zustimmte. Darin wurden Pennalismus und Nationalismus verboten und der gemeinsame Ausschluss aller verurteilten Pennalisten von allen Universitäten und öffentlichen Ämtern dekretiert.[172] Außerdem sollte er von den beteiligten Universitäten drei Monate später publiziert werden. Dennoch dauerte es noch gut sechs Jahre, bis mit der Umsetzung der Vereinbarung begonnen wurde.

Auf Grund ihrer Stellung unter den evangelischen Ständen, ihrer beiden Universitäten und Aufforderungen von allen Seiten hätten die Albertiner die Führung im Kampf gegen den Pennalismus übernehmen müssen. Das sächsische Kurfürstenhaus hielt die im Regensburger Beschluss vorgesehenen Strafen aber für zu scharf und weigerte sich lange, den Kartellbeitritt seiner Universitäten in Wittenberg und Leipzig zu konfirmieren.[173] Tatsächlich wurden auch immer wieder Vorwürfe laut, die Fürsten würden den Pennalismus indirekt fördern, indem sie mehrmals befohlen hätten, relegierte Studenten wieder aufzunehmen.[174]

---

172 Vgl. ThHStAW A 8256, fol. 105–109, abgedruckt bei Schöttgen: Historie, S. 149–155; Fritsch: Scholaris Peccans, S. 83–90; Lünig: Reichs-Archiv, S. 437; Brügmann: Zucht, S. 62–66, teilweise abgedruckt bei Füssel: Riten, S. 30.
173 Vgl. hierzu besonders Späte: Leben, S. 112.
174 Meyfart: Erinnerung, S. 175; vgl. auch Späte: Leben, S. 108f.

Erst als sich 1644 und Anfang 1660 nach wochenlangen Unruhen in Jena schwere Studententumulte ereigneten, die fast den Ruin der Universität bedeutet hätten, wurde das Vorhaben wieder aufgenommen und nunmehr von Jena aus vorangetrieben.[175] Ein Bericht über den Hergang des Tumults von 1660 wurde umgehend gedruckt und an alle Universitäten mit der Bitte um Anschlag versandt. Er sollte vor allem gefährlichen Gerüchten vorbeugen. Vielleicht führte dies auch auf anderen Universitäten und vor allem beim sächsischen Kurfürst Johann Georg II. zu der Einsicht, dass das Abschaffungsmandat umgehend angeschlagen werden müsse.

Allmählich erließen nun die Landesherren aller beteiligten Universitäten Mandate, die dann wenig später von den einzelnen Universitäten in Form mehrseitiger Abschaffungspatente publiziert wurden. Von dem beabsichtigten gleichzeitigen Vorgehen konnte jedoch keine Rede sein. Den Anfang machte bald nach dem Jenaer Tumult am 20. August 1660 das Edikt zur gänzlichen Abschaffung des Pennalismus auf der Universität Gießen Landgraf Georgs von Hessen-Darmstadt.[176] Aber erst am 12. September 1664 befahl der Kurfürst von Brandenburg und Herzog von Preußen Friedrich Wilhelm als letzter Landesherr die Abschaffung auf der Universität Königsberg.[177]

---

175   Dazu etwas vereinfacht und übertrieben Happel: Roman, S. 365f: „Weil aber dieser Mutwillen gar zu groß ward, daß sie sich auch selbst an hohen Standespersonen vergriffen, verhandelte man endlich auf dem Reichstag zu Regensburg [1654] darüber und schaffte dieses Unwesen ab, worüber zu Jena ein großer Tumult entstand, daß etliche Bürger und Studenten ums Leben kamen, daher die sächsischen Landesfürsten genötigt wurden, den Pennalismum ein für allemal gänzlich abzuschaffen."

176   Vgl. [VD17 1:016028L], abgedruckt bei Dilherr: ProphetenSchul, Anhang, S. 98–107.

177   Vgl. Erman/Horn: Bibliographie, Bd. 2, Nr. 11438; vgl. auch Füssel: Riten, S. 31.

Dennoch zeigte sich endlich der gewünschte Erfolg. In Wittenberg wurden die „servitia, exactiones, symbola, nationes, omniaque vexandi nomina" gleich 1661 abgeschafft.[178] Und im Bericht der Universitätsvisitation von 1665 wird von dort berichtet, dass vom Pennalismus nun nichts mehr zu spüren war.[179] Wie auf den meisten beteiligten Universitäten gingen mit der Auskleidung der Pennale auch in Leipzig die Auswüchse des Pennalismus 1663 zu Grunde. 1681 wird in Helmstedt beantragt, den Pennalismus nunmehr aus dem Studenteneid auszulassen, da er nirgends mehr vorkäme.[180] „Die gemeinsame Bekämpfung des Pennalismus hatte für kurze Zeit ein Band um die evangelischen Universitäten geschlossen".[181]

Mit der erklärten allgemeinen Abschaffung des Pennalismus konnte zwar verhindert werden, dass die pennalisierenden Studenten auf andere Universitäten zogen, allerdings verschwanden damit nicht alle Elemente studentischer Devianzkultur, die mit dem Pennalismus in Verbindung gebracht wurden. Intimationen gegen Vexierungen der Neulinge, Accessschmäuse und Üppigkeiten aller Art[182] oder Duelle wurden immer wieder erlassen.[183] Die geheimen studentischen Verbindungen oder die Nationen in Rostock oder Königsberg ließen sich auch kaum abschaffen. Ihre Strukturen bestanden weiter oder sie zogen sich ins Geheime zurück.[184]

---

178 Vgl. Tholuck: Rationalismus, S. 293.
179 Vgl. UB Universität Wittenberg, Bd. 2, S. 234.
180 Vgl. Tholuck: Rationalismus, S. 293.
181 Franke: Pennalismus, S. 243.
182 In Jena wurden in den 1680er Jahren noch immer Accessschmäuse beanstandet (vgl. UAJ E I 2, fol. 160–164).
183 Z. B. von der Universität Jena am 27. April 1673 „wider das Duelliren, Schießen, Beschimpfung derer Hochzeitsleute, wenn sie nach und aus der Kirche gangen, und alle unanständige Aufführung" (UAJ A 1239, fol. 145f., zitiert nach Schmeizel: Chronik, S. 126).
184 Vgl. Franke: Pennalismus, S. 227; Hofmeister: Studentenleben.

Trotz der erklärten Abschaffung war es also schwierig, die bestehenden Strukturen gegen den Willen der Betroffenen zu zerschlagen. Der Pennalismus ruhte gewissermaßen im Wesen des akademischen Milieus selbst. So wundert es nicht, dass er auch Jahrzehnte später immer wieder direkt erwähnt und verboten wurde, wie z. B. in Jena 1689[185] und 1703, als von einem veränderten Wiederaufleben desselben gewarnt und zugleich darauf hingewiesen wurde, dass die Universität vor vielen Jahren deshalb in den Ruf einer Räuberhöhle gekommen sei.[186]

V. 1. Das Vorgehen der protestantischen Universitäten

Das Verspotten und Erpressen der Neulinge, Verbrüderungen unter den Studenten, Selbstrache und Mißachtung der akademischen Gesetze wurden in Jena schon vor dem ersten Erlass gegen den Pennalismus verboten.[187] Neu war also lediglich die Erkenntnis, dass 1610 bereits ein fest etabliertes Pennalsystem bestand. Zunächst folgten darauf bis in die 1620er Jahre nur vereinzelte Intimationen und Relegationspatente der Universitäten Rostock (1611)[188], Wittenberg (1615)[189], Königsberg (1617)[190]

---

185 Vgl. ThULB HSA 2 Hist. lit. VI, 23 (122).
186 Vgl. ThULB HSA 2 Hist. lit. VI, 12 (247).
187 Vgl. die Intimationen der Universität Jena anlässlich der Ermordung eines Studenten vom 6. August 1599 (ThULB HSA 2 Hist. lit. VI, 3 (258f.)), vom 13. Juli 1600 gegen Duelle und Provokationen (a. a. O., 1 (18)), vom 6. November 1603 gegen Schmäuse, Zechereien, Tanzen, nächtliches Umherschweifen, Schreien, Häuserstürmen, vor allem aber gegen Provokationen und Fedekämpfe (a. a. O., 1 (5)) oder vom 19. Juli 1607 gegen schlechte Gesellschaft, Verbrüderungen und Verachtung der akademischen Gesetze und Behörden (a. a. O., 8 (21)).
188 Abgedruckt bei Luchten: Oratio.
189 Vgl. ThULB HSA 2 Hist. lit. VI, 12 (49) [= Erman/Horn: Bibliographie, Bd. 2, Nr. 19986].
190 Vgl. Erman/Horn: Bibliographie, Bd. 2, Nr. 11420.

und Helmstedt (1619).[191] Später erließen auch Altdorf (1624)[192] und Straßburg (1631)[193] erstmals derartige Verbote und in den neuen Statuten der nunmehr evangelischen Universität Erfurt wurde der Pennalismus 1634 gleich verboten.[194]

Spätestens 1633 erkannte zunächst der Wittenberger Universitätssenat, möglicherweise angeregt von dem Beschluss der Jenaer Professoren vom 8. Oktober 1632,[195] dass dem Problem nicht durch die einzelnen Universitäten allein beizukommen war.[196] Daher schrieb er am 8. Mai an die Universitäten Helmstedt, Jena, Leipzig, Marburg, Königsberg und Straßburg eine Aufforderung zum Zusammenschluss, um gemeinsam gegen das Pennalwesen vorzugehen.[197] Dieses dauere schon viele Jahre und gereiche zu Schimpf und Schande der evangelischen Universitäten. Besonders arme Studenten und deren Eltern würden darunter leiden und viele Studenten hätten deshalb schon das Studium abgebrochen, seien ins Ausland gezogen oder würden von vornherein vom Studium abgeschreckt. Dieses alles sei den „liberalibus studiis höchst nachteilig" und man habe festgestellt, „daß mit bißhero gebreuchlichen straffen, auch der relegation allein, diesen übel nicht gnugsamb gesteuret werden will, indeme auch die relegati von einer universitet auf die andere sich begeben und, wie die erfahrung hernach bezeuget, es daselbsten nicht besser machen." Daher sollten jene Studenten, die Pennal-Delikte verüben oder unterstützen, nicht nur von

---

191 Vgl. Rasche: Aspekte, S. 63.
192 Vgl. Erman/Horn: Bibliographie, Bd. 2, Nr. 328.
193 Vgl. Erman/Horn: Bibliographie, Bd. 2, Nr. 17097.
194 Vgl. Schöttgen: Historie, 86f.; vgl. auch Motschmann: Erfordia Literata, S. 785; so auch in den Statuten der 1655 eröffneten Universität Duisburg (vgl. Füssel: Riten, S. 30).
195 Vgl. das Abschaffungspatent der Universität Jena von 1661 (siehe Quellentexte).
196 Zur Entstehung der Wittenberger Initiative siehe Füssel: Riten, S. 29.
197 Ediert in UB Universität Wittenberg, Bd. 2, S. 88f; vgl. auch Kalischer: Universität, S. 18f.

ihrer, sondern zugleich von anderen Universitäten relegiert
sein, sobald diese ein Relegationsprogramm der relegierenden
Universität erhalten. Zugleich müssten zur Abschreckung Re-
legationsprogramme in die Heimat und an die Eltern der Delinquenten geschickt werden.

Als erstes kam eine Antwort von der Universität Helmstedt
am 14. Juni und gab zu bedenken, dass auch die Universitäten
Marburg, Rostock, Frankfurt und Greifswald mit einbezogen
werden sollten. Man regte an, Studenten künftig nur noch
bei Vorlage von Sittenzeugnissen aufzunehmen. Außerdem
würden die Beschlüsse durch die Zustimmung der Landesherren mehr Durchsetzungskraft erhalten.[198] Die Universität
Jena stimmte dem Vorschlag Wittenbergs am 25. Juni zu und
wollte, sobald Wittenberg die Bestimmungen an die Beteiligten schicke, diese publizieren und bei jeder Immatrikulation
intimieren. Zustimmung signalisierten mit großem Verzug
die Universitäten Königsberg (13. September 1633), Frankfurt
(2. November 1633) und Altdorf (20. August 1634). Auch an der
Universität Marburg fand der Wittenberger Vorschlag Zustimmung. Aus Marburg kam außerdem der Vorschlag, dass
sich – falls nicht alle Universitäten einwilligen würden – doch
zumindest alle Gewillten zusammenschließen könnten. Falls
daraufhin die Pennal-, Sauf- und Schmausbrüder fortzögen, sei
dies eher als Vorteil zu betrachten. Die relegierende Universität
sollte aber die Delinquenten wiederaufnehmen können, wenn
diese zuvor durch Unterzeichnung eines Revers dem Pennalwesen abschworen. Auch sollte den Tischhaltern, Hauswirten,
Schenken, Apothekern die Unterstützung des Pennalwesens
verboten werden, so die Marburger Professoren. Die einzige ab-
lehnende Antwort kam ausgerechnet von der gleichfalls alber-
tinischen Universität Leipzig. Sie wolle sich mit keiner außer

---

198   Hierzu und zum Folgenden vgl. die Einträge zum Pennalismus im UB
       Universität Wittenberg, Bd. 2 sowie Füssel: Riten, S. 29, Anm. 146.

der Wittenberger Universität verbinden, zumal der Pennalismus bei ihr weitgehend ausgerottet sei.[199]

Erst im Mai 1636 meldeten sich die Wittenberger Professoren erneut bei den angeschriebenen Universitäten und gaben an, der Krieg und die unsicheren Wege hätten bisher den Zusammenschluss und eine gemeinsame Verordnung verhindert. Wer nun noch etwas zu bedenken geben wolle, wie etwa die Einstellung der Landesherrschaften, solle dies unverzüglich tun, um das Werk schnellstmöglich aufzurichten. Zudem, so die Professoren, „halten wir der publication wegen dafür, weil unsere deutsche universiteten dieses gottlosen und ganz verderblichen unwesens halben nicht allein inner, sonder ausser landes übel beschrien und wol in offenen schriften zimblich angelassen". Es sei daher nötig, das gemeinsame Dekret auf allen korrespondierenden Universitäten zeitgleich an einem Tag anzuschlagen, durch die Buchhändler öffentlich auszugeben und in andere Länder auch außerhalb der deutschen Territorien zu verschicken, so dass „unsere ehre und guther name gerettet, auch aller Welt bekandt würde, wie solchem bestialischem beginnen nachzusehen wir nimmer gemeinet". Dazu würden noch die Universitäten Tübingen, Erfurt, Rinteln, Rostock und Greifswald eingeladen. Wenn die Universität Leipzig sich nicht beteiligen wolle, müsse man das akzeptieren, was aber nicht schlimm sei, weil zwischen ihr und Wittenberg längst eine solche Vereinbarung bestünde.[200]

Erst jetzt antwortete auch die Universität Straßburg auf das Wittenberger Schreiben vom Mai 1633 und gab sich bedeckt. Allerdings regte sie an, „ob nicht die depositio et liberatio a beanismo als ursprünglich heidnische, uns aber aus dem Papsttum

---

199 Vgl. UB Universität Wittenberg, Bd. 2, S. 90; vgl. auch Tholuck: Rationalismus, S. 291.
200 Vgl. das edierte Schreiben in UB Universität Wittenberg, Bd. 2, S. 96–98, hier S. 97.

überkommene Sitte bei dem vorliegenden Anlaß abgeschafft oder mindestens von den überflüssigen Zeremonien und Skurrilitäten befreit werden könne."[201] Auch Frankfurt meldete sich nun zustimmend und Marburg schrieb am 9. September 1636, wenn nun noch Leipzig und Erfurt zustimmen würden, habe man schon die Einwilligung von 10 Universitäten und es blieben von den lutherischen nur noch Rostock, Greifswald, Tübingen und Rinteln unentschlossen. Würde sich eine Universität nicht anschließen, zögen die Pennalisten sicher dorthin, was für die konfirmierten Akademien aber keine Schande, sondern ein Glück wäre.

Im September 1638 wurden die Bestimmungen über das Zusammenwirken der deutschen lutherischen Universitäten zur Ausrottung des Pennalismus endlich gedruckt.[202] Sie enthielten im Wesentlichen alle bisherigen Vereinbarungen, die außerdem von den jeweiligen Landesherren konfirmiert werden sollten. Vom 1. bis 18. Oktober schließlich ergingen Schreiben aus Wittenberg an die Universitäten Jena, Helmstedt, Frankfurt/Oder, Königsberg, Marburg, Altdorf und Straßburg mit der Anweisung, die Bestimmungen am 1. Januar 1639 zu veröffentlichen. Den Universitäten Tübingen, Erfurt, Rostock, Greifswald und Rinteln hätten sie wegen des Krieges noch nicht bekannt gemacht werden können, sie würden aber gewiss beitreten.

Aus dem beabsichtigten großen Wurf wurde aber nichts. Aus Helmstedt gaben die Professoren zu bedenken, man solle doch noch mit der Veröffentlichung warten, bis sich noch mehr Universitäten, z. B. Basel, angeschlossen hätten. Auch müsse man erst die Konfirmation der Landesherren abwarten. Auch die Universität Frankfurt meinte, erst die fürstliche Bestätigung

---

201 UB Universität Wittenberg, Bd. 2, S. 98; vgl. zum Folgenden a. a. O., S. 98–116.
202 Ediert in UB Universität Wittenberg, Bd. 2, S. 102–107; abgedruck bei Schöttgen: Historie, S. 140–148; zusammengefasst a. a. O., S. 90–92.

abwarten zu müssen. Erfurt schrieb, hier habe der Pennalismus wegen guter Aufsicht sowieso kaum um sich gegriffen.

Tatsächlich veröffentlichten nur Marburg, Erfurt, Königsberg und Altdorf die Bestimmungen zum vereinbarten Termin, Frankfurt folgte am 18. Januar. Wittenberg selbst entschuldigte sich, man habe wegen des Kriegsgeschehens die Zustimmung des Kurfürsten nicht erhalten und daher nicht am vereinbarten Termin publizieren können.[203] Der Kurfürst seinerseits aber gab seine Zustimmung vorerst nicht, was letztlich ausschlaggebend für das Scheitern der Initiative war. Am 13. März 1643 schrieben die Wittenberger Professoren resigniert an Johann Georg I., alle Hoffnungen seien unerfüllt geblieben und der Pennalismus sei durch die unvollendenten Maßnahmen nur noch mehr gereizt worden, „daß es fast eine allgemeine observanz werden will, welcher sich neu ankommende studenten selbst also gar unterwerfen".[204]

Bisher hatten die Universitäten versucht, das Pennalwesen darzustellen, als werde es von einigen Wenigen getragen, welche die Mehrheit terrorisierten. Sie konnten kein Interesse daran haben, ihre Studenten en masse zu verunglimpfen und das Problem in eine größere Öffentlichkeit zu tragen. Die beiden Studentenunruhen an der Universität Jena aus den Jahren 1644 und 1660 zeigen aber, dass die Mehrzahl der Studenten das Pennalwesen aktiv unterstützte.

Der Aufruhr, den pennalisierende Studenten Anfang Februar 1644 in Jena verursachten, ausgelöst durch den Pennal Laurentius (oder Lorenz) Niska, fand in der Literatur großen

---

203   Ediert in UB Universität Wittenberg, Bd. 2, S. 117; vgl. Erman/Horn: Bibliographie, Bd. 1, Nr. 12527–12529. Vgl. auch Späte: Leben, S. 110.
204   Ediert in UB Universität Wittenberg, Bd. 2, S. 124–128.

Niederschlag. Deshalb soll an dieser Stelle eine kurze Darstellung genügen.[205]

Niska, Sohn eines Obergerichtsadvokaten in Leipzig, wurde in seiner Heimatstadt von etlichen Studenten als ‚Hausfeix' angefeindet – eine Spottbegriff für jene, die zu Hause von Privatlehrern unterrichtet wurden, um das Studium möglichst lange hinauszuschieben und kurz zu halten, auch um nicht allzu jung den Pennalputzern in die Hände zu fallen. Vermutlich deshalb hatte er dort Streit mit einem älteren Studenten und verabreichte jenem eine Maulschelle, was unter den Leipziger Burschen große Empörung hervorrief. Als Niska sich schließlich 1643 in Jena immatrikulierte, schrieben seine Gegner an die Jenaer Studenten eine Rekommendation, dass er in Leipzig verrufen sei. Man solle ihn schmähen und niemand dürfe Umgang mit ihm pflegen. Daraufhin stürmten im Dezember 1643 etwa 20 Studenten Niskas Stube, zerstörten alles, bestahlen ihn, schleppten seine Möbel auf den Markt und zwangen ihn, spanischen Wein und Frankenwein aufzutischen, verhöhnten ihn dazu und ließen ihn durch ihre Famulos verspotten und agieren. Die Universität schritt ein und relegierte fünf der Pennalputzer, weitere erhielten Karzerstrafen. Niska drohte seinen Peinigern Rache an, wenn er einmal kein Pennal mehr sei, denn als solcher durfte er keine Waffen tragen, niemanden zum Duell fordern oder sich persönlich duellieren. Niska trat selbstbewusst den Pennalpuntzern entgegen, aber lediglich ein Student, Christoph Rosa, hielt zu ihm.

> „Die Kühnheit, mit der sie [Niska und Rosa, Anm. d. Verf.] sich gegen die Sitte der Zeit auflehnten, machte sie vielen unheimlich. Böse Gerüchte über sie gingen um, in allen Kreisen der

205 Vgl. besonders Müller: Episode und Späte: Leben, S. 97–101; des Weiteren siehe Traeger: Chronologus, S. 94f; Schmeizel: Chronik, S. 85f; Schöttgen: Historie, S. 30–34; Platen: Fall, S. 86–93; Steinmetz: Geschichte, S. 104f. und Füssel: Riten, S. 29.

Stadt lebhaft besprochen. Es hieß, sie hätten sich verschworen, jeden Gegner, der ihnen in die Hände fallen würde, niederzu- stoßen [...]. Mit ihren Degen sollten sie viele Kröten zerhauen und so ihre Waffen vergiftet haben."[206]

Niska konnte an keinem Tisch mehr unterkommen, er wurde überall und ständig ausgepfiffen und angetastet und auf dem Markt oder vor der Kirche entlangzugehen war ihm verboten. Der Höhepunkt der Feindseligkeit wurde dadurch ausgelöst, dass Niska nach einem Jahr ohne Absolution und Zustimmung der Burschen eigenmächtig in studentischer Kleidung auftrat und sich so dem Gruppenzwang widersetzte. Die Burschen ver- weigerten ihm und Rosa darauf durch ein Pasquill öffentlich die Absolution in Jena und auf allen anderen Universitäten. Als ihn nun erneut ein Student als Pennal angreifen wollte, verwun- dete er diesen mit dem Degen. Der Vorfall wurde blitzschnell bekannt und Niskas Gegner verschworen sich und verlangten vom Rektor seine Verhaftung. Dieser erteilte Niska Hausarrest und begann eine Untersuchung der Schlägerei. ‚Das gantze Corpus Studiosorum alhier' verlangte die sofortige Bestrafung Niskas.[207] Viele Studenten zogen, teilweise bewaffnet, ins Kol- legium und überbrachten ihre Forderung dem akademischen Senat durch Abgesandte. Der Senat nahm diese entgegen, ver- haftete aber zugleich sieben Studenten wegen Verfertigung des Pasquills. Als die Gefangenen am 1. Februar dem Senat vorge- führt werden sollten, erschien ein Haufen von etwa 60 bewaff- neten Studenten, vornehmlich Tischgenossen der Gefangenen, und befreite allesamt.

Angesichts des immer stärker werdenden Aufruhrs waren die Professoren machtlos. Die Studenten erklärten, dass kei- ner von ihnen allein vor dem Senat erscheinen werde, denn

---

206 Müller: Episode, S. 131.
207 Vgl. „Das gantze Corpus Studiosorum alhier" an Rektor und Professo- ren der Universität Jena, Jena, 31. Januar 1644, UAJ E I 5, fol. 330–331.

alle wollten füreinander einstehen. Die Professoren suchten die Hilfe des Stadtrats und baten, er möge die Wache gegen die Studenten gebrauchen und vor allem die befreiten Gefangenen verhaften. Aber der Bürgermeister lehnte ab: Die Bürger hätten Furcht vor den Studenten. Nun musste die Universität Hilfe am Weimarer Hof suchen, da Mord und Totschlag zu befürchten waren. Die Studenten ihrerseits schickten ihre Famulos zu allen Kommilitonen, die sich noch nicht verschworen hatten, und nötigten sie, der Konspiration durch Unterschrift beizutreten. Alle sollten zusammenstehen, bis eine Bestrafung Niskas erreicht sei, andernfalls wolle man ihn umbringen. Alle sollten sich bereit halten und auf das Zeichen von drei Schüssen zuammenkommen. Damit Niska nicht fliehen könne, sollten Tore, Gassen und Straßenecken bewacht werden. Als Rektor Christoph Philipp Richter davon erfuhr, bat er den Jenaer Amtmann, Niska für einige Tage im Jenaer Schloss zu beherbergen. Die Studenten bemerken dies, die verabredeten drei Schüsse wurden gelöst und über 300 trunkene Studenten und Pennale zogen mit Geschrei, Schießen und Werfen vor das Schloß. Sie forderten die Herausgabe Niskas und warfen Fenster ein. Der Sturm währte die ganze Nacht. Der Amtmann schickte in seiner Not auf die umliegenden Dorfämter und nochmals an den Weimarer Herzog um Hilfe und am 2. Februar wurden endlich 50 Reiter und 100 Musketiere nach Jena abgeordnet.

Daraufhin erschien erneut eine große Menge bewaffneter Studenten im Kollegium, die erklärten, sie wollten zwar die Entscheidung des Herzogs akzeptieren, bis dahin würden sie aber den Professoren nicht mehr gehorchen. Am Morgen des 3. Februar zog der Herzog persönlich mit 300 Mann zu Ross und Fuß nach Jena, womit der Aufruhr endgültig gestillt war. Einige Rädelsführer flohen trotz der geschlossenen und bewachten Tore, andere versteckten sich. Energisch ging der Herzog vor und zitierte unter Rühren der Trommeln alle Studenten ins Kollegium, wo ihnen die Waffen abgefordert und sie alle als Gefangene, eskortiert von Soldaten, über den Markt ins Schloss abgeführt wurden. Hier begann die Inquisition, die vier Tage dauerte. Doch niemand sagte gegen die Rädelsführer aus. Dennoch wurden fünf Studenten als Anstifter nach Weimar gebracht, alle anderen wurden am 4. Februar nach Unterzeichnung eines Revers aus der Haft entlassen, alle verbotenen Bündnisse und Konspirationen sollten damit kassiert sein. Der Herzog ließ noch am selben Tag einen Befehl anschlagen, welcher besagte, dass die wenigen Frevler, die andere zum verfluchten Pennalwesen verführten, zu gebührender exemplarischer Strafe gezogen werden sollten und dass die Absolvierung der Pennale ab sofort verboten sei.[208]

Aber bestraft wurden letztlich nur Niska und Rosa mit privater Relegation auf je drei Jahre – und zwar schon am 6. Februar. Als Grund führte die Universität in einem Schreiben vom selben Tag an Herzog Wilhelm an, dass sie andere Studenten geschmäht, bedroht, ihnen aufgelauert, sie verwundet und den verhängten Arrest gebrochen hätten.

Die Studenten gaben sich damit aber nicht zufrieden und erklärten nun, wenn man nach dem Erlass vom 4. Februar die Pennale nicht mehr absolvieren dürfe, so wollten sie dafür sorgen, dass kein Student, der sein erstes Jahr in Jena ohne Absolution beendete, anderswo als ordentlicher Student angesehen werde. Außerdem wollten sie verhindern, dass sich künftig Studenten hier immatrikulieren würden und drohten, allesamt wegzuziehen, da sie mit dem herzoglichen Befehl ihrer Freiheiten und Privilegien beraubt würden.

Am 28. Februar befahl der Herzog mit Verweis auf die Fürsprache seiner Gemahlin tatsächlich die Begnadigung aller am Tumult beteiligten Studenten, außer Niska und Rosa. Auch

---

208 Vgl. ThULB HSA 2 Hist. lit. VI, 10 (287); abgedruckt bei Schöttgen: Historie, S. 31–34. Vgl. auch Erman/Horn: Bibliographie, Bd. 2, Nr. 9590–9592; Schmeizel: Chronik, S. 85.

die fünf relegierten Pennalputzer musste die Universität nun wieder annehmen. Mit Zorn schob der Regent den Professoren die Schuld für den Tumult zu, denn die Sache wäre nie so weit gekommen, wenn „auf der Studenten Anhalten wider Lorenz Nißken und Johann Christoph Rosen, wie nunmehr beschehen, mit der Relegation verfahren worden wäre."[209] Von einigen am Tumult beteiligten Studenten wurden daraufhin Spottlieder auf den Herzog, die Professoren, den Amtmann, die Bürger und natürlich Niska und Rosa verfasst.

Lorenz Niska zog nach dem Vorfall auf die katholische Universität Köln, wo er noch 1647 studierte. An jeder protestantischen Universität hätte er damit rechnen müssen, erneut pennalisiert zu werden.

„Wir gehen aber wohl kaum fehl, wenn wir annehmen, daß ein anderer Grund den Professoren zum mindesten für die rasche Verhängung dieser Strafe sehr viel wichtiger war als die angeführten. Sie mußten sich sagen, daß die Unruhe unter den Studenten nicht gestillt werden konnte, solange vor allem Nißka in Jena verblieb."[210]

Der geschilderte Fall ist einer der wenigen überlieferten, wo sich ein Pennal gegen seine Peiniger und das ganze Pennalwesen stellte. An ihm lässt sich belegen, welche Macht die geschlossene Studentenschaft aufbringen konnte und wie weit sie zu gehen bereit war, um ihre eng mit dem Pennalismus verbundene Standesehre zu verteidigen. Sowohl die Universität als auch der Landesfürst offenbarten dabei ihre Ohnmacht. Die Professoren waren unfähig, der Sache Herr zu werden und wurden von den Studenten verhöhnt, missachtet und regelrecht vorgeführt. Der Herzog musste selbst mit einem beachtlichen Militäraufgebot einschreiten, war aber trotz anders lautender Absichten offenbar nicht gewillt, die ausgemachten Anführer zu verurteilen.

---

209 Müller: Episode, S. 155.
210 A. a. O., S. 152.

Zu Gunsten der Ruhe unter den Studenten und weil sie ihren
Auszug fürchteten, gaben beide Obrigkeiten entgegen den eigenen Gesetzen letztlich deren Forderungen in allem nach.

Allerdings ging nun von Jena eine neue Initiative aus, dem Pennalwesen ein Ende zu setzen. Auf dem Landtag in Eisenberg
im Mai 1645 wurde auch dieses Thema erörtert. Doch Friedrich
Wilhelm II. von Sachsen-Altenburg warnte seinen Vetter Wilhelm von Sachsen-Weimar im September vor unzeitiger Ver-
öffenlichung der Bestimmungen von 1639, damit andere Universitäten dies nicht „zu ihrem Vorteil gebrauchen, [was] der
zu Jehna studirenden Jugend aber zum despect und unserer
Universität zum Nachteil gereichen möchte".[211] Daher solle sich
die Universität zuvor mit anderen Hochschulen verständigen,
was sie auch umgehend tat.[212] Doch wieder war es der sächsische Kurfürst, der sich strikt weigerte, dem Universitätskartell
zuzustimmen, weshalb ihn die Wittenberger Professoren in einem Schreiben vom 26. Januar 1647 indirekt für die Auswüchse
des Pennalismus, besonders an ihrer Universität, verantwortlich machten.[213] Die am 7. Januar 1653 veröffentlichten neuen
Statuten der Universität Jena verboten zwar den Pennalismus
grundlegend,[214] die Erfolgsaussichten waren ohne die Aufrichtung des Kartells jedoch gering. Kurz darauf schrieb das Ober-
konsistorium in Dresden in Vorbereitung einer Universitätsvisitation an Kurfürst Johann Georg, man erinnere sich zwar
an das Vorhaben der Universität Wittenberg, mit anderen Universitäten ein Kartell zur Abschaffung des Pennalismus aufzurichten. Da der Kurfürst dies aber bisher nicht bestätigt habe,

---

211 ThHStAW A 8256, fol. 46f, zitiert nach Späte: Leben, S. 111.
212 Vgl. die Schreiben nach Wittenberg, Helmstedt, Altdorf und Leipzig,
     UAJ A 2196a, fol. 146–148, fol. 172–181, sowie UB Universität Wittenberg,
     Bd. 2, S. 128.
213 Ediert in UB Universität Wittenberg, Bd. 2, S. 135–137.
214 Vgl. UAJ A 19/1; UAJ A 2548, fol. 112–147.

die Universität Leipzig nicht beitreten wolle und der Meinung sei, die Exklusion der Pennalisten sei unchristlich und zur Erreichung des Ziels nicht ratsam, und da zudem seit einiger Zeit keine Klagen mehr eingegangen seien, sei das Vorhaben zur Vermeidung größerer Ungelegenheit und Unruhe bisher ruhen gelassen worden.[215]

Die Angelegenheit wurde, wie erwähnt, erst wieder auf dem Regensburger Reichstag 1654 durch die Abgesandten der protestantischen Stände beraten. Die Beschlüsse umfassen fast die gleichen Punkte, wie sie die Wittenberger Professoren schon 1633 angeregt hatten. Aber nicht allein von den Universitäten, sondern auch von deren Landesherren sollten sie nun mitgetragen werden. Außerdem wurde festgelegt, dass die Beschlüsse auf allen beteiligten Universitäten am 1. August 1654 publiziert werden sollten. Unterschrieben wurde die Erklärung den Abgesandten von der Kurpfalz, von Kurbrandenburg, Sachsen-Weimar, Vorpommern, Sachsen-Gotha, Braunschweig, Mecklenburg, Württemberg, Darmstadt und dem Nürnberger Stadtratrat. Hessen-Kassel und der Straßburger Stadtrat erklärten sich einverstanden. Lediglich Kursachsen enthielt sich.[216]

Einige Wochen später, am 31. Mai 1654, klagte die Universität Wittenberg aber erneut beim Kurfürsten, dass trotz aller bisherigen Maßnahmen keine Besserung des Pennal-Unwesens eingetreten sei. Bei den meist minderjährigen Studenten sei auf keine baldige Besserung zu hoffen und es müsse unnachlässig gestraft werden. Die Professoren erinnerten erneut an ihr Vorhaben, ein Kartell aller evangelischen Universitäten aufzurichten. Von den ‚Spezialmitteln', die ein vom Kurfürsten überschicktes Bedenken des Magisters Joachim Schröder aus Rostock erwähnt, wollte die Universität Wittenberg nichts wissen,

---

215 Ediert in UB Universität Wittenberg, Bd. 2, S. 147f.
216 Zur Umsetzung der Beschlüsse vgl. Alenfelder: Gerichtsbarkeit, S. 141–144.

denn die Zuweisung der einzelnen Studenten an bestimmte Professoren und private Inspektoren lasse sich bei einer Universität von 1000 bis 1200 Hörern nicht mehr durchführen. Letztlich konnte aber auch dieses Schreiben den Kurfürsten nicht zur Konfirmation der Regensburger Beschlüsse bewegen.[217]

Indes erließen die ersten Landesfürsten im Januar 1655 eigene Abschaffungsbefehle, so z. B. für die Universitäten Gießen[218], Marburg[219] oder Tübingen[220]. Und auch die Universität Jena bat ihre Nutritoren, den in Regensburg gemachten Beschluss zur Exekution zu bringen.[221] Ohne die Mitwirkung der anderen beiden sächsischen Universitäten Wittenberg und Leipzig wagten die ernestinischen Herzöge jedoch nicht, den Verfall ihrer Universität zu riskieren.

So berichtete die Universität Jena am 6. Juli 1660, wenige Wochen vor dem wohl größten und schwerwiegendsten Studententumult des 17. Jahrhunderts, in einem bemerkenswerten „Vnvorgreifliche[n] Gvtachten wegen Erhalttung guter Ordnung vnd Disciplin" an Herzog Wilhelm, das die Gemengelage ausführlich beschreibt, der Pennalismus sei „die furnembste Vrsachen, woraus hauptsachlich alles Vbel herruhrt"[222]. Doch seien die ‚exactiones', Beschmausungen und Beleidigungen der Novizen größtenteils abgestellt, lediglich die Access- und Absolutionsschmäuse würden die älteren Studenten noch fordern. Dadurch sei die Furcht der Neulinge vor den älteren Studenten erloschen und sie hätten jene gebeten, ihnen zu erlauben, „daß sie gleich denen zu Leiptzig, vnd Wittenberg möchten ihre Hüete auffschlagen, wenn sie dreyssig Wochen hier gewesen, vnd Bänder drauff knüpffen, auch den Mantel lassen auf einer

217 Vgl. UB Universität Wittenberg, Bd. 2, S. 149.
218 Vgl. Erman/Horn: Bibliographie, Bd. 2, Nr. 4485a.
219 Vgl. Erman/Horn: Bibliographie, Bd. 2, Nr. 13532.
220 Vgl. Füssel: Riten, S. 30, Anm. 151.
221 Vgl. UAJ A 18, fol. 93 und UAJ A 2196, fol. 2.
222 UAJ E I 5, fol. 58–60 und fol. 65–70, hier fol. 58r.

Achsel hengen."[223] Die nun erlangte Freiheit hätten die Pennale dazu gebraucht, eigene ‚consuetudines' einzuführen, „woraus das vnerbar lasterhafte vnd vnchristliche Leben der novitiorum, worüber aller Ortten vnd auf allen Universiteten geklaget wird, furnehmlich herkommet, [...] vnd sich so fest zusammen verknüpft haben, einander nicht zu verrahten, das nachmals bey angestellter inquisition, die erforderte Zeugen sich lieber religiren lassen, als coram Rectori vnd Professoribus der Sache Beschaffenheit berichten"[224]. Hierzu komme, dass die Novizen schon in den Schulen durch ihre Präzeptoren zu diesem Leben erzogen würden und dass in der Haltung der Studententische eine große Unordnung bestehe, da Bürger und Handwerker ohne Unterschied in und vor der Stadt Tische halten und die Studenten zur Üppigkeit verleiten würden. Die älteren Studenten würden sich hingegen eine eigene Jurisdiktion anmaßen, was es den Professoren unmöglich mache, sie zum Gehorsam zu bringen. Der akademische Magistrat werde vielmehr beschimpft und verachtet. Er könne aber seine Urteile nicht exekutieren, da der Stadtrat sich weigere, bewehrte Wächter dafür abzustellen. Der Herzog möge daher dafür sorgen, dass den Professoren „bey Vollstreckung der Academischen Jurisdiction Schuz geleistet" würde, besonders, weil derzeit die Studenten und Novizen „gleichsam mit Wagenseilen sich zusammen verbinden"[225] würden. Der Pennalismus an sich könne aber nicht ohne ‚Zusammentretung' anderer betroffener Landesherrschaften, besonders Kursachsens, ausgerottet werden, denn wenn er anderswo und auf den Partikularschulen in Übung bleibe, würde er unweigerlich auch hier wieder Fuß fassen.

Darauf befahl Herzog Wilhelm von Sachsen-Weimar am 17. Juli der Universität und dem Stadtrat, der Rektor solle, sobald

---

223 A. a. O., fol. 59r.
224 A. a. O., fol. 59v.
225 A. a. O., fol. 67r.

sich ein Tumult ereigne, ältere ‚Burschen' dazu anweisen, die Tumultuanten zu beruhigen. Würden sich diese nicht beruhigen lassen, solle der Stadtrat seine Wache zu Hilfe schicken.[226]

Die Entwicklung, die ihren Höhepunkt dann am 6. August 1660 fand, nahm ihren Anfang mit der Relegation zweier Pennalputzer schon im Mai 1660.[227] Diese unterwarfen sich jedoch nicht dem Urteil der Professoren und ignorierten die Verbannung, wurden sogar eine zeitlang im Haus des Rektors, dessen Tischburschen sie waren, versteckt. Sie konnten eine große Anzahl Studenten, vornehmlich Pennale, an sich ziehen und nun verweigerten sich die Studenten insgesamt dem Gericht der Universität, schmähten einige Professoren und stürmten ihre Häuser. Als endlich am 2. August eine große Anzahl Bürger gemustert wurde,[228] um den Tumult zu stillen, verschworen sich die Studenten noch fester. Weder Intimationen der Universität noch die Ermahnungen der Professoren oder die Sonntagspredigt konnten den Unmut der Studenten, die ihre Freiheit angegriffen sahen, stillen und das Rottieren und Skandieren der Studenten währte fort. Am 6. August kam es schließlich auf dem Markt zwischen der Bürgerwache und dem überwiegend aus Pennalen bestehenden Studentenauflauf zur Eskalation.

---

226 Vgl. UAJ E I 4, fol. 81.

227 Vgl. das Relegationspatent der Universität Jena, ThULB HSA 2 Hist. lit. VI, 4 (300); 4 (301) und 17 (94). Die Ereignisse sind vielfach überliefert: Traeger: Chronologus, S. 113, Anm. 104; Schmeizel: Chronik, S. 104–106; Müller: Annales, S. 440f; Schöttgen: Historie, S. 107–110, 114. Bisher kaum erwähnte Quellen sind das Tagebuch des Jenaer Bürgermeisters Michael Dannenberger (siehe Meyer-Lingen, S. 18) und der Brief eines Jenaer Studenten an den Zwickauer Pädagogen Christian Daum (siehe Buchwald: Studentenaufruhr). Herzlichen Dank an Lutz Mahnke von der Ratsschulbibliothek Zwickau, der den Brief ausfindig machen konnte. Zum Hergang vgl. auch die reiche Überlieferung in UAJ E I 4 und E I 5.

228 Traeger: Chronologus, spricht von 350 zur Bürgerwache bestellten Männern.

Die Bürgerwache gab Feuer, tötete 4 Studenten und verwundete etliche.[229] Dies bewog den Weimarer Herzog, über 2000 Mann von Weimar nach Jena zu schicken, um den Tumult endlich zu stillen.

Zusammen mit den Soldaten erließ der Herzog einen gesiegelten Befehl an alle Studenten und Universitätsverwandten, worin diese angewiesen wurden, sich insgesamt im Kollegium zu versammeln und ihre Waffen abzuliefern. Alle sollten dem Rektor von neuem Gehorsam geloben und Widerspenstige mit Militärgewalt weggeschaft werden. Zukünftig dürften nicht mehr als 10 Studenten zusammenlaufen und alle müssten ihre Waffen abgeben. Die Studentenstuben dürften durch Professoren und Hauswirte danach durchsucht werden. Bis auf weiteres dürfe kein Student seine Stube verlassen, andernfalls sei die Bürgerwache befugt, ihn zu verhaften.[230]

Im Zuge der nun erfolgenden Inquisition wurden etliche Studenten und Pennale nach Weimar in Haft genommen. Alle Jenaer Studenten mussten eine Urfehde schwören und durften bis zum Abschluss der Untersuchungen größtenteils die Stadt wochenlang nicht verlassen, weil die meisten sich zuvor verschworen hatten, „alle samt wegzuziehen und also die Bürger und die interessenten genugsam zu straffen. Worzu zwey bücher gemacht, eines vor die Bursche, das ander vor die Pennäle, die Namen einzuschreiben, welche wegziehen wollen. Wurde auch eine stunde selbiges tages [7. August] angesetzt, alle Pennale zu erscheinen, da sie dann absolviret werden solten. Weil aber nach reiferer Bewegung dieselbe stunde keiner proponiren

---

229 Vgl. das Verzeichnis der getöteten und verwundeten Studenten in UAJ E I 5, fol. 57.
230 Vgl. UAJ E I 4, fol. 82–83; vgl. auch das Universitätsprogramm vom 1. September 1660 (siehe Quellentexte).

wolte, damit er nicht vor den anfänger gehalten werden möchte, wurden sie an tischen in häusern häufig absolvirt."[231]

Die Aufregung unter den Professoren und Nutritoren der Universität war groß, vor allem aber die Sorge um den Fortbestand der Universität. Herzog Friedrich Wilhelm von Altenburg schrieb deshalb am 14. August an die Universität:

> „So wollen vnd können, auch mit gutem Gewißen wir hingegen nicht leiden vnd zugeben, daß vnter dem Schein der Academischen Freyheit, Rebellen zusammen lauffen, Vnschuldige zu sich zwingen, keine Wach noch Zwang vertragen, sondern alle ehrbare Leges vnd Statuta eydbrüchig mit Füßen treten, die Licentz, ihre Leichtfertigkeit ohne Scheu zu üben mit Gewalt behaupten, die Obrigkeit pflichtvergeßener Weise verachten vnd schmahen, zuer Ruin der Vniversität sich zusammen verbinden, vnd mit |2v| einem Wortt aus der christlichen hohen Schuel eine Officin alles Schandlebens, vnd des leidigen Teuffels machen wollen"[232].

Die Universität solle die Schuldigen unnachlässig strafen und um einer künftigen ‚Rebellerey' vorzubeugen, solle bald eine Visitation stattfinden. Außerdem solle sie einen Bericht anfertigen, um Gerüchten vorzubeugen und den Ruin der Universität zu verhindern.

Schon am 22. August befahl der Weimarer Herzog, weil die Inquisition nun fast beendet sei und weil man die Studenten mit Recht nicht am Fortziehen hindern könne, alle nach Unterzeichnung der Urfehde zu dimittieren.[233] Aber nicht alle Studenten verließen, wie befürchtet, die Stadt. Dafür boykottierten die Jenaer Pennale die öffentlichen und privaten

231 Buchwald: Studentenaufruhr, S. 207. Vgl. auch UAJ E I 4, fol. 95–98.
232 Vgl. UAJ E I 4, fol. 2–4, hier fol. 2vf.
233 Vgl. UAJ E I 4, fol. 103–104.

Vorlesungen.[234] Auch die Anstiftungen zum Pennalwesens ließen sich nicht vollends abschaffen. Besagter Bericht über den
Tumult wurde zwar noch im September gedruckt und an alle
möglichen Universitäten und Schulen gesandt, aber die Studenten hatten offenbar schon ihre eigene Version von den Vor-
fällen ausgestreut.[235]

Dies veranlasste nun Herzog Wilhelm von Weimar und die
Jenaer Professoren, den sächsischen Kurfürsten abermals zur
Kooperation zu bewegen.[236] Auch die protestantischen Univer-
sitäten wurden von den Gerüchten und dem Bericht aus Jena
aufgeschreckt, äußerten ihr Bedauern und versprachen ihre
Hilfe[237] und schlugen schleunigst selbst Intimationen an.[238]

Der sächsische Kurfürst Johann Georg II. fand sich nun of-
fensichtlich bereit, einem Universitätskartell zuzustimmen.[239]
Er setzte die Veröffentlichung des Edikts für die Universitäten
Leipzig und Wittenberg auf den 9. Juni 1661, doch bereits am
Vorabend der Publizierung verlautete, die Leipziger Nationen

---

234   Vgl. UAJ E I 4, fol. 119–121.
235   Vgl. UAJ E I 4, fol. 125–130. Die Universität schickte Berichte mit der Bit-
      te, den Gerüchten entgegen zu wirken, an die Universitäten Leipzig,
      Wittenberg, Helmstedt, Rostock, Gießen, Erfurt, Straßburg, Altdorf
      und Tübingen, an die Stadträte und Regierungen in Rudolstadt, Reuß,
      Naumburg, Regensburg, Ulm, Straßburg, Frankfurt a. M., Nördlingen,
      Braunschweig, Dornburg, Quedlinburg, Zelle, Hannover, Stade, Nord-
      hausen, Mühlhausen, Einbeck, Hildesheim, Halberstadt, Hamburg,
      Lübeck, Wismar, Bremen, Wolfenbüttel, Zerbst und Sondershausen,
      einige weitere Orte sind nicht zu entziffern (vgl. a. a. O., fol. 133v; UAJ E
      I 5, fol. 278).
236   Vgl. UAJ E I 4, fol. 115–116; fol. 179–182; UAJ E I 5, fol. 51–56. Vgl. auch Wal-
      lentin: Normen, S. 96.
237   Vgl. UAJ E I 4, fol. 134–162. Der Bitte der Jenaer Professoren, keine Stu-
      denten aufzunehmen, die nicht mindestens ein Jahr in Jena zuge-
      bracht hatten, wollten die Universitäten Helmstedt und Leipzig aber
      nicht nachkommen (vgl. a. a. O. fol. 136–137 und fol. 139–142).
238   So z. B. Gießen am 4. September, vgl. Schöttgen: Historie, S. 111.
239   Das geht aus der Intimation der Universität Leipzig vom 9. September
      hervor, in der zugleich ein Jenaer Relegationspatent veröffentlicht
      wird, vgl. ThULB HSA f. A. l. IX, 8 (294).

hätten ihre Nationalbücher zerrissen und die Pennale wollten in Stärke von 200 Mann nach Rostock ziehen. Die beiden Universitäten ließen sich aber nicht abschrecken, publizierten das Edikt und gaben ihm wohlweislich ein Verzeichnis aller beteiligten Territorien bei, um die Studenten wissen zu lassen, dass ein Auszug zwecklos sei. Etwa 200 Pennale versammelten sich am schwarzen Brett, pochten darauf, dass man sie unmöglich alle relegieren könne und schickten sich an, das Haus des Rektors zu stürmen. Doch die Geschlossenheit zerfiel schnell. Der Pennalismus verlegte sich nun ins Geheime, Konvente wurden in Stuben und auf Dörfern gehalten und die Pennalkleider unter den Mänteln getragen.[240]

Ein Gerücht kam auf, dass etliche Studenten nach Frankfurt/Oder und auf die benachbarten Dörfer gezogen seien und hofften, dort das Pennaljahr ungestört beenden zu können. Etwa 60 seien allein nach Halle gezogen und hätten dort bei den Bürgern Tische aufgerichtet.[241] Aus Wittenberg berichteten die Professoren, dass die Nationen, Gastereien und Vexationen der Novizen gänzlich abgeschafft und auch ihre Kleidung nun größtenteils ehrbar sei, allerdings seien die meisten Pennale gewillt, nach Helmstedt, Greifswald, Altdorf und Frankfurt/Oder zu ziehen, wo der Pennalismus noch im Schwung sei.[242]

Nachdem von den größeren Universitäten Leipzig und Wittenberg sowie einige kleinere Lehranstalten den Anfang gemacht hatten, erließ nun auch die Universität Jena am 2. Juli ein Abschaffungspatent – auf Wunsch Herzog Ernsts von Gotha

---

240 Derartige Gerüchte kommunizierte auch Friedrich Wilhelm von Altenburg am 29. Juli 1661 an den Kurfürsten (vgl. UAJ A 2196, fol. 208–209).
241 Vgl. Franke: Pennalismus, S. 239f.
242 Vgl. das Schreiben der Universität Wittenberg an Kurfürst Johann Georg II. am 31. August 1661, ediert in UB Universität Wittenberg, Bd. 2, S. 165–167.

zugleich in deutscher und lateinischer Sprache.[243] Von Leipzig und Wittenberg waren kurz zuvor einige Studenten nach Jena gekommen, um die hiesigen Kommilitonen zur Beibehaltung des Pennalwesens zu ermuntern.[244] Aber das System der nunmehr fast überall wirksamen Relegationen etablierte sich rasch und erfolgreich. Und so wurden besonders von den drei sächsischen Universitäten in kurzer Zeit etliche Studenten relegiert.[245]

Noch konnten die Pennalisten auf einige Universitäten ausweichen. Um die Reihen zu schließen, schrieb Jena daher am 26. September 1661 an Königsberg, Frankfurt/Oder, Helmstedt, Rostock, Gießen, Tübingen, Straßburg, Erfurt, Altdorf und Rinteln mit der Bitte, keinen wegen Pennalismus in Jena relegierten Studenten aufzunehmen. Ebenso wolle man auch in Jena verfahren, denn dort würden die Strafen sonst wenig geachtet und die Pennale würden abwandern, um anderswo absolviert zu werden.[246] Nun schickten sich auch die verbliebenen Univer-

---

243 Siehe Quellentexte. Zur Entstehung des Programms in Absprache mit den Nutritoren vgl. UAJ A 2916a, fol. 240–248.

244 Vgl. UAJ A 2196, fol. 3–5; ThHStAW A 8256, fol. 249f.; vgl. auch Franke: Pennalismus, S. 242f.

245 Von August bis Ende 1662 wurden auf den drei sächsischen Universitäten mindestens 20 Studenten wegen Pennalismus relegiert. Alle Programme wurden von allen drei Universitäten abgedruckt. Da private (tacite) Relegationen nicht bekannt gemacht wurden, ist schwer zu schätzen, wie viele Studenten schon zuvor relegiert worden waren. Aus den Leipziger Universitätsprogrammen zwischen 1628–1662 geht allerdings hervor, dass in diesem Zeitraum 126 öffentliche Relegationen, davon 27 Exklusionen (in perpetuum), und von diesen 2 ‚cum infamia‘, verhängt wurden. Allein 83 fallen in den Zeitraum 1650–1662. Die Gesamtzeit der 99 auf Zeit Relegierten betrug 275 Jahre und etwa die Hälfte der Relegationen wurde wegen Pennalvergehen ausgesprochen. Die anderen hingen meist mittelbar mit dem Pennalismus zusammen (vgl. Franke: Pennalismus, S. 233).

246 Vgl. ThHStAW A 8256 fol. 310. Zum Folgenden vgl. auch Späte: Leben, S. 113.

sitäten an, mit der Abschaffung Ernst zu machen und die Re-
legationsprogramme anderer Universitäten zu publizieren.[247]
Helmstedt trat nach Zustimmung des Landesfürsten vom 29.
Dezember 1661 dem Kartell bei,[248] Altdorf am 18. September
1661[249], Erfurt am 21. Oktober 1661[250] und Frankfurt/Oder am
25. November 1661, Rinteln am 2. Februar 1662[251] und Rostock
erklärte sich ebenfalls einverstanden und trat schließlich am
7. März 1662 ohne Zustimmung der Landesregierung bei.[252]
Greifswald trat ebenfalls 1662[253] und Königsberg nach Konfirmation des Brandenburgischen Kurfürsten erst im Oktober
1664[254] bei. Tübingen und Straßburg hingegen lehnten am 10.
Oktober bzw. 23. November 1661 als einzige protestantische
Universitäten einen Beitritt mehr oder minder direkt ab, da das
Pennalwesen bei ihnen seit geraumer Zeit verschwunden sei.[255]

Die Hartnäckigkeit im Vorgehen der sächsischen Universitäten wirkte. Im März 1662 berichteten die Rostocker Professoren nach Jena, es hätten „verschiedene Nationes sich selbst
dissolviret, die Juniores absolviret, vnd dimittiret, vnd al Nationalwesen, dem Ansehen nach, vffgehoben [...],das aber alle Juniores sich solten außstafieret haben, ist nicht zuersehen". Aber
sämtliche Nationen, bis auf eine, hätten ihre Laden, Bücher

247 Vgl. UAJ A 2196, fol. 223–232. Einen ersten Überblick über die Edikte ge-
     gen den Pennalismus gibt Tholuck: Rationalismus, S. 289f.
248 Vgl. ThULB HSA 2 Hist. lit. VI, 12 (186); Edikt der Landesherren vom
     6. November [VD17 547:633873E], angedruckt bei Dilherr: Propheten-
     Schul, Anhang, S. 121–131.
249 Vgl. UAJ A 2196, fol. 100. Das Edikt der Stadt Nürnberg vom 14. Septem-
     ber [VD17 547:633854Z] ist abgedruckt bei Dilherr: ProphetenSchul, An-
     hang, S. 111–120.
250 Vgl. UAJ A 2196, fol. 99.
251 Vgl. ThULB HSA 2 Hist. lit. VI, 12 (187f).
252 Vgl. Stieda: Chor, S. 19; Hofmeister: Studentenleben, S. 195; Erman/
     Horn: Bibliographie, Bd. 2, Nr. 16007.
253 Vgl. Füssel: Riten, S. 31.
254 Vgl. Erman/Horn: Bibliographie, Bd. 2, Nr. 11439.
255 Vgl. UAJ A 2196, fol. 103–105.

und Sigel entweder vernichtet oder beim Rektor abgeliefert.[256] Anders als die sächsischen Universitäten verlor die Rostocker Universität in Folge der Abschaffung des Pennalismus und der Nationen jedoch ihre Anziehungskraft und konnte die bisherige Frequenz von Studierenden nicht halten.[257]

Gleich nach Anschlag der Abschaffungsmandate wurde an den sächsischen Universitäten die Auskleidung der Pennale in Angriff genommen. Würden die Pennalkleider im Wittenberger Konvikt nicht abgeschafft, so lautete die Weisung des Kurfürsten vom 9. August, solle die Speiseanstalt geschlossen werden.[258] Um dies umzusetzen, gab die Universität den befremdlichen Befehl, da die Pennale „die differenz von andern ältern studiosi darinnen gesuchet, daß sie an die kleider nicht ein einziges band zu heften pflegten, […] die kleider mit bande auszustaffiren, jedoch so viel eines jedweden vermögen erleiden möchte".[259] Die Pennale riefen jedoch zum Widerstand auf:

> „Weil die herrn standspersonen zu Leipzig ihren statum annoch halten, so wird es uns Wittenbergern nicht wohl anstehen, uns als nicht ehrliche bursche auszukleiden, sondern es wird uns ein ruhm sein, wann wir zusammenkähmen und die Bänder einhellig wieder herunterschnitten und alle vor einen ständen. wer des sinnes ist, der komme heute umb 2 uhr vor den schloßthorn. ein schelm, der sich auskleidet vor der zeit."[260]

---

256 Vgl. UAJ A 2196, fol. 220f. Zum Pennalismus in Rostock vgl. Hofmeister: Studentenleben, S. 171–196.

257 Vgl. Stieda: Chor, S. 22.

258 Vgl. UB Universität Wittenberg, Bd. 2, S. 166; UAJ A 2196, fol. 181. Schon einmal, nämlich im Dezember 1609, wurde das Wittenberger Konvikt wegen Aufsässigkeit der Studenten geschlossen und die Tischhaltung aufgehoben (vgl. ThULB HSA 2 Hist. lit. VI, 20 (19)).

259 Ediert in UB Universität Wittenberg, Bd. 2, S. 167. Zum Umgang mit Bändern bei den Leipziger Studenten vgl. Franke: Pennalismus, S. 232.

260 Ediert in UB Universität Wittenberg, Bd. 2, S. 168–170, hier S. 169.

Die Folge war, dass kaum noch Pennale die Vorlesungen besuchten und im Konvikt nur noch 2 von 10 Tischen besetzt
waren. Die Universität verfolgte dennoch unbeirrt die Abschaffung aller Elemente des Pennalwesens und versuchte, die Pennale wieder enger an sich zu binden. Sie fertigte eine Liste aller
Pennale an, hob die freien Fechtböden auf, stellte eigene Fecht-
meister an und unterband die Trennung zwischen alten und
jungen Studenten in der Kirche und den Auditorien.[261]

Auch die Jenaer Pennale weigerten sich ihren Habit abzulegen, da dies auch in Wittenberg und Leipzig nur langsam geschehe.[262] Und so drohte auch Herzog Friedrich Wilhelm von
Sachsen-Altenburg am 10. Juli mit der Schließung des Konvikts,
selbst wenn darauf nicht mehr als 20 Studenten in Jena bleiben
würden. Schließlich sollten die Konviktoristen als Begünstig-
te der Nutritoren allen ein Vorbild sein.[263] Auch Herzog Wilhelm von Sachsen-Weimar befahl am 13. Juli, die Universität
solle die Juniores dazu anhalten, ihren „läppischen Habit, vnd
Bänder vf denen Hüten" abzulegen und den in der Kirche für
sie abgesonderten Ort zu meiden.[264] Von jedem Tisch aus dem
Konvikt wurden ein bis zwei Novizen vor das Konsistorium gefordert, wo ihnen der Ausschluss angedroht wurde, würden sie
sich nicht unverzüglich auskleiden. Letztlich wurde das Konvikt geschlossen, „welches soviel gefurchtet, daß sie nunmehr
die leichtfertige Kleidung sämbtlich abgeleget, und die keine
Mittel gehabt, deßwegen nach hauße gezogen".[265] Auch alle anderen Neulinge wurden am 14. Juli vor den Senat zitiert und
ermahnt, sich ehrbar zu kleiden. Jene, die sich bis zum Ende
ihrer Pennalzeit auf den Dörfern in Pennalkleidern verstecken

---

261 Vgl. UB Universität Wittenberg, Bd. 2, S. 170f. Die Liste umfasst insge-
     samt 141 Pennale mit Angabe ihrer Herbergen.
262 Vgl. UAJ A 2196, fol. 189–190.
263 Vgl. UAJ A 2196, fol. 186–188.
264 Vgl. UAJ A 2196, fol. 198–199.
265 UAJ A 2196, fol. 208–209.

wollten, würden durch die dortigen Amtmänner angezeigt werden.[266]

Ebenso wurden in Leipzig die Pennale im Wintersemester 1661/62 tischweise vor den akademischen Senat zitiert und aufgefordert, sich auszukleiden. Auch hier wurden etliche Ausflüchte vorgebracht, woraufhin die Pennale Eide ablegen mussten, sich so schnell wie möglich ehrbar zu kleiden. Fristen wurden gesetzt, andere wurden bis zu ihrer Auskleidung relegiert oder versteckten sich. Zur Ostermesse 1662 waren 250 Pennale in ihrem Habit besonders aus Wittenberg und Jena nach Leipzig gekommen. Sie hatten gehört, dass der Pennalismus in Leipzig wieder in Schwung komme. Bei ihrer Verhaftung durch den Stadtrat auf Anweisung der Universität gaben sie aber durchweg an, sie seien gekommen, um auf der Messe von Verwandten Geld oder Kleidung zu holen.[267] Noch bis in das Jahr 1664 wurde regelmäßig geklagt, vorgeladen, an die Eltern geschrieben, wurden Drohungen ausgesprochen, Fristen gesetzt und Strafen verhängt, ehe die Pennaltrachten auf den allermeisten Universitäten als abgeschafft gelten konnten.[268]

Ähnlich wie den Landesfürsten warfen die zeitgenössischen Moralisten auch den Professoren vor, nicht gewillt zu sein, das Übel abzustellen, weil sie selbst schlechte Vorbilder seien und am meisten davon profitieren würden.[269] Tatsächlich aber stellte sich die Gemengelage komplizierter dar. Gleich von Anbeginn drohten die Universitäten schwerste Strafen für

---

266 Insgesamt 176 Pennale haben sich in eine Liste eintragen und darin Name, Heimat und aktuelle Wohnung angeben (vgl. UAJ A 2196, fol. 84–89). Die Liste ist eine ausgezeichnete Quelle zur Erforschung der studentischen Tisch- und Wohngemeinschaften. Eine ähnliche Liste mit 22 Einträgen findet sich a. a. O. fol. 75.

267 Vgl. Franke: Pennalismus, S. 241.

268 Die letzte diesbezügliche Intimation erließ die Universität Helmstedt am 4. Februar 1664 (vgl. Schöttgen: Historie, S. 120).

269 Vgl. Meyfart: Erinnerung, S. 166–168.

Pennalvergehen an, wiederholten und verschärften sie immer wieder. Andererseits ließ die Umsetzung der Strafen ohne Ansehung der Person viel zu wünschen übrig. Die Jenaer Professoren gestanden selbst öffentlich, dass sie so gelinde wie möglich vorgehen und auch Relegati wieder aufnehmen würden, für die ihre Eltern bitten und bei welchen Hoffnung auf Besserung bestehe.[270]

Der Mangel an Konsequenz trug sicher dazu bei, dass das Pennalwesen über 60 Jahre bestehen konnte. Er war zum einen ein mehr oder weniger allgemeines Phänomen der Neuzeit,[271] resultierte aber vor allem aus der Furcht vor dem Ausbleiben der Studenten. „Die praktische Erwägung, man dürfe keinesfalls durch die Bekämpfung des Pennalismus Studenten verlieren, hinderte die ängstlich auf Mehrung der Studenten bedachten Universitäten insgesamt am scharfen Vorgehen."[272] Tatsächlich zeigte schon das Scheitern der Wittenberger Initiative von 1633 die Unfähigkeit der Universitäten, selbst des Problems Herr zu werden. Wenn eine Universität konsequent gegen den Pennalismus vorgegangen wäre, hätte sie vermutlich eine beträchtliche Anzahl ihrer Studenten verloren, wäre von da an unter den Studenten verpönt gewesen und hätte mit ihrem Ruf nicht zuletzt ihre Bedeutung verloren. Die Univeristäten fürchteten deshalb nicht zu Unrecht ihren völligen Verfall, würden sie als einzige rigoros vorgehen.

Das Zaudern der Universitäten legte den Studenten ein ungeheures Druckmittel in die Hand, sobald sie geschlossen vorgingen. Selbst die Exklusion als schwerste Strafe konnte die Pennalisten nun nicht mehr schrecken. Sie zogen auf andere Universitäten, wo man sie als Helden feierte, oder sie schlossen

---

270 Vgl. Späte: Leben, S. 108, sowie die Intimation vom 18. Mai 1645, ThULB HSA 2 Hist. lit. VI, 5 (353) [=VD17 23:274911Q].

271 Vgl. Schlumbohm: Gesetze, S. 647–663; Landwehr: Normdurchsetzung.

272 Franke: Pennalismus, S. 234.

sich zusammen, widersetzten sich und drohten im schlimmsten Falle mit dem Wegzug.

Zudem waren nicht nur die Professoren, sondern auch eine ganze Reihe von Universitätsbeamten, Haus- und Tischwirten, Handwerkern oder Händlern auf die Studenten angewiesen. Viele Bürger und Universitätsverwandte profitierten beträchtlich vom Pennalwesen. Nicht zuletzt wegen der „Ökonomie der Verausgabung" wurde auch die Ausrichtung und Unterstützung der Pennalschmäuse erfolglos immer wieder verboten.[273] Die Universität Leipzig behauptete gar, der Stadtrat leiste den Schmäusen im Interesse der Bürger Vorschub.[274]

Der Vorwurf des Klientelismus, wie im Fall der Tischburschen des Jenaer Rektors bei den Studentenunruhen 1660, ist also nicht unbegründet. Man sollte jedoch nicht vergessen, dass Studenten und Dozenten immer noch ein und derselben Gemeinschaft angehörten, ähnlich sozialisiert wurden und gemeinsame Wertvorstellungen teilten. So verwundert es keineswegs, dass auch der Pennalismus von den Professoren z. T. gerechtfertig oder zumindest relativiert wurde. In einem Schreiben der Universität Wittenberg an den Kurfürsten über die Gebrechen der Schule von 1665 heißt es dazu:

> „Also ists 4. mit der disciplin auch gar schlecht bewandt [...] und obgleich solcher unfuge billig gestrafft wirdt, so ist doch hinter alles zu kommen uns nicht müglich. dahero der muthwillen von tage zu tage je mehr und mehr zunimbt und verführet immer einer den andern, also das die meisten ein wildes wüstes leben treiben [...], welches unsers erachtens dahero entspringet, daß zu zeiten des pennalismi die sogenannte seniores in einer jeden nation gleichsam eine privat-inspection über ihre landsläute gehabt, vor welchen sie sich noch in etwas

---

273 Vgl. das Patent Herzog Albrechts vom 9. Dezember 1624 (siehe Quellentexte) sowie Füssel: Riten, S. 22; Tholuck: Rationalismus, S. 283.
274 Vgl. Franke: Pennalismus, S. 211.

schämen müßen, und haben etliche nationes oft gar scharf damit gehalten."[275]

Schließlich kritisierten die Universitäten zunächst auch nicht grundsätzlich die Unterscheidung zwischen neuen und alten Studenten, die in einer ständischen Gesellschaft ohnehin selbstverständlich war. Doch als sie zu gravierend wurde, versuchte man dem Pennalismus, anders als an der Universität Uppsala, durch die Nivellierung von Ungleichbehandlungen beizukommen. Ende des Jahres 1660 mussten sich die Jenaer Professoren in einem Schreiben der Straßburger Professoren über den Bericht des neulichen Tumults die Einschätzung gefallen lassen,

> „daß der von den Herren gemachte und so fern gebilligte Unterschied inter studiosos novitios s. tempore juniores cum absolutionis debito et veteranos vor eben die Wurzel und Ursprung alles dieses Unheils gehalten und dannenhero [...] besorgt werden will, wo solcher auf Universitäten behalten werden sollte, daß diesem Unwesen aus dem Grund nimmermehr könnte geholfen noch geraten werden".[276]

V. 2. Zeitgenössische Kritik

Vermutlich umfasste das Pennalsystem niemals die gesamte Studentenschaft. Es bedurfte aber eines möglichst großen Publikums, um als allgemeingültig angesehen zu werden. Das wird anhand der Pennalkleider, Schmäuse und öffentlichen Demütigungen deutlich. Gerade seine Öffentlichkeit erregte die Gemüter aufs heftigste. Der Diskurs einiger weniger

---

275 Ediert in UB Universität Wittenberg, Bd. 2, S. 183–190.
276 UAJ E I 4, fol. 143, wiedergegeben bei Müller: Episode, S. 120, Anm. 1; vgl. dazu Brügmann: Zucht, S. 31 und die Intimation vom 1. September (siehe Quellentexte).

protestantischer Moralisten, die ihn mit allen möglichen Miss-
ständen der Zeit in Verbindung brachten, fand ein breites Pu-
blikum. Ihre Urteile wurden, wie schon die zum Dreißigjährigen Krieg, bis ins 20. Jahrhundert zumeist unkritisch rezipiert.
So ist es zu erklären, dass der Pennalismus heute als ‚die' Er-
scheinungsform des studentischen Lebens im 17. Jahrhundert
angesehen wird.[277]

Ohne den pädagogischen Zeigefinger zu erheben, gab Julius Wilhelm Zincgref in seinen 1618 erstmals erschienen Pen-
nal- und Schul-Possen einen tiefen Einblick in die Lebenswelt
der Studenten, ihren Humor, ihr Tun und Denken.[278] Darin
bezeichnet der Pennalismus die Missstände auf den Universitäten allgemein und schließt darin auch die Professoren mit
ein, denn diese seien „nichts anders / als alte Pennäl / pennales
cum authoritate et imperio oder Pennali di riputatione".[279] So
dient Zincgref der Pennalismus-Begriff zu einer umfassenden
Kritik an der zeitgenössischen Pädagogik und ihrer Instituti-
onen. Zugleich vermittelt er anhand scherzhafter Anekdoten
eine konkrete Vorstellung davon, wer mit dem Begriff ‚Pennal'
bezeichnet wurde und was damit gemeint war.

> „Es hatten etliche Studenten einen Jungen Pennal mit einem
> Ohr an einen Posten beynahe angenagelt / der arm schamhaff-
> tige Gesell blieb eben so allda stehen / sagt kein wort / meinet
> er gehöre dahin / vnd müste so da stehen. Des Morgens gien-
> gen etliche Professores, vnd der Rector vorüber / liessen ihm
> den Nagel herausser ziehen / fragten ihn / wers ihm gethan

---

277 Vgl. Müller: Episode, S. 124; Späte: Leben, S. 89; Steinmetz: Geschichte,
S. 105; Füssel: Sittenverfall, S. 145.
278 Vgl. Zincgref: Facetatiae pennalium. Siehe hierzu Rasche: Disziplinierung, S. 192. Das Werk hatte einen enormen Erfolg und bis 1654 erschienen zehn z. T. stark variierende Auflagen. Ein ähnliches Werk aus kur-
zen, witzigen Anekdoten ist [Anonym]: Gepflückte Fincken. Beide Titel
sind angelehnt an Melander: Joco-Seria.
279 Zincgref: Facetatiae pennalium, S. XIV.

hett / ob es Studiosi weren / antwortet er / ja ja / es seind Studiosi. Wolt ihr sie wol kennen? Ja ja (antwortet er) Ich wil sie wol
kennen. Der Rector lest die verdächtigste Nachtvögel vor sich
kommen / Examinirt einen nach dem andern: Seit ihrs gewesen? Nein / ich wars nicht / vnd Ihr? Nein Magnifice Domine
Rector, vnnd Ihr? Ich auch nicht / vnnd so fort an: Es war nur
noch einer vbrig / der sagte auch nein / ich bin nicht darbey
gewesen: Mein Pennal war seines Ohrs schon vergessen / tratte
er schwind auch auff die seit vnder die andern vnd sagt / ich
war auch nicht darbey / meint / weil er allein vbrig / er müste
es sonst gethan haben."[280]

Vermutlich schon 1611 erschien unter dem Titel ,Disputatio
Physiolegistica. De Iure & Natura Pennalium' die erste Scherz-
disputaion über den Pennalstand, die aber zugleich als Verteidigung desselben verstanden werden kann.[281] Auch im ,Jus
potandi' von 1616 wird der Umgang mit Pennalen scherzhaft
thematisiert.[282] 1627 erschien unter dem auch als Spottname
für Pennale bekannten Pseudonym Erasinus Liechtbützer ein
ähnlicher Druck, der vermutlich von Jena ausging.[283] Weitere
Schriften, die sich zugleich scherzhaft und ernst mit der Deposition oder dem Pennalismus befassten, folgten.[284]

Die erste literarische Schilderung des Pennalismus unter-
nahm Johann Georg Schoch in seiner Comoedia vom Studentenleben von 1626, die stark an Wichgrevs Cornelius angelehnt
ist.[285] Darin wird ausführlich und bildhaft die Aufnahme
dreier Studenten in eine Landsmannschaft, ihre Deposition,
der anschließende Accessschmaus und das darauf folgende

---

280   Zincgref: Facetatiae pennalium, S. 8f.
281   Vgl. Palaeottus/Penna: Disputatio.
282   Vgl. Multibibus: Jus potandi.
283   Vgl. Liechtbützer: Discursus.
284   Siehe z. B. Senfft: Ritus depositionis; Friederich: Oratiuncula.
285   Vgl. Fabricius: Comoedia; vgl. dazu Schmidt: Komödien, S. 16–19; Bauer:
      Sittengeschichte, S. 143f., und Bruchmüller: Studententum, S. 61f.

Pennaljahr beschrieben. 1642 erschien in deutscher Sprache Johann Michael Moscheroschs ‚Wunderliche und Warhafftige Gesichte Philanders von Sittewald'.[286] Der Autor geißelt darin in 13 einzelnen Kapiteln die Verkehrtheit der Stände seiner Zeit. In dem Absatz über die ‚Höllenkinder', der in fast allen Arbeiten zur Studentengeschichte zitiert wird, behandelt er die Auswüchse des Studentenlebens seiner Zeit. Darin wird z. B. ein Pennalschmaus beschrieben, wobei, wiederum angelehnt an die Cornelius-Erzählung, alle erdenklichen Unsitten der Studenten übertrieben dargestellt und regelrecht dämonisiert werden.

Außerhalb der Universitäten wurde die Kritik am Pennalismus erstmals durch den Druck einer Rektoratsrede des Helmstedter Mediziners Adam Luchten von 1611[287] und des Rostocker Theologen Johann Quistorp von 1621[288] öffentlich. In die zeitgenössische Wahrnehmung trat sie aber ungleich stärker erst 1636 durch die in deutscher Sprache verfasste ‚Christliche Erinnerung'[289] des Erfurter Theologen Johann Matthäus Meyfart.[290] Dieses Werk, stilistisch eine Strafpredigt oder Tadelrede, entfaltete eine enorme Wirkung, prägte Diskurs und Beurteilung des Pennalismus wie kein anderes und wurde somit zur maßgebenden Referenz für all jene, die sich bis ins 20. Jahrhundet mit dem Pennalismus beschäftigt haben.

---

286 Moscherosch : Visiones. Vgl. dazu Füssel: Sittenverfall, S. 142–144; Bauer: Sittengeschichte, S. 97–99; Brügmann: Zucht, S. 6f. Ähnliche Beschreibungen enthalten spätere Werke, z. B. Happel: Roman, S. 365f., sowie Kindermann: Jugend, S. 12; Ders.: Schoristen-Teuffel; Dürer: Lauf.

287 Luchten: Oratio, enthält das Jenaer Programm vom 23. Dezember 1610 und Auszüge aus einem Rostocker Programm vom 30. Juni 1611 gegen den Schorismus.

288 Vgl. Quistorp: Oratio.

289 Vgl. Meyfart: Erinnerung. Zu diesem Buch vgl. auch Stieda: Chor, S. 3–9.

290 Vgl. Trunz: Meyfart, S. 245–255; Medick: Religionskrieg. Zu Meyfarts Schriften und zu seiner zeitgenössischen Wirksamkeit grundlegend: Hallier, Johann Matthäus Meyfart.

Meyfart studierte ab 1608 in Jena, war 1614 auch in Wittenberg immatrikuliert, begann aber 1615 wiederum eine Lehrtätigkeit in Jena.[291] Hier hatte er das Pennalwesen vermutlich selbst erlebt. 1616 wurde er Professor am Coburger Casimirianum und 1623 daselbst Rektor. 1633, als die Erfurter Universität[292] nach dem Vorbild Wittenbergs und Jenas zu einer protestantisch-humanistischen Hochschule umgestaltet werden sollte, trat Meyfart dort die Stelle als Theologieprofessor an und wurde ein Jahr später Rektor.

In Erfurt hatte sich das Bursenwesen länger als an anderen, vor allem den benachbarten, Universitäten erhalten und noch 1634 wurde versucht, wenigstens die Stipendiaten und Konviktoristen in den Bursen zu halten. In den neuen Statuten wurde der Pennalismus streng verboten. Studenten, welche die Neulinge zu Schmäusen und Trinkgelagen zwangen, wurde eine vierwöchige Karzerstrafe, im Wiederholungsfall die Exklusion angedroht. Die Reform beinhaltete jedoch auch eine klare Trennung zwischen Studierenden und ihren Lehrern, die, wie auf protestantischen Universitäten üblich, zugleich Obrigkeit waren. Damit drohten nun plötzlich gleiche Disziplinarprobleme wie an den benachbarten Hochschulen. Vor diesem Hintergrund und vielleicht auch, um die reformierte Akademie gleich zu Beginn durch einen hohen moralischen Anspruch zu etablieren, verfasste Meyfart seine ‚Christliche Erinnerung‘.

Meyfart geht es darin vor allem um die Erziehung der Studenten, besonders derer der heiligen Schrift, die ja die christlichen Kirche insgesamt bestellen und das Wort Gottes verkünden sollen. Leider würden gerade sie den größten Teil jener ausmachen, welche er als ‚BelialsGeschmeiß‘ bezeichnet.[293]

---

291 Schöttgen: Historie, S. 61 behauptet, dass Meyfart auch in Staßburg studiert und dort das Pennalwesen erlebt habe.
292 Zur Umgestaltung der Universität vgl. Bock: Reform.
293 Vgl. Meyfart: Erinnerung, S. 231.

Denn obwohl vieles „in den Freyheiten erlaubet / sagte doch der redliche Student mit dem Apostel: Ich habe alles Macht / es frommet aber nicht alles.“[294] Daher widmet Meyfart sein Werk besonders den Professoren, Präzeptoren und Fürsten, da sie für deren Erziehung verantwortlich seien. Derzeit seien die Sitten der Studenten derart verdorben, „daß sie zum grewlichsten gebrüllet / zum närrischsten gehauset / vnd gantz viehisch in den schändlichsten Lastern sich vmbgeweltzet / daraus gleichsam ein öffentlicher Atheismus entstehen / vnnd aus den Academien in die Kirchen selbst einen bestendigen Fuß hat setzen wollen.“[295]

Schon Wolfgang Heider, der in Jena sein Präzeptor gewesen sei, habe diese Zustände beklagt.[296] Doch „weil bißweilen geschickte Doctores, vnd etliche / ihrem Bedüncken nach / kluge Männer vermeynen / das pennalisiren were ein nützlich Werck / wofern solches recht gebrauchet würde / seufftze ich zu Christo Jesu inniglich / Er wolle doch dieser vnd jener finstern Verstande erleuchten [...]. Hat das Pennalisiren an einem groben / vbelbesitteten / vnd barbarischen / aber stoltzen vnd Ruchlosen gefruchtet / es hat an tausenden redlichen Gesellen geschadet.“[297]

Zwar stellt Meyfart die Gebrechen der Universitäten ebenfalls mit der allgemein entsittlichten Zeit, die schon vor der Reformation begonnen habe, in Zusammenhang; sein Befund geht aber weit darüber hinaus und zielt ins Herz der evangelischen Kirche. „Die gute Wirkung von Luthers Reformation sei von den Universitäten durch eigene Schuld vertan, indem Streitsucht der Lutheraner, Calvinisten und anderen Gruppen dogmatisches Gezänk an die Stelle von Frömmigkeit und

---

294 Meyfart: Erinnerung, S. 46.
295 Meyfart: Erinnerung, Vorrede, S. IIIv.
296 Vgl. Meyfart: Erinnerung, Vorrede, S. hIIr und S. 7.
297 Meyfart: Erinnerung, Vorrede, S. hIIrf.

sittlicher Lebensführung gesetzt haben."[298] Die Schuld der Professoren liege auch darin, dass sie sich nicht der ihnen verliehen Macht bedient, sondern über die Verfehlungen der Studenten hinweggesehen hätten. Andere wiederum seien zu streng gegen die Pennalisten vorgegangen und hätten so deren Rache provoziert.[299] Aber besonders die Theologen hätten die Üppigkeiten der Studenten gefördert und sich daran beteiligt, weshalb allen Professoren solches in den neuen Statuten der Erfurter Universität verboten worden sei.[300]

Schuld seien aber auch die Fürsten, da sie ihre Universitäten finanziell zu wenig unterstützen und Gehälter oft nicht zahlen würden, so dass die Professoren von den Studenten abhängig geworden seien. Daraus folgert Meyfart einen Gedanken, den zu dieser Zeit kein anderer Lutheraner geäußert hat: Neben den protestantischen Universitäten sollten Prediger-Seminare, wie es sie auf den katholischen Universitäten gebe, aufgerichtet werden. „Ob nun solche Seminaria, Collegia vnd Stifftungen dienliche Mittel weren der eingerissenen Barbarey aus dem Grunde abzuhelffen / zweiffel ich im geringsten nicht".[301] Meyfart macht damit aus seiner Anerkennung für das Erziehungssystem der katholischen Hochschulen keinen Hehl, denn besonders die Jesuiten würden die Tradition der redlichen und sittsamen Lehre der alten Schulen der Klöster und Domstifte fortführen.[302] Zudem würden sich die Katholi-

---

298 Trunz: Meyfart, S. 248f. Schöttgen: Historie, S. 64 formuliert das folgendermaßen: „Durch die Reformation ist diesem Unwesen [der Studenten] zwar in etwas gesteuret worden, allein, nachdem in folgenden Zeiten die Sophisterey dasjenige, was Luther in der Theologie und Melanchthon in freyen Künsten gebauet, wieder eingerißen, und man an statt des rechten Disputirens einander nur verhönet und herumbgenommen, so wäre endlich das Pennalisiren draus entstanden."

299 Vgl. Meyfart: Erinnerung, S. 161–163.

300 Vgl. Meyfart: Erinnerung, S. 166f. und 179.

301 Meyfart: Erinnerung, Vorrede, S. hIIvf [s. o.]; vgl. auch a. a. O., S. 493.

302 Vgl. Meyfart: Erinnerung, S. 54.

ken, auch die Grafen und Fürsten, anders als die Protestanten, nicht scheuen, ihre Kinder zu Theologen zu machen.[303] Auf den Jesuitenschulen würde das Pennalunwesen nicht geduldet, daher sei es um so schlimmer, „wann etwa Evangelische Rectoren vnd Professoren, auch Prediger vnd Beichtiger müssig stehen".[304]

Um den weiteren Verfall der Disziplin auf den evangelischen Schulen insgesamt aufzuhalten, müssten die Universitäten sich außerdem vereinigen. Daher sei auch ihr Entschluss, keinen wegen Pennalismus Relegierten auf einer anderen Universität aufzunehmen, weise gewesen.

> „Aber wie dem allen / so ist doch dieses Mittel sehr mangelhafftig / vnd fast vntüchtig wegen der Academischen Jugend. An manchem Ort hat eine gantze Rotte wegen des Bubenstücks zu der Relegation oder Außschaffung von der Universitet sich erboten. Hilfft wenig / daß solche Vnmenschen von andern Universiteten nicht sollen auffgenommen werden: Seyn doch Catholische Universiteten zu finden / da stehen Thore vnnd Thüren offen. Denen Gesellen ist der Abfall vnd Verleugnung der erkanten vnd bekanten Warheit gar leicht vnd gering. Ich selbsten weiß etliche zu nennen / die sich vnter die München verkrochen. Wie gantze Hauffen seyn in dem Kriegswesen?"[305]

Die Verbrecher sollten daher ehrenrührig und am Leib gestraft werden, auch wäre zu wünschen, das Listen der ehrenrührigen Relegationen „zu Ende des Catalogi librorum zu Franckfurt vnd Leipzig öffentlich gedruckt würden / daß alle Universiteten, Policeyen / Gemeinden / Kirchen / Geschlechte die erbaren

---

303 Vgl. Meyfart: Erinnerung, S. 64f. und 68.
304 Meyfart: Erinnerung, S. 159.
305 Meyfart: Erinnerung, S. 378.

Vögel nicht an den Federn / weil sie solche bißweilen zuverändern pflegen / sondern an den Namen kenneten."[306]

Mit seinen Überlegungen und seinem Vorgehen aber schoss Meyfart in den Augen vieler über das Ziel hinaus. Mit der rücksichtslosen Aufdeckung des Pennalwesens in deutscher Sprache hatte er die lutherischen Universitäten insgesamt an den Pranger gestellt und die Veröffentlichung wurde ihm zum Vorwurf gemacht. Denn eine derartig kritische Benennung der Missstände, die Meyfart noch dazu mit Auseinandersetzungen in der evangelischen Kirche insgesamt in Zusammenhang brachte, bedrohte das Ansehen der protestantischen Universitäten über die Maßen.[307] Jede einzelne Universität sah darin eine Gefahr für ihre Frequenz.

Der Theologe Johann Gerhard, Professor und mehrmaliger Rektor der Jenaer Universität, schrieb an den kursächsischen Oberhofprediger Matthias Hoë von Hoënegg, „D. Meyfart hätte den Fehler an sich, daß er von einer Sache schrecklich viel Worte machen könne: hiernechst laborire er melancholia hypochondriaca, welche ihm so gar das Gehirn einnehme. D. Höpfner schreibe an eben denselben, Meyfart thäte der Sache zu viel, und da er mit Recht auf die Sache schelten könte, so habe er doch die Papisten, die in gleicher Verdammniß wären, geschonet, und alles so vorgetragen, als wenn unsere Lehre daran Schuld habe."[308] Von Hoënegg bewirkte darauf, dass das Buch in Kursachsen verboten wurde. Er wurde vermutlich selbst durch das Pennalwesen sozialisiert und blieb diesem zugeneigt, denn er schreibt in seiner Autobiographie: „Die Hörner habe ich [...] 1592 in Wien abgelegt, ingleichen das Pennaljahr bereits absolviert

---

306 Meyfart: Erinnerung, S. 378f.
307 Vgl. Trunz: Meyfart, S. 252f.; Bärnstein: Beiträge, S. 21; Schöttgen: Historie, S. 53 und 60f.; Tholuck: Lebenszeugen, S. 212–216.
308 Schöttgen: Historie, S. 52f.

gehabt.“[309] Es ist also sicher kein Zufall, dass er an der Spitze des Oberkonsistoriums auch jene Instanz war, an der sich die Ablehnung Kursachsens gegenüber dem geplanten Universitätskartell gegen den Pennalismus entschied.[310]

Trotz der Widerstände gegen sein Werk erlangte Meyfart eine gewisse Bekanntheit.[311] Seine Verteidiger erwiderten, vor ihm habe niemand den Eltern erklärt, in welche Gesellschaft sie ihre Söhne zum Studium entließen. Zudem habe er, ebenso wie Luther, nur getan, wozu ihn sein Gewissen, das Recht der Natur und die christliche Liebe getrieben hätten.[312] Als emsigster Verfechter Meyfarts tat sich der Rostocker Pastor Joachim Schröder hervor. Neben einer Reihe in deutscher Sprache verfasster Erziehungsschriften veröffentlichte er mehrfach Strafpredigten und Berichte über die Rostocker „Sophisten / Schoristen / Pennalisirer / und deßfalls halstarrigen und auffrührischen National-Brüder“ sowie Auszüge aus Meyfarts ‚Erinnerung‘.[313]

VI. Das Pennalwesen an protestantischen Universitäten des 17. Jahrhunderts

Der Wandel der Universitäten, herbeigeführt durch den Deutschen Humanismus und die Reformation, brachte für die Studenten bisher nicht dagewesene körperliche und geistige

---

309 Zitiert nach Tholuck: Rationalismus, S. 282.
310 Vgl. das Schreiben der Universität Jena an den kursächsischen Oberhofprediger Jacob Weller vom 2. Okt. 1660 (siehe Quellentexte).
311 Vgl. die Supplik Laurentius Niska sen. an die Universität Jena vom 31. Jan. 1645 (siehe Quellentexte).
312 Vgl. Trunz: Meyfart, S. 253.
313 Vgl. Schröder: FriedensPosaune; Ders.: Vermanung; Ders.: Bericht; Ders.: Hertzwecker.

Freiheiten mit sich.[314] Diese Freiheit zur Selbstbestimmung musste zwangsläufig in Eigenständigkeitsbestrebungen münden, die das Corpus Academiae Anfang des 17. Jahrhunderts zunehmend spaltete. Ihre erstarkende Autonomie drängte die Studentenschaft zu einer Selbstdefinition abseits der Universitäten. Durch die Wahrnehmung als eigener Stand entwickelte sie in ihrem Verhältnis zu anderen Gruppen – der Professorenschaft, der Stadtbevölkerung oder den Handwerksgesellen – Verhaltensmuster, mit denen sie sich als Gemeinschaft darstellte oder auf Provokationen reagierte. Zugleich nahm sie auf dem Weg zu einer eigenen Gruppenidentität Anleihen aus ihrer Lebenswelt, z. B. den militärischen Habitus oder die zunftähnliche Struktur ihrer Korporationen. Dabei lassen sich auch deutliche Anknüpfungspunkte an alte akademische Traditionen erkennen, die für eine eigene Traditionsbildung und Legitimierung so wichtig waren. Die neuen Studentennationen hatten mit denen des Mittelalters zwar kaum etwas gemein und auch die Initiation in Form des Pennalismus war eher eine Karikatur der akademischen Deposition. Dennoch dienten sie dem gleichen Zweck, nur eben aus rein studentischer Sicht. Durch diese gruppenspezifischen Gemeinsamkeiten gestärkt, trat die Studentenschaft immer selbstbewusster auf. Es kann also kaum verwundern, wenn es erst nach der Reformation beispielsweise zu studentischen Auszügen oder deren Androhung kam, die sich gegen die akademische Obrigkeit richteten oder als Druckmittel gegen diese eingesetzt wurden.

> „Die Aktionen der Gruppe, bei der jeder Student beteiligt war und, abgesehen von den Führern, anonym blieb, bot Schutz vor der Bestrafung einzelner, gewährleistete optimale Stärke bei

---

314 Zur ambivalenten Sicht Luthers auf das Bildungs- und Erziehungswesen seiner Zeit vgl. Schluß: Reformation, sowie zur Aufgabe des Schulwesen bei Luther Koerrenz: Reformation, S. 49–67. Zum Verständnis der Freiheitsidee Luthers vgl. Luther: Freiheit; Brecht: Rezeption.

der Ausführung des Planes und bei eventueller Verhandlung mit Behörden oder Bürgerabgeordneten und verhinderte, daß einzelne sich nicht beteiligten, da diese sofort erkannt wurden. Nur Mitmachen verhinderte in eine Außenseiterposition gedrängt zu werden, die von den übrigen Studenten durch den üblichen Verruf quittiert wurde. Die Gesamtheit des Handelns war im Auszug ideal gegeben."[315]

Der Zusammenhalt der Gruppe, die genossenschaftliche Sozialisation, erforderte also auch Zwang, der im Pennalismus ein extremes Maß annahm. Andererseits festigte und institutionalisierte er studentische Regeln und Bräuche auf allen protestantischen Universitäten in ähnlicher Weise, kanalisierte Spannungen innerhalb der Studentenschaft und gewährte dem Individuum standesgemäßen Schutz vor Ehrverletzungen, der außerhalb der Gruppe nicht gewährleistet werden konnte. Damit nahm er nicht zuletzt disziplinarische Kontrollfunktionen war, die schon durch die Befreiung vom Bursenzwang vakant geworden waren,[316] die die Gemeinschaft der Studierenden aber auch teilweise „gegenüber dem zunehmenden Disziplinierungswillen von Staat und Universität förmlich immunisierte."[317] Das sich ausdifferenzierende studentische Duellwesen mit immer festeren Regeln, das gegen Ende des 17. Jahrhunderts auf ähnliche Weise wie das Pennalwesen bekämpft wurde und aus diesem hervorging, kann ebenfalls als Distinktionsmerkmal und Ausdruck der spezifischen studentischen Ehrauffassung gesehen werden.

Inwieweit das Pennalwesen die Studentenschaft umfasste bzw. welche Möglichkeiten es gab, sich ihm zu entziehen, ist schwer zu bestimmen. Dass es sich als öffentliches und auffälliges Phänomen in der zeitgenössischen Literatur wiederspiegelt,

---

315 Bahnson: Auszüge, S. 54.
316 Vgl. Asche: Krieg, S. 178f.
317 Rasche: Disziplinierung, S. 182.

kann kaum verwundern; allerdings ist zu vermuten, dass seine literarische Präsenz viele Autoren zu Übertreibungen und Verallgemeinerungen bewegte. Zumindest angesichts der Immatrikulationszahlen wirkte der Pennalismus kaum abschreckend auf die Studierwilligen oder deren Eltern, denn Frequenzeinbrüche lassen sich eher durch außeruniversitäre Krisen als durch den Pennalismus erklären.[318]

Dass er ein rein protestantisches Problem blieb, ist wohl vor allem der grundsätzlich anderen Entwicklung und Organisation der meisten katholischen Hochschulen, auch außerhalb des Alten Reiches, geschuldet.[319] Sie waren dadurch, wie im Falle Lorenz Niskas, sogar Zufluchtsorte für hart bedrängte Pennale.[320] Während in den protestantischen Gebieten die Melanchthon'schen Universitätsreformideen wirkten, hatten sich die katholischen Universitäten stärker an den französischen orientiert, auf denen sich das gesamte Leben der Literatis auf einer Art Campus mit einzelnen Kollegien und möglichst wenig Kontakt nach außen abspielte. Dazu kam ihre, stark durch die Jesuiten beeinflusste, straffe Organisation nach monastischen Idealen. Die stärkere Kontrolle des studentischen Lebenswandels könnte auch erklären, warum es hier nicht im gleichen Ausmaß zu studentischen Vergesellschaftungsformen wie auf den protestantischen Universitäten kam, auf welchen die Hierachisierung der Studentenschaft praktiziert wurde.

Vor allem die Universitäten Leipzig, Wittenberg und Jena als Hort lutherischer Orthodoxie, die nach 1600 den „sächsisch-thüringischen Bildungsraum"[321] „zur zentralen Universitätslandschaft im Reich"[322] machten, waren gezwungen, auf die

---

318 Vgl. Richter: Universitäten; Rasche: Universitäten, S. 104; allgemein: Eulenburg: Frequenz.
319 Vgl. Füssel: Sittenverfall, S. 145; Meiners: Geschichte, S. 186f.
320 Vgl. Späte: Leben, S. 107.
321 Rasche: Universitäten, S. 102.
322 A. a. O., S. 105

Gehorsamsverweigerungen und die parallelen, überregionalen Machtstrukturen der studentischen Korporationen zu reagieren. Das konnte nur geschehen, indem sich die Universitäten erstmals zu gemeinsam abgestimmten Maßnahmen entschlossen. Die Tatsache, dass von der Idee bis zur Umsetzung knapp 30 Jahre vergingen, zeigt, wie schwer und ungewohnt es für die Universitäten war, eine einheitliche Position zu vertreten. Trotz der allgemeinen Erklärungen, das Pennalwesen abgeschafft zu haben, verlief die praktische Umsetzung alles andere als gleichförmig und gründlich. Inwieweit das Universitätskartell gegen den Pennalismus Auswirkungen auf die Disziplinierung der Studenten hatte (beispielsweise in Form der Duellmandate oder des Vorgehens gegen die studentischen Verbindungen des 18. und 19. Jahrhunderts), ist bisher kaum geklärt. Ein weites Forschungsfeld böte eine Untersuchung des Konkurrenzverhältnisses der protestantischen Universitäten in der Frühen Neuzeit allgemein. Wie sehr ähnelten sich zum Beispiel die Disziplinar- und Erziehungsmethoden der einzelnen Universitäten, wo wurden gleiche Standards gesetzt, wo lieber vermieden und wie versuchten sich die Universitäten voneinander abzuheben? Wo gingen sie gemeinsam vor, wo opponierten sie eher gegeneinander und welche Strukturen bestehen noch heute?

VII. Quellentexte

In die Auswahl der Textquellen wurden sowohl Drucke als auch Handschriften aufgenommen, die für die Geschichtsschreibung zum Pennalismus des 17. Jahrhunderts wesentlichen Informationsgehalt besitzen, einen breit gefächerten Einblick in die Thematik gewähren oder bisher trotz ihrer Relevanz unveröffentlicht geblieben sind. Sie werden chronologisch und z. T. thematisch zusammengefasst wiedergegeben und beziehen sich überwiegend auf die Universität Jena. Die Texte werden buchstabengetreu zitiert, Groß- und Kleinschreibung wurde bei der Übertragung der Handschriften jedoch den heutigen Rechtschreibregeln angepasst. Verschreibungen und Zerschreibungen wurden behutsam aufgelöst. Davon abgesehen erfolgte die Transkription gemäß den Richtlinien der Archivschule Marburg.[323] Um die verschiedenen Quellen weitgehend einheitlich darzustellen, wurde, bis auf bibliographische Informationen, auf zeilengenaue Übertragung, Wiedergabe verschiedener Schriftarten und einen sonst üblichen textkritischen Apparat weitestgehend verzichtet. Alle Anmerkungen wurden mit eckigen Klammern kenntlich gemacht oder als Fußnoten beigefügt. Die Blattzählung in Drucken wurde, wenn vorhanden, mit „[S. x]", in Handschriften mit „|x|" gekennzeichnet. Studenten und andere Personen wurden soweit möglich mit Hilfe üblicher Nachschlagewerke oder der Matrikelbände der jeweiligen Universität biographisch nachgewiesen.

---

323 Vgl. [http://www.archivschule.de/uploads/Ausbildung/Grundsaetze_
fuer_die_Textbearbeitung_2009.pdf].

Tischrede Martin Luthers vom 23. Juli 1539

Zitiert nach der deutschen Übersetzung in: Luther: Tischreden, Bd. 4, Nr. 4714, S. 443f., hier S. 444.

„Und da er D. M.[324] samt etlichen furtrefflichen auf einer Deposition war, absolvirt er drey Knaben, und sprach: ‚Diese Ceremonie wird darum also gebraucht, auf daß ihr gedemüthiget werdet, nicht hoffärtig und vermessen seyd, noch euch zum Bösen gewöhnet. Denn solche Laster sind wüderliche, ungeheure Thier, die da Hörner haben, die einem Studenten nicht gebühren und ubel anstehen. Darum bemüthiget euch und lernet leiden und Geduld haben, denn ihr werdet euer Lebenlang deponiret werden. In großen Aemtern werden euch ein Mal die Bürger, Baurn, die vom Adel, und eure Weiber deponiren und wol plagen. Wenn euch nun solches widerfahren wird, so werdet nicht kleinmüthig, verzagt und ungedüldig, dieselbigen lasset euch nicht uberwinden; sondern seyd getrost, und leidet solch Creuz mit Geduld, ohne Murmelung; gedenkt dran, daß ihr zu Wittenberg geweihet seyd zum Leiden, und könnt sagen, wenns nu kömmt: Wolan, ich hab zu Wittenberg erstlich angefangen deponirt zu werden, das muß mein Lebenlang währen. Also ist diese unser Deposition nur ein Figur und Bilde menschlichs Lebens, in allerley Unglück, Plagen und Züchtigung.‘ Goß ihnen Wein aufs Häupt, und absolvirte sie vom Bean und Bachanten."

---

324   D[oktor] M[artinus], Martin Luther (1483–1546).

Befehl Herzog Friedrich Wilhelms von
Sachsen-Weimar[325] an die Universität Jena,
die Militarisierung der Studenten betreffend,
gegeben Weimar, 20. Juni 1592

Überlieferung: Ausfertigung, UAJ A 2197, fol. 3.

„Vonn Gottes Gnaden Friedrich Wilhelm
Hertzog zu Sachssen p Vormundt, vnnd der Chur Sachssenn
Administrator p
Vnnsern Grus zuuorn, Erwirdige, Wirdige vnnd Hochgelarte,
liebenn andechtige Rethe, vnnd Getreue
Vnns kombt glaublichen vor, das sich eure Studenten vnnd sonderlichen eine Nation gegen die Andere rottiren, mit sondern
Feldtzeichen öffentlichen sehen lassen, vnnd darunter aller-
handt Vnruhe erwecken sollen, darob wir dann ein besonnder
Misfallen tragen, dann solche Hendel ins Feldt vnnd nicht in
die Schule gehören ihre Eltern auch, zu dem Ende, so große Vn-
costen nicht vf sich nehmenn.
Begeren demnach vor Vnns vnnd die hochgeborne Fursten vnnsere freundliche liebe Vettern Bruder vnnd Geuattern Herrn Johann Casimir[326], auch Hern Johannßen[327] vnnd Hern Johann
Ernsten[328], auch Hertzogen zu Sachssen p hirmit, Ihr wollet
solche vnfertige Hendel bey den Scolaren gentzlich abschaffen,
vnnd ob sich hiruber jehemandes widerwertig ertzeigen wurde, den oder dieselbe wollet mit ihren vntzeittigen Feldtzeichen incarceriren vnnd vns darauff die Gelegenheit zuerken-

---

325 Friedhrich Wilhelm I. (1562–1602), Herzog von Sachsen-Weimar (1573–
   1602), Administrator von Kursachsen (1591–1601).
326 Johann Casimir (1564–1633), Herzog von Sachsen-Coburg (1586–1633).
327 Johann III (1570–1605), Herzog von Sachsen-Weimar (1602–1605).
328 Johann Ernst (1566–1638), Herzog von Sachsen-Coburg, gemeinsam mit
   seinem Bruder Johann Casimir (1586–1596) Herzog von Sachsen-Eisenach (1596–1638).

nen geben, vnnd vnsere Resolution gewarten, daran geschicht
vnnsere gentzliche Meinunge, so seind wir mit Gnaden gneigt,
Dat Weymar am 20 Junii Ao p 92

Friedrich Wilh z Sachssenn |3r|"

Das Jus Potandi oder Zechrecht von 1616 über den Pennalismus

Originaltitel: Multibibus, Blasius [Brathwaite, Richard:] Ius Pot-
andi Oder ZechRecht. CUM OMNIBUS SOLENNITATIBVS ET
CONTROVERSUS OCCURENTIBUS SECUNDUM JUS CIVILE
DISCUSSIS: AUTORE BLASIO MULTIBIBO Vtriusque V. & C. Can-
didato. Jetzo Vff instendiges ansuchen vnd begehren etlicher lieber vnd
Dutzschwestern / auß Lateinischer in Teutsche Sprache gebracht. PER
NOBILISSIMAM ET LITERATISSIMAM VIRGINEM; JOANNAM
ELISABETHAM DE SCHVVINUZKI, Philologam, Philophilam.
ANNO Der HIrsch woLL aVsseM BrVnne spruVng? OENOZITHO-
POLI, Ex Officia Alexandrie de Cobotta, & Hieronymi Weinlings.
[Leipzig] [1616].

Zitiert nach: Multibibus: Jus potandi [ND 1997], S. 64–68.

„43.
Ihrer viel haben auch / wenn sie wol bezecht seyn / den Brauch /
das sie gerne Fenster außschlagen / Tische vnd Bäncke / vnd
dergleichen in Stücke brechen. Ja es hat vns vnser lieber getre-
wer / der Pedell berichtet / das sie wol die öfen gar stürmen /
vnnd die zerbrochenen Kachelen hernach zun Fenstern häuffig hienauß werffen. Welches denn die Schoristen bey visitation vnnd Besuchung der Pennalium gemeiniglich zu thun
pflegen / wil nit sagen / daß sie auch noch wol vnfreundlicher
mit denselben vmbgehen: Sich wol an jhre Bibliothec machen /

die spoliren vnnd plündern dürffen. Dahero dann diese Frage vnd quaestio entstehet: Ob nicht billich ein solcher dem Pennali zugefügter Schade zu compensiren vnd zuerstatten sey? Die Herren Schoristen als jhre selbsteigene Vrtheilsfasser halten in gemein gentzlich dafür / daß es gar nicht von nöthen sey: Denn was der Studiosorum Recht anbelanget / würden die Pennales pro nullis geachtet / l. Quod attinet. 32.ff. de R.J. vnd werden gleichsam civiliter mortui l. anteponend. d. t. weil sie der Studiosorum servi seyn / vnnd jhre Mandat vnnd Geheiß zu exequiren gezwungen werden. Sagen auch / es komme noch vber das jhre Meynung zugestatten / das eines Pennalis editio monstrosa sey. Denn als sie die Natur anfangs hette wollen zu Studenten machen / hette sie es / weiß nicht / wie versehen / vnd weren aus denselben Pennales worden. Ein Monstrum aber sey vor einen Menschen nicht zu achten / l. 14. de stat. hom. l. ostentum. 38. de V.S l. 3. C. posth. haered. milit. viel weniger aber vor einen Studiosum. Derhalben ob sie gleich also ein wenig gedummelt / vnd discipliniret würden / geschehe es doch auß keinem bösen Gemüthe / sondern jhrer selbst Verbesserung: Instruction vnnd Vnterrichts halben. Welches dann auch zu recht nit improbiret, oder vorwiesen würde / t.t.C. de emend. propinq. Denn die Studiosi weren gleichsam der Pennale Zucht oder Hofmeister / welche auff sie fleissige Achtung geben müsten / damit sie die Gebräuche / vnd mores Academicos lernen vnd begreiffen möchten. Derwegen / wann gleich einem Pennali ein Auge würde ausgeschlagen / so geschehe es doch nit injuriandi, sed disciplinandi animo. 1. 5. §. fin. ff. ad. l. Aquil. l. 18. §. ff. de poen. welcher textus, ob es gleich das Ansehen habe / als lauff er jhnen zuwieder / quod in fine subjicitatur Aquilam locum habere, so wissen sie doch jre Antwort / vnd sagen / das dasselbe Lex eigentlich rede von denen Discipulis, die sich tractiren vnd ziehen lassen / vnd zu derer Vnterweisung / so scharffe Mittel nicht von nöthen seyn. Weil aber ein Pennal ein rechter Sklerotrachylos, ein hartnäckichter vnnd halßstarriger

Geselle sey / so müsse man sich bey seiner Emendation, nicht
einer gelinden Strigel oder Kammes / sondern eines harten Plo-
ckes / wie zu einem harten Stocke gebrauchen. [...] Was kan aber
diese gantze question jhre decision vnd Entscheidung eigentlich daher erlangen vnd haben / das man wisse / Ob auch ein
Pennalis sich der Studiosorum Privilegien zufrewen / vnd derer
zu genissen habe? Welches / ob es wol von Gegentheil verneinet
wird / so sagen dennoch die Rechtsgelehrten gar einhellig in
Auth. Habita. C. Ne fil. pro patre, Ja vnd Amen darzu. Sinthemal
auch in d. auth. keine distinction, oder Vnterscheid gemacht
wird. [...] Jn praxi aber werden die guten Gesellen (wie sie ohne
das ein timidum genus sind) auch wol mit einem blossen Zeen-
knirschen / oder Thrasonischen worte / also geschrecket / daß
sie jhr Jus vnd Recht nicht können prosequiren vnd ausführen.
So sich aber in deren etliche ein solches vnfrendliches Beginn-
nen / so jhnen bewiesen worden / vor jhren Magistratum zu
bringen / erkennet haben / Jsts gleichwol den Schoristen selten
vngestrafft passiret worden."

Gedrucktes Patent Herzog Albrechts, den Pennalismus betreffend, gegeben Weimar 9. Dezember 1624

*Überlieferung: [VD17 39:162559R]; ThULB HSA 2 Hist. lit. VI, 5 (288);
11 (102); 21(39); 12 (87) [hier datiert auf den 6. Dezember]; vgl. auch Er-
man/Horn: Bibliographie, Bd. 2, Nr. 9941–9941c; Entwurf: ThHStAW
A 8252, fol. 16–19 [6. November 1624].*

*Wiedergabe: Meyfart: Erinnerung, S. 204–209; Dilherr: Propheten-
Schul, Anhang, S. 16–24; Uhse: Criticus, S. 189–191.*

Zitiert nach Meyfart: Erinnerung, S. 204–209.

„Im Namen vnd an statt des Hochgebornen Fürsten / Herrn Johann Ernsten[329] des Jüngern / Hertzogen zu Sachsen / Jülich /
Cleve und Berg / Landgraffen in Thüringen / vnd Marggraffen
zu Meissen / Graffen zu der Marck vnd Ravensberg / Herrn zu
Ravenstein / vnsers freundlichen geliebten Bruders / als regierenden LandesFürsten vnd Vormündens

Fügen von Gottes Gnaden Wir Albrecht[330] / Herzog zu Sachsen /
Jülich / Cleve und Berg / Landgraff in Thüringen / vnd Marg-
graff zu Meissen / Graffen zu der Marck vnd Ravensberg / Herr
zu Ravenstein / Ihrer Ld. vnd vnserer Universitet jetzigen vnd
künfftigen Rectorn, Professorn, Doctorn, Magistern, Studenten / vnd insgemein allen und jeden deroselben Verwandten
/ So wol vnserm Schösser / Bürgermeistern / Rath / gemeiner
Stadt vnd Bürgerschafft zu Jehna / hiermit zu wissen.

OB wol Ihre Ld. vnd Wir / was zu gemelter vnser Vniversitet
Ehr / Nutz / Wolfahrt vnnd Auffnehmen / sonderlich aber der
studirenden Jugend zum besten gereichen vnd gedeyen mag /
anzuordnen vnd zu verschaffen nicht unterlassen / daher auch
vmb so vielmehr vns nichts anders versehen / denn diß würde
alles vnd jedes mit vnterthenigem Danck erkennet / vnd der
darbey gewünschte Effect erreicht worden seyn / So müssen wir
doch mit höchster Befrembdung erfahren vnd vernehmen /
daß alle Ihrer Ld. vnd vnsere bißher getragene LandesFürstliche
vnd väterliche trewe Vorsorge / von etlichen der studierenden
Jugend wenig in acht genommen / An statt schuldiger Danck-
barkeit / vorsetzlicher Vngehorsam gespüret / vnd das jenige
/ was zur Zerrüttung guter nützlicher vnnd heilsamer Ordnung vnd Disciplin fürgenommen / auch wol durch Einwöh-
nere vnd Haußwirte / so Tischgänger vnd Gastunge halten /

---

329   Johann Ernst I. (1594–1626), Herzog von Sachsen-Weimar (1615–1620).
330   Albrecht (1599–1644), Herzog von Sachsen-Eisenach (1640–1644).

wissentlichen vnnd vmb schändlichen Gewinnst willen verhengt vnd fovirt worden.

Gestalt vnter andern nicht das geringste / daß vnsern vnd vnserer Vniversitet zu vielmal beschehenen gnädigen vnd wolmeynenden Mandaten vnd Verordnungen zuwider / vnter der studierenden Jugend / zuvor vnerhörte / vnverantwortliche / vnvernünfftige / vnnd gantz Barbarische Gewohnheit eingerissen: Wann jemand von hohes oder niedriges Standes Personen sich in gemelte vnsere Vniversitet seines studierens halben gewendet / daß derselbe so lange spöttlich ein Pennal / Feux / Spulwurm / vnd dergleichen geheissen / vnd davor gehalten / geschimpfft / geschmäht / verhönt / vnd außgeschryen werden muß / biß er wider seinen Willen / zu seinem vnd seiner Eltern grossen Schaden vnd Nachtheil / eine stattliche vnd kostbare Gasterey anstellen / halten vnnd außrichten lesset. Darbey dann / ohne einige Schew vor Gott vnd Menschen / vnzehlich viel Vntugenden vnd Excess, Gotteslästerungen / Thüren / Ofen vnnd Fenster stürmen / Bücher vnd Trinckgeschirr außwerffen / Leichtfertigkeit in Worten vnnd Geberden / Fressen vnd Sauffen / Wüten vnd Toben / gefährliche Verwundungen / vnd andere Thätligkeiten / Sünde / Schande / vnnd vberaus Gottlos / ärgerliches Leben / bißweilen auch wol Mordt vnd Todtschlag begangen wird. Ja es bleibt auch offtmals bey einem eintzigen solchen Gelagk noch nicht / sondern es wird damit wol ettliche Tage aneinander continuirt bey den Tischen / in Collegien, publicè vnd privatim, auch auff offener Gassen / im sitzen / gehen vnd stehen allerhand Vppigkeit begangen / groß Geblöck / Häuser vnd Fensterstürmen geübet / vnd durch solch vnsöte wildes vnd wüstes Leben / nicht allein vnserer Vniversitet guter Ruff vnd Namen mercklichen verringert / sondern es werden auch viel Eltern an frembden Orten verursacht / ihre Kinder entweder gar nicht auff solche vnsere / von vnsern Hochgeehrten in Gott seligst ruhenden Vorfahren / mit so trefflichen Vnkosten gestifftete / vnd von Vns bisher erhaltene Vniversitet, kommen

zu lassen / oder sie doch blad von dannen wieder abzufordern /
daß wol zu besorgen steht / wo dieses höchstschädliche Vnheil
vnd Bginnen nicht gäntzlichen abgeschafft vnnd aussm Wege
gereumet werden solte / es möchten in kurzer Zeit wenig / oder
wor gar niemand von Studenten daselbst gefunden / vnd was
zu förderst Gottes Ehre / Fortpflanzunge seines allein seligma-
chenden Namens / Erhaltung löblicher freyer Künste / vnd dahero rührender Bestellung Geist= vnd Weltlicher Regimenten /
zumal in diesen so sorg= vnd gefährlichen Leufften / nütz= vnd
ersprießlichen ist / vollends gar zu grund vnd boden gerichtet
werden.

Wann wir dann solchem gottlosen / vppigen / vnd hoch-
schädlichen Vnwesen / mit Gelindigkeit nicht ferner zusehen
sollen / noch können / In ansehung / vnsers vns von Gott vnd
der höchsten Obrigkeit verliehenen Landesfürstlichen Ampts /
vnd derer Vmbstände / so bey diesem morbo desperato viel eine
hefftigere Medicin vnd Chur erfordern / Wir auch in weiterer
Erwegung / daß die weiland hochlöblichsten / vnd fast vor
allen andern ihren Vor= vnd Nachfahren am H. Reich / dem
StudentenOrden sonst mit sonderbaren Kayserlichen Gnaden
zugethane Römische Kayser / Nemlich / Kayser Justinianus,
vnd Keyser Friedrich der Erste / wann sie noch am Leben vnd
Kayserlicher Regierung seyn / vnd ihre Kayserliche Sententz
drüber fällen solten / gemelte / vnd zu diesen vnsern Zeiten
im schwang gehende Tyranney / Injuri, Boßheit / vnd zumal
Gelehrten vnd Verständigen gar nicht geziemende noch wolan-
stehende Frechheit / nichts weniger / einen indignum, pessi-
mum, vnd planè servilem ludum, cujus effectus sit, INJURIA,
& ex quo nihil aliud, nisi CRIMINA in novellos, & quidem, studiosos SOCIOS oriantur, nennen / vnd davor erkennen / Auch
summa cum interminatione interdiciren lassen würden / Als
die INDIGNOS LVDOS: CORPORALES INJVRIAS: vnd DAMNA:
welche gleichsfals die ältern Studenten / vnd andere boßhafftige Leut / zu I. Kays. Majesteten Zeiten / vff den Universiteten

zu Constantinopel in Thracia, zu Beryto in Syriea Phoenice, oder maritima, vnd in Italia, sonderlich mit den angehenden jüngern vnd newen Studenten / vngebürlich zu treiben / vnd offtermals an ihnen sich also zu vergreiffen pflegten / daß ob gleich mancher durch vnsichere Weg vnd Steg / auff die Academi, als sein verhofftes tutissimum asylum vnd refugium, kommen / dem Schaden glücklich entgangen / vnd auff der Reise von männiglich vnangetastet blieben war / dennoch daselbst / vor seinen eignen Mitgesellen / vnd andern / die ihrs theils gewesen / in seiner Stuben nicht sicher wohnen / noch an Ehr / Leib vnd Gut / vnverletzet bleiben kondte.

Dem allen nach / so haben wir dis vnser offenes Mandat außfertigen sollen vnd müssen. An alle vnd jede obgenandte / hiemit begehrende vnd ernstlich befehlende / daß niemand / wer der auch sey / zumal aber / weder jetzt anwesender / noch künfftiger Student / einige Jüngern vnd newen Studenten / mit dem verächtlichen / gehässigen / höchstärgerlichen / vnd allen Studiosis insgesamt / ja auch der löblichen freyen Feder selbst / welcher doch als Regentin aller Welt / die höchste Ehre gebührt / zum eusserstem Despect, Schimpff / Vnehren / vnnd Verkleinerung gereichenden / vnd ohne Zweiffel vom ErtzFeind aller Studien vnd Tugenden / dem leidigen Teuffel / aus dem hellischen Pfuel herfürgebrachten / vnd daselbst erdachten / deßwegen auch zu Hinderung vnd Dempffung aller nützlicher Künste vnd heilsamen Disciplin, außschlagenden Zunamen / des PENNALISMI, oder was sonst mehr eben dasselben Schlags / Gezichts / vnnd Geschmeisses ist / heimlich oder öffentlich verschimpfiren / verachten / beleidigen / beschweren / vnd ja so wenig / zu Lösung des einige Gasterey / vnter was vor Schein es gleich were / begehren / erpochen / erpressen / vnd deren beywohnen / Oder da er Studenten im Hause / oder an seinem Tische hat / zur selben Hülff vnd Vorschub thun / Sondern daß vielmehr ein jeder Vniversitet Verwandter / vnd anderer Hauß= vnd Tischwirth / der was davon in Erfahrung bringt / die Frevler davon abzumahnen / sie vor Schaden warnen / oder da sie nicht folgen wollen / solches laut machen / den Obern durch alle mügliche Wege andeuten / zuverstehen geben / vngeschewt klagen / Oder aber auff den widrigen Fall / vnser ernstes Einsehen dermassen spüren vnd empfinden sol / daß so wol der eine als der andere Verbrecher / nach gestalten Vmbständen seiner Person / Vermügens / vnd Mißhandlung / mit vnserer schweren Vngnade / Privirung seiner Privilegien, Beneficien, Ampts / Ehren= vnd andern Stands / Bequemigkeit vnd Gelegenheit / Poena publicae relegationis vff ein ansehnliche Anzahl Jahr / item exclusionis, hartem Gefängnis / Landesverweisung / Leibstraff / beneben virfacher Wiedererstattung der abgezwungenen oder fürgeschossenen vnd auffgewendten Vnkosten / vnfehlbar belegt / vnd zu desto gewisserer Execution seiner verdienten Straff / auch wol anhero zu gefänglicher Hafft geliefert werden sol / vnd sich einiger Intercession oder Remission nicht zu getrösten / noch zuerfrewen haben.

Damit auch diesem vnsern Mandat so viel desto gewisser vnnd vnverbrüchlicher nachgelebet werde, so sol vnsere Vniversitet, Schösser vnd Rath / vnverdrossene / redliche / trewe Leut vnd Personen darzu verordnen / vnd wie diesem nachgesetzt / oder zu wider gehandelt / durch dieselbe fleissige Auffsicht anstellen lassen. Do auch an einer oder der andern Obrigkeit selbsten ein Mangel gespüret würde / wolten wir solche gleichfals gebührlichen vnnd ernstlich in Straff zu nehmen wissen. Diß ist vnser zuvorlessige / ernste vnd eigentliche Meynung / Darnach sich Männiglichen zu achten / vnd vor Schimpff / Schanden / Nachtheil / vnd vnausbleibender Straff zu hüten wissen wird.

Zur Urkund haben wir das angeordnete Fürstliche Cantzeley Secret vordrucken lassen. Geben zu Weimar den 9. Decembr. Anno 1624.

Beschreibung von Pennalisationen im Jenaer Konvikt um 1640

Überlieferung: Ausfertigung des Bericht des Studenten Johann Conrad Weymar[331] [an die Universität Jena] [um 1640], UAJ A 2196a, fol. 185–187.

Erwähnung: Späte: Leben, S. 95f.

„Verzeichniß der Pennalisation, so die Septimaner[332] im Convictorio mitt manchen vorgenommen,

So bald, alß ich meinen Stubengesellen, Mauchen[333], zu mihr bekommen, hab ich ihn vber 7. Mensa, weil dozumahl kein Stell vber meinen Tisch vocirett, setzen laßen, vnnd weil seine Tischpurse vernommen, daß er ein Weniges ahn Geld mitt anhero brachtt, haben sie vff allerley Practicen vnd Ferdlein gedachtt, wie sie solches durch viele Exactiones vnd vorgegebene Consuetudines von ihme möchten bringen, vnd do er sich nichtt alle Zeitt darzu wollten verstehen, mitt Agiren vnd Pennalisiren zum hefftigsten ihme zugesetztt, vnd daß ich itzo nur ettwaß darvon gedencke vnd erzehle, so haben sie bald anfangs von ihm begehrett ½ Rthlr pro Accesse, do sich sonst nur ein Orths Thlr., besag der Leges, gebuhret, welches er auch geben müßen, item 6gl pro Liberatione, 4gl pro Pastoratu, vnd so er nur ein Wörtlein aus der Bibel geredett, welches doch nichtt abutirett gewesen, iedesmahl 6d geben müßen, ja ohne alle Vhrsach wohl zu 4gl, welches aus den Legibus zu sehen, ahnschreiben dürffen, vndtt haben hierdurch offt zu 2. 3 thlrn von ihm v. andern heraußgepreßett, damitt der Seniorn 3. oder 4. in ein Weinhauß gangen, sich toll vnd voll gesofen, vnd so das Geld vf den Morgen aus den Legibus alle gewesen,

---

331 Joh. Cunr. Weimar aus Eisenach, gratis im WS 1634/35 immatrikuliert.

332 Gemeinschaft der Studenten des 7. Tisches im Konvikt.

333 Quir. Mauch aus Eisenach, im WS 1639/40 immatrikuliert.

auch wohl ettwaß mehrers vff Fidem vfgangen, haben sie ihm
zugemuthett, dasselbige zu bezahlen, do ers doch nichtt mitt
genoßen, vnd do sie ihn gleich einmahl mitt genommen, haben sie doch so mitt ihm procedirett, daß er wunschen mögen,
er wehre viel Meilen Weges davon, |185r| denn sie ihm mitt der
Action pennalisationis nie hieuon Frieden gelaßen, ja, vff Keß-
lers[334] seiner Stuben, getroett Nasenstuber zu geben, sonderlich
alß sie einsten beysammen gewesen in Mohrens[335] Hauß u. einen Schmauß gehabtt, haben sie ihn verbis injurioris also an-
gegrieffen, daß er vber ¼ Stunde darbey nicht bleiben können,

alß er nun eine Zeitt alhiero gewesen, haben sie weiters von
ihm rigorose offlagitirett ½ Rthlr den Fuchßschwantz, so haben
sies genennett, abzuschneiten, welches, alß ichs neben vielem
andern schmertzlich vernehmen müßen, bin ich zum Seniori,
nahmens Hn Pullenheumer[336] gangen, ihn deßwegen gefragtt
vnd gebethen, er, als Senior, wolte solche vnbilliche Forderungen mitt seinen Consorten einstellen, im wiedrigen Falle, würde
ich gezwungen, solches den Herrn Inspectoribus ahnzumelden,
darauf er geandwortett, es ist so ein alter Gebrauch, ihr werdetts
nichtt abschaffen, hatt mihr auch bald darauf durch meinen
Stubengesellen sagen laßen, ich soltte ihm jo nichtt mehr vff
seine Stuben kommen vnd ihn reformiren, wolte ich Senior sein,
so soltt ich mich vber seinen Tisch setzen, die andern hetten es
gegeben, deswegen könte sich deßen Mauch auch nicht wegern,
(:wiewohl zu beweisen daß dergleichen vnbilliche Forderungen
nach ihm, außgenommen Herrn Krantzen[337], welcher dafür 9gl
geben mußen, ahn keinem geschehen, ob sie aber vor ihm geschehen, kann ich nichtt wißen :),

334 Conr. Keßler aus Waltershausen, im SS 1638 immatrikuliert.
335 In Frage kommen: Joh. Geo. Mohr aus Jena, unvereidigt im WS 1635/36
     und Joh. Vict. Mohr aus Frankfurt „S. M.", gratis im WS 1635/36 immat-
     rikuliert.
336 Joh. Wil. Bulnheimer, Uffenhemia Franc., im WS 1636/37 immatrikuliert.
337 Nicht eindeutig identifizierbar.

weil ich nun gesehen daß ahn ihnen nichtts zu erhalten
gewesen, vnd ich gern Vneinigkeitt vnd allerhand Action ver-
huttett gesehen, hab ich deshalben 8gl vber Tisch zu geben
ver- |185v| willigett, in Meinung, sie würden ihn hinfuro mitt
Frieden laßen, damitt sie aber im Geringsten nichtt contenti,
vnd weil sie gesehen, daß ich ihnen so viel nachgegeben, haben sie es darbey nichtt bewenden laßen, sondern immer noch
mehr auß ihm schneiden wollen, ihm auch forttan getrawett
wie sie ihm wolten einen Schmauß ausfuhren, zu dem End
sie ihm dann ein Recept, welches hierbey befindlichen, vnnd
mitt eigener Hand eines Tischpurß geschrieben, zugestellet,
wofur es gutt sein soll ist auß dem Titul gedachten Recepts
zuersehen, welches er auß Furcht vnd Betrawung eines Consens hatt zu sich nehmen mußen, auch ein Meßer mitt hinein
gebrachtt, damit sie ihm (: non passum non quin utor illorum
verbis formalibus :) den Fuchßschwantz abschneiden wollen,
auch eine Deuten[338], darin salva reverentia, allerley Vnflatt ge-
steckett, ihm vorgelegtt, vorgebende, er muste dasjenige waß
darin wehre einnehmen, damit die Spülwürmer, (: den solche
Formalien haben sie gebrauchtt :) fortgetrieben würden, welche er aber vnter den Tisch geworffen, darauff sie gesagtt, ob
er die Tischpurß wolte verachtten, sie wolten ihm wohl einen
Consens geben, er soltte solches ahn stadtt eines Weichpul-
vers einnehmen, biß kunfftig soltte die nächste Purgation,
dadurch sie den Schmauß im Recept vorgeschrieben verstanden, erfolgen, ja sie haben einen rechten Actum hierbey wollen
ahnstellen, darzu sie zum Decano utor illorum verbis, Herrn
Zeittlern[339] einhellig erwehlett, welches alles alß Mauch nach
Hauß kommen mihr fast mitt weinenden Augen geklagett, da-
rauf ich aber doch ihn ver- |186r| mahnett er soltte zu frieden
sein, vnd vber sich gehen laßen waß er nur könte, sie würden es

---

338 Tüte.
339 Nicht eindeutig identifizierbar.

wohl mitt dem Schmauß mußen bleiben laßen, sie haben aber
nach diesem vnterschiedlichen ihn gefragtt, ob die Pürgation
nicht fertig, sie wolten kommen vnd ihn in seiner Krankheitt
besüchen, er soltte sie nur einnehmen, so würde es beßer mitt
ihm werden, auch daß sie desto lustiger bey solchem Schmauß
sein können, haben sie ein Liedlein darzu gemachtt, welches sie
intimirett, den Müstschmaüß, ohne Zweiffel zu dem Ende, daß
sie es darbey haben wollen singen, welches aber nicht allein vff
ihn sondern vf andre Juniores mehr, vnd zwar einen ieden vff
seinem Nahmen, darbey auch die Contenta waß er hatt sollen
schaffen, ein absondernliches Gesetzlein, gerichtet gewesen.

Ob ich nun wohl vermeinett, es solten nur bloße Worde sein,
auch deswegen, wie oben gemeldett, meinem Stubengesellen
befohlen, er solte nur vber sich gehen laßen, was er könte, iedoch haben sie es darbey nichtt bewenden laßen, sondern nicht
allein im Convictorio strictissime von ihm gefordertt, er soltte
sich bereitt machen, sie woltten zu ihm kommen, vnd ihm einen Schmauß außfuhren, sondern auch endtlich furs Hauß (:
darunder Herr Keßler der Principal, alß welcher auch kurtz zuvor vber Tisch bey Teuffelhohlen sich verlauten laßen, er wolte
ihn noch so trillen, daß im die Aügen solten vbergehen :) zu vnterschiedlichen dreyen Mahlen gelauffen, ihn mitt schmeligs-
ten Worten agiret vnd geruffen, Du Ertzpennal morgen wollen
wir zu dir kommen v. einen |186v| Schmaüß aüßführen: it: har-
re du Pennal, ich will dir doch noch die Fenster außwerffen,

weil ich denn endlichen gesehen, daß ich auch in meinem
Hauß vnd Stuben vor ihnen nicht hab befriediget sein konnen,
auch solche Injuras nichtt lenger zu dulten gesonnen gewesen,
sondern vff Mittel vnd Wege gedachtt, wie ich doch solchem
gebuhrlich abhelffen, vnnd ich neben meinem Stubengesellen
in Ruhe vff meiner Stuben vnnd sonsten vnmolestirett gelaßen
werden möchtte, bin ich vervhrsachtt worden des Morgens sie
deswegen, vnd sonderlich Keßlern als Principaln in dieser Pennalisation, besprechen zu laßen, nicht zu dem Ende, alß woltte

ichs feindselig mit ihm außfechtten, sondern nach Vernehmung der Sachen ahn gebührendem Orth zu clagen.

Alß ich nun zwey Studiosos, nehmblich Herrn Richtern[340] vnd Herrn Kornmaul[341], ihn deswegen zu besprechen, bittlichen vermochtt, vnd dieselbe keine Vhrsach solcher Action von ihm erforschen können, sondern daß er in molitia perseverirett, mihr zubrachtt, bin ich willens gewesen, solches Ihr Excellentz, Herrn M. Stahlen[342], alß Inspectori zu clagen, alß sie aber kaum von Hn Keßlern weggangen v. mihr solches referirett, vnd ich darvon bey mihr selbst deliberirett, ist Herrn Keßlers sein Stubengesell, Herr Knie[343], vf meine Stuben kommen, vnd gesagett, sein Stubengesell, sey in procinctu[344], wenn ichs nichtt gedachtte |187r| zu leiden, waß er den Abend vnd sonsten gethan, sollt ich einen Locum denominiren vnnd nur baldtt forttmachen, daruber hab ich mich nun hefftig erzörnett, vnd, damitt hierdurch ich iederman nichtt gahr möchtte zum Spottvogel werden, vnd mihr hierdurch Ruhe zu schaffen, vnd sonderlich einen Stubengesellen von dergleichen vnmenschlichen Actionibus zu liberiren gemeinett, ihm erschienen.

Waß sonst hernach vff dieses weiter vorgangen, nehmblich daß sie den selbigen Abend vff Herrn Richtern, alß er im Heimgehen gewesen, gelauschett, solches wird Ihr Excell: sonders Zweiffel vernommen haben. Dieses habe ich also meiner Notturfft nach E. Excell: demutig zu erkennen geben vnd hierbey hochflehendlich gebethen haben wollen, diese Circumstantias in großgunstige Ermeßigung zu ziehen.

Joh. Conrad Weymar. |187v|"

---

340 Nicht eindeutig identifizierbar.
341 Joh. Kornmaul aus Weimar, unvereidigt im WS 1629/30 immatrikuliert.
342 Daniel Stahl (1589–1654), im SS 1631 Rektor.
343 Joh. Georg Knie (Herkunft unbekannt), immatrikuliert im SS 1636.
344 Zum Duell bereit.

Der Aufruhr der Jenaer Pennalisten von 1644

Beschreibung: Müller: Episode.

Supplik des Laurentius Niska aus Leipzig für seinen Sohn Laurentius Niska jun. an die Universität Jena vom 16. Dezember 1643

Überlieferung: Ausfertigung, UAJ A 2196a, fol. 132–133.

„Magnifice Domine Rector vnd Professores,
Wohlehrwürdige, Ehrenueste, Großachtbare, Hoch: vnd Wohlgelarte, E. Magnif. Wohlehren. E. vnd Großachtb. seind meine stets gefließene Dienste iederzeit beuorn, großgünstige hochgeehrte Herren,
vnd kan E. Magnifp Wohlehrenp E. vnd Großachbp schmertzlich zu clagen nicht vmbgangk haben, wie das ich meinen Sohn Laurentium Nißken[345] den Jüngern aus väterlicher Schuldigkeit vnd Wohlmeinung auf dero Academien numehr fast vor einem Jahre, Stutierens halben freye Kunste, zu förderst aber Gottes Furcht zue lernen, so der Weißheit Anfangk, verschicket, darbey ich ihme dann sonder Ruhm zudencken, vnd noch wöchentlich in allen Brieffen geschiehet, dermaßen väterlich befolen vnd eingebunden, sich friedlich, schiedlich, erbar, eingezogen, vnd also zu verhalten, wie einem gehorsamen Kinde gebuhret, vnd einen Studenten ziehret, auch bey den Menschen angenehm machet, das sein Verhalten ihn zu Ehren bringen, vnd er endlichen nach des Imperatoris Justitiani Instruction |132r| in der Function, dorein ihn Gott setzen wird, seinem Talentulo nach, Gotte vnd dem Vaterlandem

---

345   Laur. Niska jun. aus Leipzig, im WS 1642/43 immatrikuliert.

dienen möchte, vnd wil ich verhoffen, er werde niemands zu Zanck vnd Wiederwillen, Vhrsach geben,

Wiewohl er nun sein Creutz Anfechtung vnd Feindschafft, so ihme als einem noch zur Zeit also genandten Pennal von etlichen anmaßlichen Pennalbutzern gleichsam bis vf Leib vnd Leben begegnet, mihr weder geclagten noch entdeckt, laße mich auch berichten, so dürffe keiner so man intra annum pro pennali helt, seine Beschwerung vnd Trangsahl, zu Verhutung noch fernerer Gefahr, weder dem Magistratui Academico, noch seinen Eltern clagen.

So werde ich doch von andern schrifft- vnd mundlichen gewarnet, mich meines Sohns anzunehmen, weil ihme gleichsamb nach Leib vnd Leben getrachtet wurde, ja von etlichen Studenten so von hinnen nach Jena vor weniger Zeit kommen, gahr der Todt geschworen worden, deren Nahmen ich noch zur Zeit vmb Glipffs Willem, vnd ob gedachtes mein Sohn desto ehe Friede haben möchte, geschweige,

Wann dann durch die ietzige Kriegs beschwerliche Zeiten arme Eltern ohne das genugsamb |132v| geplaget, vnd vns so viel mehr ihnen schmertzlichen vorkommet, wenn sie hören müßen, das ihre Kinder vf Hohen Schulen die sie doch gleichsamb mit Petteley vnd Vnstatten erhalten müßen, dergleichen als meinem Sohne wiederfähret, begegnet,

dohingegen wo die Musae regiren, Fried vnd Sicherheit vnter dero Angehörigen, ruhmblich gehöret werden solte,

als ist an E. Magnifp. Wohlehrwp. E. vnd Grosachtbp vmb Gottes Willen mein vnterdienstliches vnd hochfleißiges Bitten, sie wolten mehrermeltem meinem Sohne Laurentio Nißken dem Jüngern in gerechter Sache wieder vnziemblichen Gewald, ambtshalben großgunstig Schutz leisten,

erforderte aber die Sache eines mehrern Schutzes, so hette ich sondern Ruhm gute Mittell, bey ihrer Hochwurdp. vnd Furstl. Durchl. dem Herrn Ertzbischoff zu Magdeburgk p meinem gnedigsten Herrn, gnedigste Intercessionales vnterthenigst,

bey ihrer Furstl. Furstl. Durchl. Durchl. zu Altenburgk vnd
Weimar ober p meinen auch gnedigen Fursten vnd Herrn p
gnedige Befehl, vermittelst derer vornembsten Räthen, vnd
höchsten Officirern (:so meine hochgeehrte |133r| Patronen:) vn-
terthenig zu erlangen, vnd dadurch mit Gottes Hülffe, meinem
Sohne wieder deßen Zunöthiger vnd aufgeworffene Pennalbut-
zer Schutz, Sicherheit, vnd Friede zu würcken,

so mann aber nicht gerne thuet, dieweil durch E. Magnifp
Wohlehrwp W. vnd Großachtbp dieser Sachen wohl Rath geschafft werden kan, das an hohen Fürstl. Höffen daruon nicht
so viel Wesens gemacht werden darff,

welches E. Magnifp Wohlehrwp E. vnd Grosachtbp ich aus
väterlicher Vorsorge vor meinen Sohn ihme Frieden demuthig
zu bitten, vnd zuerlangen (:weil er selber nichts melden darff,
sondern aus besorglicher höchsten Gefahr, wie ich von andern
verständiget, alles negiren mus, wenn er auch gleich von E. Magnifp Wohlehrwp E. vnd Großachtbp darumb gefraget werden
möchte, inmaßen ich auch dieses seiner vnwißend vnd vnbe-
gehret, geschrieben:) nicht verhalten können, vnd bin denselben nach Vermögen zu dienen jeder Zeit willig vnd geflißen,
Datum Leipzigk den 16. Decembris Ao 1643. p

E. Magnif: Wohlehrw.
Ehrenv. vnd Großachtb.
dienstgeflißener
Laurentius Niskae |133v|"

Pasquill der Jenaer Studenten auf die Studenten
Laurentius Niska und Johann Rosa vom 30. Jannuar
1644.

Überlieferung: Original, mit Leimspuren auf der Rückseit, UAJ E I 5,
fol. 332–333.

Wiedergaben: Müller: Episode, S. 134f. und Platen: Pennalismus, S. 92f.

„Kund vnd zu wißen sey allen vnd ieden redlichen Studenten, so itziger Zeit auf löblichen Universitäten, wie dieselben Namen haben megen, sich befinden, vnd ins Künftige alda zu leben gesonnen, daß heüt zu Tage bey hiesiger hochlöblichen Universität zwene leichtfertige Gesellen, der eine mit Namen Hannß Christoph Rosa[346] von Rudelstatt, der ander Lorentz Nißka auß Leypsig bürdig, sich enthalten, derer Thaten vm Lobes Innhalt, wie folget, dieser ist: Der Erste Rosa genand, alß derselbe im Statu exinanitionis, oder damit wir teusch reden, daß der gemeine Mann verstehet im Pennal Stand befindlich gewesen, hat er mit Hindansetzung alles Respects den er redlichen Studenten zu liefern schuldig, dießer Künheit sich gebraucht, daß er nicht alleine mit Cujoniren vnd Agiren redliche Studenten offendiret, sondern auch mit Steinen vnter sie zu werfen, sich vnterfangen. Der ander, Niska genand, hat in eodem Statu der Nachfolge gegen gedachten Rosen seinen damaligen Stubengesellen, vielleicht auß brüderlicher Affection sich zu befleißigen vnd noch ein mehrers zu tendiren, sich bemühet, denn er nicht allein auch mit öffentlichen Agiren vnd Cujoniren gegen redliche Studenten sich heraußer gelaßen, mürdliche Waffen auf sie getragen, vnd etliche Mahl feindlicher Weise vnter sie zu schüssen, ertönet, sondern auch mit Cirpen es dahin gebracht, daß durch die Relegation ihrer fünfe, die Statt vnd Vniversität seinetwegen meiden müßen.

Anizo tragen sie beyde wiederumb vergifftete Waffen, vnd andere heimliche Gewehre bey sich, rühmen sich ihrer

---

346 In der Matrikel findet sich lediglich ein Johann Rosa aus Rudolstadt, im WS 1641/42 immatrikuliert, was bedeuten würde, dass Rosa mindestens zwei Jahre Pennal war.

Paßauischen Cunst vnd Festigkeit[347], vnd haben sich deroma-
ßen zusammen verschworen, daß sie, wiewohl schelmischer
vnd tückischer Weise, etliche hinzurichten Tag vnd Nacht bemühet seyn. Dannenhero ist ihnen das Beneficium Absolutio-
nis benommen, vnd sind sie vor ewig wehrente Pennäl vnd öffentliche Hundsfütter denominiret vnd erkläret worden. Weil
demnach obgedachte zwey leichtfertige Vögel von aller redlichen Gesellschaft außgeschloßen, vnd sie nicht würdig sind,
den Nahmen eines Studenten zu führen, viel weniger zu deßen
Freündschaft admittiret zu werden.

Alß gelanget an alle vnd iede redliche Studenten, so itziger
Zeit auf löblichen Universitäten, wie dieselben mögen genannt
werden, sich befinden, vnd inskünftige alda zu leben gesonnen, vnser dienstbereites höchliches Bitten, sie wollen diese
beyde, alß Hannß Christoph Rosen von Rudelstatt, vnd Lorentz
Nisken von Leypsig, dermaßen ihnen recommendiret seyn laßen, daß sie dieselben, so sie auf eine andere löbliche Vniversität
kommen solten, in Vermeynung, durch abgelegene Weite deß
Orts vnd Länge der Zeit ihre Schmach außzureiben, alß ewig-
wehrente Pennäl vnd öffentliche Hundsfütter tractiren, von
aller redlichen Gesellschafft außschließen, vnd ihnen, so viel
müglichen, alle Comoditäten alda zu leben versperren,

hierdurch erweisen sie allen redlichen Studenten angeneh-
me Dienste, und wir sind solches hinwiederumb zu verschul-
den iederzeit willig und anerböttig: Dat: Jehna. den 30. Januar:
1644.

L. S.

Concordat cum Orginali.

Studiosi Ienenses. |333r|"

---

347 Unverwundbarkeit.

*Supplik des Laurentius Niska aus Leipzig für seinen
Sohn Laurentius Niska jun. an die Universität Jena
vom 31. Januar 1645*

Überlieferung: UAJ A 2196a, fol. 157–159.

„Magnifice Domine Rector vnd Professores,

Ehrwürdige, Ehrenueste, Großachtbare vnd Hochgelarte,
denselben seind meine geflißene Dienste ieder Zeit zuuorn,
großgünstige Herren,

E: Magnif: vnd den Herren gebe ich dienstlich zuuernehmen, das ich meinen Sohn Laurentium Nißken bey Eintretung
des verwichenen 1643. Jahres vf die löbl. Vniversitet Jena studiorum gratia verschicket, was er aber propter pravos mores, so vnter der Pursch doselbsten contra tot mandata prohibitoria illustrissimorum principum et ducum Saxoniae p vnd sonsten zu
Abbruch guter Sitten, eingerißen, ein also genandtes Pennal,
Qual vndt Angstjahr ausstehen, vnd binnen solcher Zeit leiden
mußen, das ist Gott, dann der hohen Landesfurstl. Obrigkeit,
vnd den Herren selbsten bekandt, vnd auch sonsten fast in
gantzen Römischen Reich kundbahr, so gahr, das mann nicht
nur in Leipzigischen vnd Hamburgischen Avisen, sondern
auch in den Holländischen Raporten von diesem Handell zue
lesen ge- |157r| habt, wehr aber Vhrsach, das diesem viehischen
vnd Barbarischen Pennalwesen (:wie dergleichen Phrases zu reden der furtreffliche Theologus Mayfartus[348] in seinem Tractat
zu gebrauchen pfleget:) den hochlöbl. Furstl. gnedigen Befehlichen vnd Anordnungen zu folgen, nicht bey Zeiten gesteuret
worden, das laße ich der hohen Obrigkeit gnedig zu richten,
vnterthenig anheim gestellet sein,

---

348 Johann Matthäus Meyfart (1590–1642), Verfasser der ‚Christlichen Erinnerung‘ von 1636.

nichts desto weniger seind die Redelsführer vnd Autores tumultus, so denselbigen wieder meinen Sohn excitiret gehabt, perdoniret, mein Sohn aber hat mich berichtet, das er dargegen in seinen höchsten Nöthen, ob er gleich eine vnschuldig gelittene Peron gewesen, nicht allein einen furgeschriebenen harten Revers gahr eilfertig vnterzeichnen mußen, den er doch vorhero weder gelesen noch gewust, was deßen Contenta gewesen, vielweniger solchen verstanden, inmaßen mann ihme dann auch nicht so viel Zeit gelaßen, das er solchen zuuorn durchlesen mögen, noch vf sein Ansuchen, ihme eine Copien dauon er-
|157v| theilen wollen, damit er (:wie er gesaget:) gleichwohl wißen möchte, was er zu vnterschreiben angehalten, mihr seinem Vatern aber denselbigen zur Nachricht zeigen könte, hatt also geduppelte Noth außzustehen gehabt, einmahl innerlich, das er das ihme durch die hohen Haubter vnd proceres academicos furgemahlete Revers Notul, nebenst der eilfertigen auferlegten Abition, so noch fur abents beschehen mußen, zu vnterschreiben angehalten, von außen aber etliche hundert Capitalfeinde vnd Aggressores so ihme nach Leib vnd Leben Mörderischerweise gestanden, in einerley Zeit, wieder sich gehabt, do doch ihme tum summè afflicto et innocenter passo keine andere schimpfflichere Afflicto hette angefuget werden sollen, vnd wiewohl es passio haut iusta, so ihme die aufgestandene Bursch angefuget, so wird es doch meinem Sohne von vnruhigen bösen Leuthen, bis dato vorgerucket, vnd ist ihme diese Procedur an seiner zeitlichen Wohlfahrt in viel Wege nachtheilig,

Wann dann mihr vnd meinem Sohne doran gelegen, das angeregter ihme angefoderte |158r| vermeinte Revers wieder zurückgestellet, die vnverschuldete Relegation cassiret, vnd obgemeltem meinem Sohne (:so ich nicht zue dem Ende vf eine andere Vniversitet geschicket, das er mehr nicht, als diesen Schimpff, sambt so offters täglichen vnd augenblicklichen ausgestandemer Leibes vnd Lebens Gefahr, daruon tragen sollen:) ein ehrlich Testimonium vmb die Gebuhr ertheilet werden

möge, sintemahl ia auch die hoch Fürstl. angeschlagenen ernste Mandata von seiner Vnschuldt so ferne zeugen, in dem ihre
Fürstl. Durchl. mit sondern Vngnaden vber das verfluchte Pennalwesen geeifert, sowohl was sie fur eine Mißfälligkeit wieder
die kegen meinem Sohne aufgestandene Tumultuanten getragen,

    als ist an E. Magnifp vnd die Herren, mein dienstfleißig Bit-
ten, sie wolten meinem Sohne den angesonnenen Revers wieder aushändigen, die allzue geschwinde vnd vnverschuldete
heimbliche oder öffentliche Relegation ex officio cassiren, vnd
aufheben, auch meinem Sohne ein Testimonium vmb die Gebühr großgünstig ertheilen, damit er an seinen Ehren, zeitli-
chen Wohlfarth vnd Beförderung |158v| vngehindert sein möge,
kegenfalls werden die Herren mich nicht verdencken, vffn Fall
mein rechtmeßig petitum nicht stadt finden solte, das an die
hochlöbl. Landesfürstl. hohe Landes Obrigkeit beyderseits
hochfürstl. Linien, meine gnedige Fursten vnd Herrn, ich diese
Sach in Vnterthenigkeit gelangen laße, das besagter vermeinter
Revers vnd vnverschuldete Relegation, aus Landesfürstlicher
Macht vnd Hoheit, cassiret, vnd abgethan werden möge,

    das verschulde vmb Magnifp vnd die Herren ich neben mei-
nem Sohne, vnserm geringen Vermögen nach gantz gerne, vnd
thue Sie gottlicher Obacht empfehlen,

    Datum Leipzigk den 31 Januarii Aop 1645.

E. Magnif. vnd der Herren Dwill [!]

Laurentius Niskae |159r|"

Befehl Herzog Ernst I. von Sachsen-Gotha[349] an
die Universität Jena, den Pennalismus betreffend,
gegeben Friedenstein/Gotha, 4. Juni 1649

Überlieferung: Ausfertigung, UAJ A 2196a, fol. 192.

„Von Gottes Gnaden Ernst, Hertzog zu Sachßen, Jülich, Cleve
vnndt Bergk p

Vnsern gnädigen Gruß zuvor, Würdige, Hoch- vnd Wohlgelarte, Liebe Andächtige, vnd Getreüe,

Euch ist vnnvorborgen, was vor Eyfer vnd Sorgfal Wier ne-
benst denen hochgebornen Fursten, vnßern freündlichen
lieben Brudern, auch Gevattern Herrn Wilhelmen vnd Herrn
Friedrich Wilhelmen vnd Herrn Friedrich Wilhelmen, Hertzogen zu Sachßen, Jülich, Cleve vndt Bergk p zu Wiedervffrich-
tung der so sehr gesunckenen Disciplin bey vnßerer gesambten
Universitet Jehna biß anhero angewendet, müßen aber nicht
ohne sonderbahre Gemüthsbewegung durch glaubwurdigen
Bericht vernehmen, daß kurtz verwichener Zeit abermahlß
eine frevendliche vnd gewaltthätige Action von etzlichen ver-
wegenen Gesellen gegen zweene Studiosos, so vnßere Landkin-
der sind fürgenommen worden, in dem sie Johann Benedict
Löwen[350], der doch vff der Universitet Straßburgk albereit etlich
Jahr vnd Diettrich Schmollern[351], so bißhero zu Jehna sich befunden, in dero eigenen Musaeo bey Nacht Zeit überfallen, vnd
anfangs in dero Abwesen ihren Famulum, gezwungen Wein
holen zu laßen, vnd ihn noch darzu mit Schlägen übel tractirt,
folgends Löwen vnter dem Fürwandt, ob er andern |192r| Jeh-
nischen Studiosis daher nicht gleich zu achten, dß es mit dem

---

349   Ernst I. (1601–1675), Herzog von Sachsen-Gotha (1640–1672), Herzog von
      Sachsen-Gotha-Altenburg (1672–1675).
350   Nicht identifizierbar.
351   Theoderic. Schmoller aus Salzungen, am 13. Juli 1647 immatrikuliert.

Pennalismo anderer Orthen [in Straßburg] nicht, wie zu Jehna zugehe, mit Wortten geschimpfft, etliche ihme vnd seinem Contubernali zugehörige Mobilia spolirt, vndt noch darzu gefährlich verwundet, wie auch Schmollern, alß er dazu kommen, vnd das Beste zur Sachen reden wollen, mit Wortten vnd Schlägen hartt angelaßen, vnd seinen Degen zerbrochen,

wann dann dergleichen Excess, sofern es damit erzehlter Maßen beschaffen, ohne exemplarische Bestraffung hinstreichen zu laßen weder gegen Gott, noch der erbarn Welt zu verantwortten seyn würde,

alß begehren Wir hiermit gnädig, Ihr wollet Vnß bey denen Pflichten, wormit Vnß Ihr mitverwandt, förderlichst vmbstendlich berichten, auß was Occasion solcher Frevel entstanden, was allenthalben darbey fürgelauffen, wer die Delinquenten gewesen, vnd vff was Weise von Euch sie bestraffet, auch ob die abgenommene Stück vnd vervrsachte Schäden vnd Vnkosten restituirt worden, damit Wir Vnß nach Befindung anderweit zu resolviren haben mögen. An dem geschicht vnßere Meynung, vnd seind Euch mit Gnaden gewogen,

Datum Friedenstein, den 4. Junii 1649.

Ernst, H z Sachssen |192v| "

Bericht und Intimationen der Universität Jena
anlässlich eines Studententumults im August 1660

*Überlieferung: In diversen Drucken, z. B. [VD17 3:673607S]; [VD17
3:673605B] u. a., ThULB HSA 4 Hist. lit. VI, 24.*

Bericht über den Studententumult vom August 1660

Wiedergabe: Dilherr: ProphetenSchul, Anhang S. 25–30.

„Kurtzer jedoch wahrer und Gründlicher Bericht / Des jüngsthin Bey der Universität Jehna im Augusto des 1660sten Jahres
entstandenen Tumults / Uff Fürstlichen gnädigsten Befehl zu
iedermännigliches Wissenschafft entworfen. Darzu auch kommen / und beygefüget worden sind Der Universität Den 4. wie
auch 6. Augusti / und 2. Septembris angeschlagene Patenta.
JENA / Gedruckt bey Johann Nisio.

Nach dem vom hohen Senatu Academico zu Jehna Johann Grave[352] aus der Insul Rügel bürtig / wegen vielfältiger Verbrechen
auf zehn Jahr publicè religeret worden / Ist er zwar anfangs / iedoch nicht sonder ärgerliches Beginnen / von dannen gezogen /
bald aber hierauf wieder dahin kommen / und als er daselbst
abermahls viel unfertige Händel verübet / auch zu dem ende
unterschiedliche Studenten an sich gezogen / wiederum flüchtig durchgangen.

    Weil nun dergleichen mehr zu besorgen gewesen / hat der
Durchlauchtigste / Hochgeborne Fürst und Herr / Herr WIL-
HELM / Herzog zu Sachsen / Jülich / Cleve und Berg / Landgraf
in Thüringen / Marckgraf zu Meißen / Gefürsteter Graf zu
Henneberg / Graf zu der Marck und Ravensberg / Herr zum

---

352   Joh. Grafs aus Rügen, am 3. Mai 1659 immatrikuliert.

Ravenstein / als des Orths hohe Landesfürstliche Obrigkeit uff
unterthänigsten Bericht ermeldten Senatus Academici sobald
erliche Räthe dahin abgeordnet / und die daselbst Studierende
Jugend von dergleichen und andern ärgerlichen bösen Thun
und Wesen / glimpfflich ab= hingegen aber zu ehrliebenden
und Tugendmäßigen Leben treulich anmahnen lassen / Jedoch
darneben bey der Bürgerschafft doselbst der Wache halber / eine
solche nachdrückliche Anstalt gemachet / daß auff begebenden
fall / dergleichen boßhafftigen Freveln gebührend begegnet
werden können / auch sich zu der Studierenden Jugend eines
willigen und auf ihrer selbst eigenen Wohlfahrt ausschlagenden Gehorsambs gnädigst versehen. Uber alles Zutrauen aber
nicht allein mit ungnädisten Mißfallen vernehmen müßen /
wie sogar dero so treu und recht väterlich gemeinte Sorgfalt /
von denen Studenten aus den Augen gesetzet worden / sondern auch hierüber noch dieses erfahren / daß etliche aus denenselben den 2. Augusti bey gantz später Nacht mit grossem
Geschrey und Ungestümm vor das Rathhauß kommen / die
darinnen von Ihrer Fürstl. Durchl. angeordnete Bürgerwache /
ohne einzig gegebenen Anlaß schimpfflich durchgezogen /
ehrenrührig gescholten / und freventlich heraus gefordert /
Worbey dann so unverschämte Zungen gewesen / welche nach
inhalt etzlicher Zeugen eydlicher Aussage / auch der Fürstl.
Herrschaft selbsten als auf dieselbe und dero gnädigste Anordnung die Wache sich beruffen / nicht verschonet / zu geschweigen / daß sich ein und ander ihres Mittels gar nicht entblödet /
beedes in die Rathhaußthür mit Degen zu stechen / als auch an
dasselbe mit Steinen zu werffen / Und da die Wache sie hiervon
mit Bescheidenheit und geziemender Betrohung abgemahnet /
sich einer unter ihnen aus trotzogem Gemüthe verlauten laßen
dürffen: Wofern die Wache etwas thun würde / wider sie drey
oder mehr hundert zusammen bringen.

Als nun von solchen muthwilligen Frevlern / man etliche
ergriffen / und deren theils in dem gewöhnlichen Studenten=

Gefängnüß im Collegio verwahrlich gehalten / hat sich eine grosse Menge / und fast der mehrere theil / also genannter Pennäle zusammen gesellet / des unverantwortlichen bösen Vorsatzes / die Verhafftete / dofern sie nicht gutwillig wieder auff freyen Fuß gestellet würden / eigenthätiger weise loßzumachen. Welches letztere auch sonder zweiffel erfolget were / wann nicht aus beysorge deßen / der Senatus Academicus sie wieder auff ihre Stuben gelassen / und daselbst nur re & corpore verarestiret hätte: Und nach dem der Senatus Academicus hirauf sich im Consistorio versamlet befunden / einen / welcher ein Anfänger und Uhrheber deßen gewesen / gebührend zubestraffen / haben sich etliche 100. junge Studenten in das Collegium ungescheuet getrungen / sich desselben / wann er relegiret würde / anzunemen / so auch sonder zweiffel geschehen / wann der Senatus darmit nicht an sich gehalten hätte. Wordurch denn höchstermeldte Ihre Fürstl. Durchl. bewogen worden / die Bürgerwache allenthalben noch mehr zuverstärcken / in der Hoffung / es würden die Studenten in sich selbst gehen / und dadurch von weitern Frevel sich abhalten lassen.

Es hat aber bey ihnen wenig fruchten wollen / vielmehr haben sich derer etliche hundert den 3. und 4. Augusti bey später Abendzeit nach beschehener öffentlicher Convocation, auff den Marckt zusammen rottiret / daselbst in gewisse Glieder gestellet / umb den Marckt / do die Wache gestanden / mit großen Geschrey herumb gezogen / schimpffliche Lieder / und zwar in Sterbensgesänge Melodey auff die Wache / und theils deroselben Officiers gesungen / Steine in Händen gehabt / mit denenselben zusammen geschlagen / die Wache abermals agiret / und zum ärgsten schimpffiret / darauff zwar und als sie gesehen / daß sich die Wache an ihnen dennoch nicht gerne vergreiffen wollen / von einander / iedoch fast die gantze Nacht über durch die Gassen mit ärgerlichem und mehr viehischem als menschlichem Schreyen gelauffen / unterschiedliche ehrliche Leuthe vor ihren Häusern anzüglich agirt, und

sich sonsten sehr übel begonnen / also / daß ihrer viel / auch
von denen Professoren selbst / die Beysorge getragen / es würden ihre Häuser von ihnen gestürmet und spoliret werden.
Hierbey haben sie es noch nicht bewenden lassen / sondern
unangesehen von Senatu Academico unterschiedlich auch den
Sontag nicht ohne thränende Augen des Predigers ihnen deswegen von öffentlicher Cantzel treue abmahnung geschehen /
dennoch der Wache zu Schimpff und Trotz uffn Markt Abends
wieder zusammen gelauffen / und also weder Gott noch Menschen mehr gescheuet. Wie nun diesem täglich zunehmenden
freventlichen Beginnen / weder die Universitet noch der Raht /
samt Bürgerschafft daselbst länger nachsehen können / sondern davon Ihre Fürstl. Durchl. ferner weit gehorsambsten Bericht erstattet / und zugleich die grosse Gefahr / worinnen sie
begriffen / beweglich für Augen gestellet / Also haben mehr-
höchstermelte Ihre Fürstl. Durchl. in deme sie verspüret / daß
ihre sonderbahre Milde und Gelindigkeit nur gemißbrau-
chet / und dero Fürstlicher respect bey denen leichtsinnigen
Tumultuanten so liederlich hindan gesetzet würde / sich endlich / wiewohl sehr ungerne / und do die Studenten von dergleichen unziemlichen / und ihrer Landesfürstl. Hoheit selbst
verkleinerlichen Beschimpffungen nicht gutwillig abstehen
wolten / Gewalt mit Gewalt vertrieben werden solte / Haben
auch zu dem Ende / und damit die Studenten sich desto mehr
abschrecken lassen möchten / den gantzen Ausschuß von der
Bürgerschafft den 6. Aug: Abends mit ihren Gewähr aufzuzie-
hen befohlen. Dessen allen aber unbetrachtet / sie die Studenten sich noch selbigen Abends in grosser Anzahl und bey etzliche Hundert starck wiederum auff dem Marckte gegen die
Wache versamlet / und wie sie zum thiel selbsten gestanden /
sich mit Steinen gefast gemachet / auch etzliche unter ihnen
Puffarte[353] bey sich gehabt / und ungeachtet ihnen die Officiers

---

353 Pistolen.

beweglich zugesprochen / und sie um Gottes / auch des jüngs-
ten Gerichts willen gebethen / von der Wache zu bleiben / dennoch theils derselben ie mehr und mehr auff sie getrungen /
also daß endlich / in deme die Wache sich befahret / die Studenten würden ihnen gantz unter das Gewehr kommen / und
auf solche Maße / sich ihrer zubemächtigen Vorhabens sein /
Feuer auf sie geben müßen / dardurch dann ihrer 4. dergestalt
getroffen worden / daß davon alsobald zwey todt blieben / die
andern zwey aber den Tag hernach verstorben / und ob wohl
hierauf die übrigen / sich verlauffen / haben dennoch etzliche
gar mit Feuer getrohet / und folgendes Tages bey etzlichen
hundert starck sich abermahls zusammen funden / und nicht
allein / besage der Inquisition, vereiniget / alle Juniores zu ab-
solviren, und ingesammt von dannen wegzuziehen / inmassen
sie denn zu dem Ende unterschieliche Bücher verfertiget / und
sich darein geschrieben / sondern ist auch / wiewohl hinter die
Rädelsführer noch zur Zeit eigentlich nicht zu gelangen gewesen / gewiß / daß sie sich dahin unterredet / keinen so daselbst
bleiben / oder künfftig dahin kommen würde / vor redlich zu
halten / sondern wolten vielmehr die itzo anwesenden / sich
in gewiße Hauffen theilen / auff unterschielich Universiteten ziehen / und hingegen die Jehnische vernichten / Dahero
dann und weil man sich befahret / die Studenten möchten von
neuen etwas anfangen / sind Ihre Fürstl. Durchl. gemüssiget
worden / neben etzlichen Comissariis eine ziemliche Anzahl
zu Roß und Fuß von dero Ritterschafft und Landvolcke dahin
zu schicken / und beedes die bey diesen unfertigen Händeln
vornehmlich interessirte, als auch die jenigen / wider welche
der gröseste Verdacht gewesen / zu gefänglicher hafft / auch
davon etzliche in dero Residentz=Stadt Weinmar bringen / doselbst wider sie mit gebührender Inquisition verfahren / und
die / so schuldig befunden worden / mit gehöriger Straffe ansehen zulassen / Unter dessen haben alle und iede Studenten
in beyseyn der Fürstlichen Commissarien nicht allein dem

Rectori von neuen angelobet / sondern auch zugleich dem jenigen / was wider die Universitet heimlich machinirt worden / an Eydes statt renunciret.

Hingegen aber ist der Bürgerschafft ernstlich und bey Leib und Lebens Straffe anbefohlen worden / sich an denenselben weder mit Worten noch Wercken im geringsten zu vergreiffen / auch hierüber wegen guter Disciplin unnd sonsten solche anstalt gemacht / daß ehrliebende Eltern ihr Kinder mehr dahin zuschicken / als von dannen zu fordern Ursach haben werden."

Intimation der Universität Jena vom 3. August 1660

Erwähnt: *Schmeizel: Chronik, S. 105.*

„Wir Rector und gesamte Professores der Universität Jena
    Entbieten allen / so dieses lesen werden / unsern Gruß.

OB Wir uns wohl gäntzlich versehen hetten / Ihr würdet uff so vielfältig / nicht alleine von uns / sondern auch und zuförderst von dem Durchlauchtigsten / Hochgebornen Fürsten und Herrn / Herrn WILHELM / Hertzogen zu Sachsen / Jülich / Cleve und Bergen / u. unsern Gnädigsten Fürsten und Herrn / als hoher Landes=Obrigkeit / beschehenes ernstes und scharffes Vermahnen / Euch still und bescheidentlich / als Gelehrten anstehet / erweisen / und bey dem jenigen / was zu Erhaltung allgemeiner Sicherheit heilsamlich verordnet / beruhen: So müssen Wir doch / wiewohl nicht ohne sonderbahre Bestürtzung / vernehmen / daß etzliche Euers Mittels / hochberührte Ihrer Fürstl. Durchläuchtigkeit Befehle nicht allein so gar in gebührenden respect nicht halten / daß sie auch dawider / als ob sie Eurer Freyheit und reputation abträglich weren / sich mit Gewalt lehnen / und so wohl Euch selbst / als unserer gesamten Universität schädliche Consilia zu fassen sich nicht scheuen.

Wenn denn nun uns unsers Orts obligen und gebühren wil /
alles Fleisses dran zu seyn / damit solchem unziemlichen Fürnehmen zeitlich gesteuret / und damit es nicht ins Werck aus-
breche / verhütet werde / Als ermahnen und warnen wir Euch
väterlich / Ihr unsere Studiosi samt und sonders / so wohl alte /
als neulinge / wollet von solchen verwägenen und sehr gefährlichen Rathschlägen Euch abziehen / und nichts wider die auff
Hoch=Fürstlichen / Gnädigsten Befehl angeordnete Bürgerwache / auch andere hochersprießliche Verfassungen erregen oder
fürnehmen.

Solten sich aber etzliche das Widerspiel belieben lassen / die
mögen sich gäntzlch versichert halten / daß nicht alleine wir
sie / Krafft unserer wohllöblichen Gesetze mit ernster Straffe ansehen / und öffentliches Auffruhrs belegen / sondern sie
auch selbst sich in eusserste Gefahr ihres Lebens / und verhaff-
ter Seelen=Wohlfahrt stürtzen werden. Sintemahl ja so frevene-
lich angesonnene Gewalt anders nicht / als mit Gegen=Gewalt
abgelehnet werden kan.

Inzwischen leben wir annoch des guten Vertrauens / es
werde entweder gantz niemand / oder doch sehr wenig unter
euch / Fürstl. hoher Anordnung zu wider zu leben sich unter-
stehen / von welchen so sich die andern und frömmern / (deren
ohne zweiffel eine grössere Anzahl ist) absondern / werden Sie
und die Sache selbst ausser aller Gefahr seyn. Solches ist öffentlich angeschlagen / und mit der Universität Insigul bekräffti-
get / den 3. August. im Jahr 1660."

Intimation der Universität Jena vom 6. August 1660

„Wir Rector und sämtliche Professores der Universität Jena entbieten allen / so dieses lesen werden / unsern Gruß.

WIr mögen uns über der gantz ausgelassenen Bosheit /
da etzlich aus Euch mit Hindansetzung aller väterlichen

Vermahnungen / auch ernstlichen Verboten und Bedrohungen / auff Anreitzung des leidigen Teuffels / in grosser Menge (wie heute Morgens im Collegio ersehen worden) zusammenlauffen / ohne zweiffel des Vorhabens einen Tumult zu erregen / in keinem wege genug verwundern. Ist denn nun bey Euch / die ihr euer so boshafftig beginnet / alle Gottesfurcht erloschen? Ist denn gantz kein respect und Scheu für Hochfürstl. Landes=Obrigkeit? Meint Ihr denn / daß Euch frey stehe / was Euch nur gelüstet? Gedenckt ihr denn nichts / als wie ihr gute Ruhe und allgemeinen Frieden zerstören wollet? Müsset denn Ihr die jenigen seyn / welcher sich der Satan in Hintertreibung guter Anordnung / so Friede zu verschaffen und zu erhalten angesehen / gebraucht?

Nun wir wollen nichts unterlassen / was unsers Ampts ist. Wiederholen demnach hier abermahls etwas von dem / was wir vor drey Tagen öffentlich angeschlagen / Und ermahnen und warnen Euch Studenten samt und sonders / Alte und Neulinge / Ihr wollet doch endlich von so boshafftigen und gefährlichen Consiliis abstehen / und weder durch Aufflauff noch andere Wege / öffentlich oder heimlich ichtwas anregen und fürnehmen: sondern vielmehr Euch stille / beschieden / als frommen Studenten eignet und gebühret / verhalten.

Welche hierwider leben und handeln werden / sollen nicht allein unserer ernsten Straffe / als Verstörer des öffentlichen Friedens / gewißlich zu gewarten haben / sondern es werden sich auch solche unfehlbarlich in Gefahr so wohl ihres Lebens / als ewiger Seligkeit stürtzen.

Welche aber hingegen fromm und ihrer Pflicht ingedenck seyn / wie wir denn hoffen / das der meiste Theil aus Euch seyn sol / die werden dieser unserer abermahligen väterlichen Vermahnung gehorsame Folge leisten; Die aber in ihrer verstockten Bosheit fortfahren / die mögen das besorgliche grosse Unglück / so sie ihnen selbst uff den Hals laden / zu eigener Verantwortung haben. Oeffentlich angeschlagen den 6. Aug. im Jahr 1660."

Intimation der Universität Jena vom 1. September 1660

Überlieferung: ThULB HSA 2 Hist. lit. VI 4 (290); 12 (181); 24/2 (65).

Erwähnt: *Schmeizel: Chronik, S. 106; Fabricius: Corps 42.*

„Wir Rector und gesambte Professores der Universität Jena
    Entbieten allen / so dieses lesen werden / unsern Gruß.

WAs vor vielfeltige und fast ungeheure Emporungen bißher
vom Mey=Monat an / unserer hiesigen hohen Schulen durch
etlicher unbändigen Frevel zugefüget worden / erachten wir
vor dieses mahl weitläufftig zu wiederholen gantz unnöthig /
können doch gleichwohl nicht umbgehen / euch / die ihr unserer Botmässigkeit zugethan / hiemit nochmahl die von Zweyen
von hier öffentlich relegirten Personen aus antrieb des leidigen
Satans / theils vor gedachter Bestraffung / besage des damahls
angeschlagenen gedruckten Patents / so wohl täg= als nächt-
lich verübte unfertige Händel und Muthwillen zu Gemüthe
führen / auch welcher Gestalt / nach dem Sie wieder ihr an Ey-
desstatt geleistetes angeloben im Monat Junio sich gantz ungescheut wieder allhier eingefunden / derer einer Nahmens Johann Grave / von Bergen aus Rügen in Pommern / alle Gassen /
wie vom Teuffel leibhafftig besessen / durchwütet / vielfaltige
Schmeh=Worte boßhafftig außgestossen / die / so ihm begegnet / ohne Unterscheid mit entblöstem Gewehr angefallen und
verwundet und auff viel andere Weise sich gewalt=thätig erzei-
get / zu erinnern. Nun were zu wünschen / dieser Frevel / so
alles numehr erwachsenen Unheils unleugbar ein Ursprung ist
/ were durch die / denen es Ampts wegen zugestanden / alsbald
im Anfang gedämpffet worden. Es hat aber vielmehr derselbe
bald dermassen zugenommen / daß man sich nicht gescheut /
auf jüngst=erschienener Naumburgischer Peter=Paul Messe[354]

---

354 Die auf der Naumburger Messe 1660 anwesenden Studenten veran-
    stalteten unter Begleitung etlicher Honoratioren einen feierlichen

auch denen aus so vielen Ländern und Städten anwesenden
Frembden nicht ohne derselben höchsten Verdruß und Abscheu unter Augen zu kommen / sogar / daß leichtlich unserer
Academi hierdurch ein unausleschlicher Schandfleck hette an-
gehefftet werden dörffen / so fern man nicht durch öffentliche
relegationen der liederlichen Gesellen solches abgelehnt / und
durch sothane exemplarische Abstraffung wir unser höchstes
Mißfallen und gebührenden Eyfer bewiesen hetten. Als nun
hierauff der Durchleuchtigste und Hochgeborne Fürst und
Herr / Herr Wilehlm / Hertzog zu Sachsen / Jülich / Cleve und
Berg u. unser Gnädigster LandesFürst und Herr / Zweene aus
seiner Hoch=Fürstl. Durchl. Geheimbten Räthen / welche nicht
allein über gedachtes Graven / ausgeübten Mißhandl / und die
jenigen / so zu seiner Entkommung ihm behülfflich gewesen /
zu inquiriren / sondern auch nach dem sie / zugleich zu Ver-
wahrung fernerer dergleichen Ungelegenheit eine gewisse Bürgerwache anstellen sollen / durch etliche von allen Tischen Zu-
sammengeruffene die sämptlichen Studirenden ihrer
Schuldigkeit / wie sie vor allen ärgerlichen Leben sich hüten /
ihres Studirens abwarten / und vorsehen solten / auffs gütigste
und freundlichste zu erinnern befehligt / gnädigste anhero ab-
geornet / hat man der gäntzlichen Hoffnung gelebt / es würden
die Studiosi solche Landes=Väterliche Vorsorge unterthänigst
erkennen / und numehr dem Ungehorsam und der daraus
fliessenden Uppigkeit völlig abgeholffen seyn. Aber wie nichts
destoweniger solches alles sehr wenig verfangen / hat folgends
die Erfahrung außgewiesen. Denn als man kaum die vorer-

Leichenzug – angeblich für einen Kommilitonen. Bei Eröffnung des
Sarges an der Gruft kam aber ein Hering zum Vorschein. Bei diesem
Vorfall wurde durch einen Schwarm Studenten der Wagen einer durch-
reisenden Fürstin angehalten. Einer der Studenten stieg in den Wagen
und drehte der Fürstin den Hut um mit den Worten: „Ich geb einen
Dreier und dreh einmal." Vgl. Tholuck: Rationalismus, S. 293; ähnlich
bei Beyer: Studentenleben, S. 130f.

wehnte Bürgerwache zur Musterung aufgeführet / haben sich
alsobald die Studierenden in grosser Anzahl herzu gefunden /
und selbige zu verlachen und zu schimpffen sich unterstanden / daher denn zwischen denenselben und den Bürgern anfangs heimlicher Groll und Widerwille / bald darauff auff bey-
den Theilen Scheltworte und mehrere Verbitterung / letzlich
aber gar der nunmehr ergangene betrübte Ausgang erfolget.
Und ob wohl wir die Academische Obrigkeit am 4. und 6. des
Augustmonats durch öffentlich angeschlagene Schrifften alles
Zusammenlauffen verboten / und die vor Augen schwebende
Gefahr Leibes und Lebens deutlich vorgemahlet / ob auch wohl
an dem einfallenden Sontage nicht allein von öffentlicher
Cantzel der Prediger mit thränenden Augen / sondern auch ein
iedweder absonderlich unter uns denen Professoren, an vermahnen nichts ermangeln lassen / ist doch durch dieses alles
nichts ausgerichtet / sondern solche väterliche Vorsorge gäntzlich hindan gesetzt worden. O! wie were zuwündschen / es were
solchen treuhertzigen Zugemüthführungen gebührendes Ge-
hör gegeben worden / gewiß solten itzo so viel unschuldige Eltern / über welche doch der gröste Theil des Unglücks hinaus
gehet / ihres itzigen Leides geübriget seyn! Wolte GOTT / es
weren den 3. Aug. so da war der Freytag / die so genannten versamleten Pennäle ihres Frevels des Abends uff dem Marckte
müßig gegangen / oder hetten doch des Magnifici Rectoris, der
sich selbst unter sie begeben / bewegliches Zureden Raum finden lassen! Aber leider auch dieses hat nichts gefruchtet / sondern sich bald vom neuen durch alle Gassen ein gantz auffrüh-
rerisches Schreyen und Zusammenruffen erhoben / welches
nicht ohne sonderbahres Grauen angehöret worden. Der Sonn-
abend kondte seine Ruhe auch nicht erhalten / sondern ist gleicher gestalt auff dem Marckte mit grossem Getümmel /
Schreyen / Muthwillen / Lästern und Schmehen begangen und
gefeyert worden. Endlich am 6. Augusti / so da war der Mon-
tag / ist man gleichsam mit vergaddeten Hauffen und Unge-

stüm / so einem Auffruhr und Empörung nicht unähnlich sich anließ / gar in den Hoff des Collegii unter das Gesicht der allda versamleten Academischen Obrigkeit gedrungen / so gar / daß die / so aus unserm Mittel denen Zusammengelauffenen theils freundlich / theils ernstlich zugesprochen / sie kaum bedeuten und hinwegzugehen bewegen können. Vieler anderer dergleichen Unthaten / die wir / so anderer Schande an den Tag zu bringen / und nur dadurch unser Betrünis zu vermehren gantz ungeneigt / viel lieber / so fern uns nicht die gemeine Wohlfahrt zu reden nöthigte / mit ewigen Stillschweigen verhüllen möchten / anitzo nicht gedencken. Darumb nach dem auff besagte Weise alle Gesetze und Erbarkeit / aus den Augen gesetzet / der Oberen Befehl verachtet / die Verbote übertreten / die von hoher Obrigkeit verordnete und eintzig zu Erhaltung allgemeiner Ruhe abgesehene Wache verspottet / alle Gesetze krafftlos gemacht / und hergegen die Bosheit / des Ziegels sich fast völlig bemächtiget / ist denn ein Wunder / das der grosse GOTT zu Vertheidigung der Obrigkeit Ansehens und Autorität verhänget / daß leider vier eures Ordens durch tödlich Geschoß also verwundet / das davon zwey alsbalden / die andern folgenden Tages gestorben. Wir zwar / krafft der treuen Vorsorge / mit der wir euch zugethan / können selbst der traurigen Begebnüs ohne Wehmuth nicht gedencken / Euch aber were gleichwohl zukommen der hohen Obrigkeit gebührlicher zu begegnen / und treuen Vermahn= und Warnungen für dem gewiß verkündigtem Ausgange besser nachzufolgen. Damit aber nun gleichwohl endlich der Boßheit gesteuert / und der vorgesetzten Obrigkeit Ansehen weiter nicht gar unter die Füsse getreten werden / habt auff Gnädigsten Fürstl. Befehl uns dem Rectori in gegenwart der Fürstl. Abgeordneten Ihr ingesammt nicht allein gebührenden Gehorsam und schuldige Treue auffs neue an Eydestatt angelobt / und zugleich dero Fürstl. Landes Obrigkeit gnädigsten Befehl verlesen hören / sondern was der gesambten Fürstl. Herren Interessenten / als Pflegern unser Uni-

versität fernerer gnädigster Wille und Meynung sey / soll
hiemit in gegenwertiger öffentlicher Schrifft / damit fürders
niemand einige Unwissenheit vorzuschützen habe / mit mehrern seyn angedeutet. Wollen demnach höchstgedachte gesamte Fürstliche Durchleuchtigkeiten / daß Ihr vor allen nach denen hiesiger Universität verliehenen Gesetzen und heilsamen
Statuten ferner leben und euch in allen der Academischen Obrigkeit gehorsamst unterwerffen sollet / ferner / daß wider die
verordnete Fürstliche Wache niemand was feindseliges und
unziemliches vorzunehmen sich gelüsten lasse / zumahln da
auch jenem Theile sich weder mit Worten noch Wercken an einigen Studioso sich zu vergreiffen auffs ernste und bey hoher
Straffe auffgeleget worden: weiter daß ihr keine / weder öffentliche noch heimliche Versammlungen und Auffläuffe anstel-
let / vielweniger einige Röhre und Büchsen führen sollet. Uber
dieses / daß die jenigen / so sich wider unsere Academi verbunden / solche ungeziehmte Verbündnis wiederruffen und uffhe-
ben / wie auch alle absolutionen der so genanten Pennäle / so zu
erwehnter unserer Universität ruin ergangen / und was sonst
vor ungebührliche Mittel außgesonnen worden / vor nichtig
erklären sollen / Euch aber den jüngern wird gleicher gestalt
ernstlich geboten / alle Degen und Federn / wie auch sondern-
lich der bunten Bänder / als welche nur unlängst sambt andern
Unterschied in Kleidungen zu keinem andern Ende als zu ver-
bottenen Rottirungen / allerhand Leichtfertigkeit und unan-
ständiger Thorhait scheinen auffgebracht zu seyn / euch hinfüro gäntzlich zu enthalten / nicht mit zerlumpten Kleidern
einherzugehen / die Mäntel nicht auff einer Achsel oder Hand
zu tragen / des vergeblichen Herumblauffens und Frevelns auff
den Gassen euch zu entbrechen / endlich euch gegen die ältern
sittsam zu erzeigen und ihnen alle gebührende Ehre erweisen.
Eins ist noch übrig und nicht vorbey zu gehen / daß etliche unter euch sich nicht scheuen mögen / die jenigen so nach itzt
erwehnten Tumulten und erfolgeten Unglück offterwehnte

unsere Academi nicht alsbald verlassen / wie auch die / so studierenswegen noch künfftig anhero sich begeben werden / vor unehrlich / und gegen die / so auff andern Academien leben / ungültig zu erklären. Weil denn nun dieses Beginnen zu keinem andern Ende als hiesiger Universität Untergang angesehen / auch an sich selbst nichts anders / als eine neue unverantwortliche Conspiration ist / als wird euch solches bey Vermeidung Fürstlicher Ungnade hiermit ernstlich untersagt / auch an denen / so man darinnen begreiffen solte / unabläßlich abgestraffet werden. Dieses alles hat also man auff erheischende Noth und gnädigsten Befehl hiermit allen und ieden Studierenden andeuten und zu wissen fügen wollen / iedoch nicht zu dem Ende / als wolte man das oben erzehlte Unheil allen und ieden zumessen / Immassen uns nicht unbekandt / das ihrer viel hier sich befunden / uff welche diese Dinge halber weder Schuld noch Verdacht zu legen / deren nicht allein billich ihr wohlerhaltenes Lob zu gönnen / sondern wir wündschen auch ihnen von Hertzen / daß sie ihr Gewissen ferner verwahren / denen Durchläuchtigsten Herren Patronen / wie auch Academischen Obrigkeit auch hinfüro schuldige Unterthänigkeit und Gehorsam erzeigen / Ihren Studien / und was sonsten ihnen anständig / fleißig obliegen / und solche vielmehr GOTT und der hohen Obrigkeit heimstellen mögen / zweiffeln auch nicht / daß die jenigen / so etwa bisher verleitet worden / sich recht besinnen und vernünfftigere Gedancken fassen werden / welchen allen denn wir / denen die Beförderung der Ehre Gottes samt eurer Wohlfahrt anbefohlen / Gottes reiche Gnade und Segen / Fürstliche sonderbare Huld und aller Ehrliebenden Gunst und Wohlgewogenheit wünschen und sicherlich versprechen. Am 1. Sept. Im Jahr 1660.

ENDE."

Schreiben der Universität Jena an den kurfürstlich-
sächsischen Oberhofprediger Jacob Weller[355],
das gemeinsame Vorgehen der evangelischen
Stände gegen den Pennalismus betreffend,
vom 2. Oktober 1660

Überlieferung: Entwurf, UAJ E I 4, fol. 179–182.

Wiedergabe: Müller: Schreiben.

„Vnsere fr. Gruß vnd Dienste zuvor, Wohlehrwürdiger, Groß-
achtbar vnd Hochgelarter, insonders günstiger H. vnd Freund.
Was nun von vielen Jahren her fast auf allen Lutherischen
Universitäten innerhalb Teutschlandes zu förderst der so ge-
nante Pennalismus für Unfug vnd Schäden vervrsache, vnd wie
es endlich durch Gottes Verhängnüs vnd des Teuffels Arglis-
tigkeit dahin kommen, das auf Seiten der sogenanten Pennäle größten Theils Gottesfurcht, Erbarkeit in Kleidung vnd alle
gute Sitten, deren sonst auch erbar Heyden sich zu befleißigen
pflegen, aus den Augen gesetzet, vnd hingegen allerhand Frevel, Schand vnd Lasterthaten für Tugenden, oder doch ihrem
Stande zukommendes vnd anständiges Thun gehalten werden,
auf Seiten der Pennalisanten aber, solcher der Juniorum vnd so
genanten Pennäle gottloses Beginnen, vnerbare Schandthaten,
vnd Leichtfertigkeit in Kleidung nicht allein gebilliget, sondern auch zu allerhand Widersetzligkeit vnd Empörungen wi-
der die Obigkeit mißbrauchet werde, |179r| das bezeugen bey-
der die Exempel aller Ortten mehr denn zuvil, bevorab aber
die bey vns vnlangst aus eben diesem Brunnen entsprossene
Empörungen vnd Tumulten, vnd der darauf, zweiffels ohn aus
Gottes gerechten Gerichte, verhengene traurige Fall, wovon E.
Wolehrwürd. zweiffelsohne die Beschaffenheit wird wissend

---

355 Jacob Weller (1602–1664), kursächsischer Oberhofprediger (1646–1664).

seyn, vnd beykommende Dokumente mehrer Nachricht geben
können, zugeschweigen die kostbare Schmausereyen, so theils
bey Antritt der Juniorum, theils bey deren Absolution exigiret,
vnd wo mann sie innerhalb der Universitet nicht dulden wil,
ausserhalb derselben vnd in der Frembde mit noch grösseren
Vnkosten werckstellig gemacht werden, wodurch bey diesen
ohne das geltmangelnden Zeiten der armen Eltern saurer
Schweiß, vnd was sie an ihrem vnd der ihrigen Mund ersparen,
liederlich mit schweren Sünden, vnd mehr dann bestialischem
Vnwesen durchgebracht vnd verthan wirdt.

Was der Satan hierunter suche, in deme er eben denen
Lutherischen Universiteten, besonders vnd fur andern mit
diesem lasterhaften Stand |179v| des Pennalismi, vnd denen
daran hangenden ganz vnchristlichen vnd fast barbarischen
Beginnen vnd Wesen, so heftig zusezet, ist vnschwer zu er-
messen, nemlich eines Theils das er die angehenden Studiosos
balt beym Antritt ihres Academischen Lebens in aller Hand
Sünde vnd Laster stürzen, vnd hierdurch an dem Zweck, wohin ihre studiis zielen, verhindern möge, andern Theils, das er
die Universiteten, als Seminaria, worinnen zu allerley furneh-
men Ämptern im Lehr vnd Regierstand tüchtige Leite sollen
erzogen, vnd durch dieselben die christliche Kirche erbauet,
vnd Gottes Furcht, christliche Tugenden, Erbarkeit vnd gute
Sitten gepflanzet werden, möge bey ehrliebenden vnd christlichen Herzen stinckend vnd verhast machen, auch fromme
vnd ehrliebende Eltern abschrecke, ihre Kinder vf Universiteten zu schicken, oder gar vom Studiren abzuhalten verleite, wie
mann denn aller Ortten fromme Eltern queroliren höret, das
sie bey izigem Zustand deren Lutherischen Universiteten nicht
wissen, wo sie ihre Kinder hinschicken sollen, theils auch sich
öffentlich |180r| vernehmen lassen, das sie Bedencken trügen,
ihre Kinder auf einige Universitet zu schicken, oder zum Studiren zu halten, das leider zu befürchten, es möchte endlich
eine gänzliche Verödung der Lutherischen Universiteten, vnd

in denen Lutherischen Ländern eine grose Barbaries erfolgen, vndt vnsere evangelische ohne das beträngkte Kirche vnd Religion in mehre Gefahr gesezet werden, wo nicht bey Zeiten vorgebawet, vnd diesem Vnheil abgeholffen werde.

Wann wir dann glaubwürdig berichtet werden, daß der Durchlauchtigste Hochgeborne Furst vnd Herr, Herr Johann Georg der Andere[356], Herzog zu Sachsen, Gülich, Cleve vnd Bergk, des Römischen Reichs Erzmarschall vnd Churfürst, Landgraff in Thüringen, Marggraff zu Meissen, auch Obervndt Niderlausiz, Burggraff zu Magdeburgk, Gefürsteter Graff zu Hennebergk, Graff zu der Marck vnd Ravenspurgk, Herrn zu Ravenstein p vnser gnedigster Churfurst vnd Herr oberzehlten |180v| der Lutherischen Universiteten vbeln Zustand allbereit in consideration gezogen, vnd wie bey Dero Churfl. Universiteten Leipzig vnd Wittenbergk selbigen zu remediren sey, auf izigem zu Torgau anbereumbten Landtage, mit dero getreuen Landständen Deliberation zu pflegen im Werck begriffen sey,

als haben wir große Hoffnung geschöpffet, es werde durch dieses höchstlöblichen Churfürsten christliche vnd eiferige Sorgfalt einsten hierzu ein nachtrücklicher Anfang gemacht werden, vnd weil von hiesiger Universitet gesambten Fürstl: Nutritoren, vnsern allerseits Gnedigsten Fürsten vnd Herren wir die gnädigste Vertröstung erlanget, das in solchem erfolgten erwünschten Fall mit Dero Churfürstl. Durchl. Ihre Furstl. Durchlauchtigkeiten sich conformiren, vnd bey hiesiger Universitet des Pennalismi vnd anderer bey Universiteten eingerissenen Vnordnungen wegen gleiche Verordnung, wie Churfl. Durchl. bey denen ihrigen vornehmen würde, anzustellen, |181r|

als haben E. Wolerwürd. wir vnser disfals tragendes sehnliches Anlangen zu erkennen zu geben nicht vmbgehen wollen, darneben fleissig bittende, es wolle dieselbe an ihrem

---

356 Johann Georg II. (1613–1680), Kurfürst von Sachsen (1656–1680).

wolvermögenden Ort dieses löbliche vnd der christlichen Kirche höchst ersprisliche Werck, Ihrer bekanten Dexteritet vnd christlichen Eiver nach, bester Massen befördern helffen, vnd dahin sich bearbeiten, daß zu Dempfung des oftbeniembten schädlichen Pennalismi vnd deren daran hangenden vnerbarn vnd vnchristlichen Schandthaten, vnd hingegen Gottes Furcht, christliche Tugenden vnd erbare Sitten bey der studirenden Jugendt zu restabiliren, möge nachtrückliche Anstalt gemacht werden, dieses wie es Gott zu ehren vnsern evangelischen lutherischen Kirchen, wie auch der Policey vnd allen Ständen zu sonderbarer Erbauung, zu Fortpflanzung guter Künste, Erbarkeit, Gottesfurcht vnd guter Sitten, gereichet, also wird E Wohlerwürd. in dessen |181v| eiveriger Beförderung sich vmb Gott, seine Kirche vnd Policey hoch verdient machen, vnd wir vnsers Orts werden bey vnser Universitet dergleichen zu befördern vns eusserst angelegen sein lassen. E. Wolerwürd. hiermit in Gottes gnädigen Schuz zu beständiger Gesundheit, vnd allem erwunschten Wolstand treulich Empfehlende.

Geben den 2 Octob: 1660 p

An H. D Jacob Wellern, Churfl. Sächs: |182r|"

Bericht über den Pennalismus an der Universität
Gießen von 1660

Überlieferung: [VD17 1:016034M].

Wiedergabe: Dilherr: ProphetenSchul, Anhang, S. 67–97.

Zitiert nach: Dilherr: ProphetenSchul, Anhang, S. 67–97.

Bericht und Bedencken; wie solche dem Durchleuchtigsten
Fürsten und Herrn / Herrn GEORGEN[357] / Landgrafen zu Hessen / Fürsten zu Herßfeld / Grafen zu Catzenelnbogen / Diez /
Ziegenhain / Nidda / Schauenburg / Ysenburg und Büdingen u.
von dem / hin und wieder auff etlichen Academien in Teutschland / und theils auch auff S. Fürstl. Durchl. Universität Giessen
eingerissenen Pennal-Wesen underthänigst erstattet worden.

Worauf Seine Fürstliche Durchleuchtigkeit eine solche Anstalt
verfügt / wie beygetruckte von Ihro selbst / und dero Löblicher
Universität zu bemeltem Giessen publicirte Patent / respective
Programma und Verordnunge[358] nach sich führen. [S. 67]

ES ist leider mehr als zuviel bekandt und thut es die tägliche
Erfahrung Bezeugen / wie der leidige Sathan alle Wercke und
Ordnung des lieben GOttes nicht allein aufs schändlichste zu
beschimpfen / zu verstellen und zu hindern / sondern auch / so
viel an Ihme / gar zuvertilgen / sich aufs allereuserste bemühe.
Gleich wie nun derselbe / als ein tausend Künstler / eine alte

---

357 Georg II (1605–1661), Landgraf von Hessen-Darmstadt (1626–1661).
358 Das landgräfliche Edikt wurde am 20. August 1660 erlassen, vgl. [VD17
      1:016028L], abgedruckt bei bei Dilherr: ProphetenSchul, Anhang, S. 98–
      107. Die Universität Gießen veröffentlichte daraufhin am 4. September
      1660 das Abschaffungspatent, vgl. [VD17 1:016032W], abgedruckt bei
      Happel: Roman S. 931–938.

listige Schlange und brüllender Löwe / solches in allen Ständen / heimlich und offentlich zutreiben weiß: Also ist auch in
specie bey etlichen Universitäten und hohen Schulen / welche
sonst billich seminaria pietatis, honestatis, Doctrinae ac bo-
norum morum genennet werden / solches sein Teuffliches Beginnen / Wüten und Toben / mit nicht geringerm Schaden der
studirenden Jugend / als insonderheit und vornemlich auch
mit grossem Abbruch deß gemeinen Nutzens selbst / und daher auch mit hefftigem Weheklagen aller ehrliebender Leuthe /
eingerissen / und zwar itzo nicht eben ausführlich von den viel
zu kostbahren / heßlichen / verstellten und ärgerlichen Kleidungen / Schmäussen und Banquetiren / Raufen / Balgen und
Schlagen / tumultuiren / und unmenschlichem Nachtgebrüll /
verwegener Halstarrigkeit / eigensinnigem Ungehorsam /
leichtfertigen Gebärden / Worten und Wercken / Unfleiß und
Versaumnus der Stu- [S. 68] dien, lectionen und Collegiorum,
schnöder Verachtung der Herrn Professorum und anderer
ehrlicher Leuthe / stoltzen und frechen Einbildungen / und
andern ärgerlichen Unthaten verschiedener / aus dem Mittel
der heutigen studirenden Jugend / zureden: So ist mit keinen
Seuffzen gnug zu beklagen / auch mit keiner Feder sattsam zu-
beschreiben; was für eine höchstschädliche Unordnung / greu-
liche Zerrüttung und unaussprechliche Verderbnus deß bösen
Geistes / vermittelst seiner Werckzeuge / durch den also genanten gottlosen verfluchten Pennalismum, und daher rührendes
schändliches Unwesen / in zwar wenige doch verschiedene
Universitäten in Teutschland eingeführet / und nicht allein
darmit gleichsam / als mit seinem höllischen Giffte / dieselbe
corrumpirt und besudelt / sondern solches nunmehr auch auf
andere benachbarte Academias, und nahmentlich auch auff
die löbliche Universität zu Giessen zu deriviren sich unterstanden / es auch an theils Orthen / ob schon die hohe Landesfürstliche Obrigkeit / wie auch Magistratus Academicus dem
Unwesen zusteuren / sich hoch anliegen lassen / mit solchem

abscheulichem hochärgerlichem / ganz schädlichem und hoch
strafbarem Unwesen / so weit gebracht haben / daß denen Jungen von trivialSchulen / von Gymnasiis und paedagogiis, erst
in Academien und auff hohe Schulen ankommenden Stu- [S. 69]
denten von andern etwan länger auff Universitäten gewesenen
Studiosis, und sonderlich von denen unter denselben befinden-
den Coryphaeis, eine gewisse Zeit anmaßlich und unbefuglich
bestimmet wird / in welcher sie in einem solchen Stand sein
und verbleiben sollen / von welchem sie hernach durch viele /
ihren Eltern schwer und allzuschwer=fallende spesen und Unkosten / Schmäusse und Saufferey / zur höchsten Verunehrung
GOttes / erst absolviret und liberiret werden müsten. Es wird
ihnen auch von denenselben in solcher Zeit unnachlässig und
der Gestalt nachgestellt / und ihnen thätlich zugesetzt / daß
sie nicht allein hönisch und schimpflich tractiret / sondern
auch / nach eines jeden eigenem Teuffelischem Belieben / und
gottlosem Muthwillen / mit aller hand Bübischen concussioni-
bus, Dienstleistungen / Trangsahlen und Schlägen / auch mehr
als Barbarischen Zumuthungen / und unerhörten exactionibus, offtmahligen Besuchungen / mit schädlichen beim An=
und Abtritt / wie auch sonst anzwingenden Gastereyen und
Schmäussen / so oft es einem oder anderm muthwilligem Müs-
siggänger und Sauffgesellen / unbendigem Belials=Kind / und
ungehorsamem Teuffels=Zeug nur gefället [/] geängstigt / und
ganz unverantwortlich geplagt und beschwert werden / also
daß solchen Pennal-tribulirern und Leut=Zwingern / bei dergleichen Beschmaussungen / [S. 70] in ihren gottlosen Rachen
und verfluchte Bäuche wohl so viel / und noch mehr gestossen
werden muß / daß der ankommende Student davon ein Jahr /
und noch länger / uff Universitäten sich hätte erhalten / und
sein Studiren fortführen können. Ja es lassen sich wohl einige
Carcinomata Academiarum, und in der Blüte verdorbene Gesellen finden / welche sich nur von solchem schändlichem Schm-
aussiren / und Außsaugen junger Studiosorum Vermögens /

und zu den Studiis von ihren getreuen Eltern und Vormun-
dern / offt mit grosser blutsaurer Müh und Ungelegenheit / ja
theils auch wohl mit Seuffzen un Thränen / bevorab bei diesen
Geldklemmen Zeiten / zusammen gebrachten Mitteln / auff
Universitäten zuerhalten und fortzubringen gedencken / und
sich / wie sie das Ihrige schändlicher Weise durch die Gurgel
gejaget / und ihr Leben und Sitten verderbet haben / also auch
andern das Ihrige zuverschwendenn / aus dem Beutel gleichsam zustehlen / und sie fast gar zuverderben / sich befleissigen.

Und daran lassen sie sich noch nicht begnügen / sondern
nehmen noch andere mit sich / die mit allem Fleiß dahin sich
bestreben müssen / damit ein junges Blut in Studiis verhindert /
ja ganz zurück gesezet / demselben all sein Geld verzehrt / und
noch darzu lauter Muthwillen / und wohl offt auch böse Stü=
[S. 71] cke bei ihm / und gegen ihn / getrieben werden: es müssen sich auch andere Juniores herbei thun / um bei solchen ver-
maledeieten Gelachen auffwarten / und zusehen / damit sie je
bei Zeiten zu solchen Unchristlichen Händeln angeführt / und
derselbe Gifft izo von einem auff den andern propogirt werden
möge. Dann der Sathan widerstehet und wehret aufs eusserst /
gebraucht sich auch darzu seiner Werckzeuge meisterlich / damit sein gottloses Reich nicht zerstöret / sondern fortgeführet
und erhalten werde. Dieselbe werden alsdann angefrischet /
solchem Juniori, deme izo zugesezt wir / das jenige oder je den
besten Theil seiner mitgebrachten mobilien / an Büchern / ge-
schriebenen Sachen / Kleidung u. so sich auff der Stuben befinden / Gottes= und Ehrnvergessener Weise hinweg zunehmen /
zu entwenden / und darzu noch allerhand insolentien zu treiben / auch wohl eins und das andere den Ofen / Thüren / Fenster / Tischen und Kasten zuzerschlagen und zuverderben.

Damit aber hat dieses Teuffels=Wesen noch kein End: sondern es werden solche jungen Leute von etlichen solches Nahmens unwürdigen Studiosis, wie oben angeregt / gleichsam als
ob sie ihnen zu frohnen schuldig währen / zu Abschreibung

allerhand Schrifften / zur Aufwartung / zu Verschickung / auch
wohl auff 10 / 20. und mehr Meilen Wegs [S. 72] weit / und solchen servitiis und sclavereien / bei Tag / und theils bei Nacht /
ganz muthwilliger Weise adstringiret und angestrenget / dergleichen auch ein vernunfftiger Herr seinem geringsten Diener
(Wie wohl Er denselben zu seinen Diensten / um gebührlichen
Lohn / nach dessen / und auch wohl seiner Eltern selbsteigener
Beliebung / gemiedet und gedinget hat /) zu zumuthen ihm
ein Gewissen mächte / und sich dessen für ehrlichen Leuten
schämet. Und daher fürchten dieselbe junge Studiosis sich weit
mehr für solchen von sich selbst aufgeworffenen ungerechten
Angaris, Exactoribus, Tyrannen und schnöden Pennal= und
Leut=Zwingern / als für denen ihnen vorgesezten Herren Professoribus, ihren Herrn Seelsorgern und eigenen Praecetoribus
selbst / leisten auch jenen weit grössern Gehorsam / als diesen:
gelüstet einen solchen maleferiatum und Pennal=Schinder
etwas abschreiben zulassen; so muß der junior sich zu seinen
Diensten gebrauchen lassen / er muß sein Schreiber sein: hat
er etwan etliche Gäste und Freunde bei sich; so muß der junge
Mensch herbei und Auffwärter sein: hat er etwas zu bestellen /
zuberrichten / oder auch wohl theils auß den umliegenden
Dorffschafften holen zu lassen; das junge Blut muß ihm zu
Hand gehen / und sein Diener / Botte und bajulus sein: hat er
Lust zu spaziren; der junior muß ihm nachtretten / und sein
[S. 73] Trabant sein: ist er voll und doll; so darff der Novitius
von ihm nicht weichen / noch wancken / sondern muß be-
ständig bei ihm verbleiben / als ob er sein Herr wäre / ihm auff
den Dienst warten / und ihn über die gassen begleiten: ist er
kranck; die juniores müssen per circulum bei ihm auffwarten /
daß er ja nie allein sei: wil er ein Music hören / und der junior
ist darinnen geübet; so muß er sich einstellen / und ein Spiel-
mann sein / und solle es auch eine gantze Nacht währen: fället
ihm sonsten etwas für; so läst er den neuen Ankömmling herzu
fordern / und solte er auch kranck darnider und im Bett liegen /

were es auch schon zu mitter Nacht / muß er doch erscheinen:
balget oder raufet er sich; dieser muß ihm den Degen nachtragen / und aufs genaueste seine Dienste darbei erweisen: hat er
Lust / sein boßhafftiges Gemüth mit schlagen zuerlustiren; so
muß / nach seinem verfluchten und durchteuffelten Muthwillen / der junior die Schläge und Backenstreiche auffangen /
mit den aller schimpflichsten exagitationibus vor lieb nehmen / und sich / nach jedes Belieben / wie den allergeringsten
Hunds=Buben / tractiren lassen. Summa / er tractiret ihn / wie
einen Sclaven, nach seinem schnöden Muthwillen fast ärger /
als der ärgste Tyrann und unverschämbste Mensch immer
thun mag: und welches noch mehr / wann solche Plag=Hansen
die aller unerbarste Stücke mit solchen jun= [S. 74] gen Leuten
angetrieben haben / so müssen sie ihnen ein perpetuum silen-
tium darüber geloben / und dörffen kenem Menschen / auch
nicht der Academischen Obrigkeit / etwas darvon eröffnen oder
klagen / sonst werden sie hiernechst nicht absolvirt, noch zu
Studenten gemacht: und für solchem terriculamento erzittern
sie also / daß sie ihnen eher die allerärgste und unbillichste
Schmach und Qual noch 10mal mehr anthun liessen / als daß
sie etwas darvon solten offenbahren. So weit hat es der leidige
Sathan / und sein gottloser Anhang gebracht / und also hat
er sein Pennal=Reich / auf etlichen Universitäten / befestiget
und zusammen geflochten / damit ja demselben kein Abbruch
geschehen / noch etwas untergehen möge! Ja es schämet sich
der böse Geist / als der einige Urheber dieses bösen Wesens /
nicht / solch sein verfluchtes Getrieb / mit dem Schein und Ansehen anderer ehrlicher Societäten und löblichen Ordnungen
oder Verfassungen / zu coloriren und heraus zubutzen / in dem
auch über solchem recht abscheulichen und ganz unerbarn
Unwesen Conventus der Studenten gehalten / deliberationes
angestellt / und vermeinte leges verfasset werden / welchen die
jungen Leut / ehe denn sie zur absolution können gelassen werden / sich gemees verhalten müssen / und / vermöge derselben /

ihre gottlosen Antesignanos, und in specie auch den also falsch=genanten praefe- [S. 75] ctum, ihre verbottene conventicula, deren Ansteller / und die schöne dabey verhandene acta (secundum illud: qui male agit, lucem odit,) ja nicht offenbahren / noch zu anderer Wissenschafft bringen dörffen: gerad / als wären sie unter jener Gewalt / und hätten diese die Jurisdiction über solche erst zur Universität abgeschickte Leute. Welche angemaßte Anheimsuchung dann der ihnen über andere zumahl nit gebührenden Jurisdiction und Zwangs / nichts köstlichers oder bessers als ein verkehrter / so wohl Göttliche als Weltliche Rechte Violirender / Mißthätiger Eingriff in ihrer vorgesetzter Hohen= und Obrigkeit superiorität und Jurisdiction, und ein gantz hochstraffbahrer Frevel ist / welcher (zumahl / wann nunmehr nachmahlige so ernste Warnung vorgehet / und sich doch ein oder anderer unbendiger Gottes=vergessener Gesell nicht daran kehren / noch sein eigen bestes bedencken wolte /) vermittelst Anstellung eines processus, an Leib / Ehr und Gut / wohl gestraffet werden mag: kein hoher Potentat, Fürst und Herr aber / noch Academia, denselbigen eines wegs / ohnverletzten Gewissens und hohen Obrigkeitlichen Amts / auch respects halber / toleriren kan / soll / oder mag.

Wollen dann nun solche novitii absolvirt werden / da müssen sie erst herum lauffen / und bei allen Tischen ganz demüthig darum nachsuchen / [S. 76] darauff dann die vota vorher gesamlet / und nach denselben der Schluß und execution gemacht werden muß: eben / als wann eine gar erbare Sache und hochwichtige Handlung vorgenommen werden solte / und diese Gesellen einen GOtt und Menschen Amts=Beruff darzu hätten / da es doch nur ein unverantwortliches / hochstraffbarliches / vom Teuffel erdachtes / durch seine Werckzeuge getriebenes / und / der Welt Unart nach / durch blosse connivenz so weit gebrachtes Unwesen / Ubelthat und Gespött ist / darbey er / unter dem praetextu und schemate der Erbarkeit / auf solche Weise sich will ehren / und seine Instrumenta, malè agendo, weidlich

exercirn und üben lassen: dann der Teuffel je nicht Teuffel /
sondern als ein grosser Heiliger gehalten sein will. Kommt es
nun zum Pennal-Schmauß selbst / behüt GOtt / was für ein zumahl übermässiger und unnötiger Unkosten und Verschwen-
dung gehet da vor? der Eltern Schweiß und Blut / ja offt derselben letztes Vermögen / muß da angewendet / und durch die
Gurgel gejaget werden. Was für Sauff=certamina gehen da für?
Was für Ruffen / Schreien / Tumultuiren / Zancken / Rauffen /
Balgen / Schlagen / ja offt jämmerlicher Mord und Todtschlag
entspringt darauß? so gar / daß der Wust und Greuel der barbarischen Gebahrungen und Ubelthaten nicht genug erzehlt
werden kan. [S. 77]

Wobei es auch der höllische Geist mit so verfluchten Handlungen dergestalt weit gebracht / daß / was für Muthwillen die
alte Studiosi an den jungen Leuthen nicht verüben wollen /
oder auch (bei welchen nemlich noch ein Funcken oder doch
Schein der Erbarkeit übrig ist) solches selbst zuverüben sich
schämen / dasselbe solche junge Leuthe / als welche es von den
Alten gesehen und gelernet / ein ander selbst / gantz frecher
und vergessener Weise / anthun / ihre conventicula anstellen /
und mit solchen heßlichen / unzüchtigen und leichtfertigen
Beschimpffungen / exagitationibus, Schlägen / und Barbarischen mehr / als Heidnischen / gantz Teufflischen Gebahr-
rungen und Uppigkeiten / sich untereinander vexiren / und
beschweren müssen / daß auch die vernünftige erbare Heiden
ein Abscheuen daran tragen würden / und nicht Wunder wäre /
wenn der Allsehende Gerechte GOtt sichtbarlich ein Zeichen
thäte / und eine so verkehrte / ihrer vorgesezten Hohen= und
Obrigkeit Ordnunge und Verbott so schimpflich verachtende /
und sich denselben / in verdamlichem Ungehorsam / widerse-
zende Rott von der Erde / wie Korah / Dathan und Abiram widerfahren / verschlingen liesse: Zumahl / da die Rädlinsführer /
wie gedacht / gewisse leges über solchem ihrem verstelleten
Unwesen / zu deß lieben GOttes höchster Verschimpfung / und

der vorgesezten Obrigkeit [S. 78] Verachtung / dargegen aber
dem leidigen Sathan zugefallen / machen / zu welchen sich die
Ankommende verbinden und angeloben müssen / denselben in
allem nachzukommen / und werden angehalten / sich in solche
böse Zunfft und Societät einzuschreiben. Es werden unter ihnen / und von ihnen selbst / gewisse Praefecti erwählet / welche
das Register der Juniorum halten / auf dieselbe Achtung geben /
sie convociren / ihnen commandiren / und sie den ältern Studiosis zu ihren Diensten in gewisser Ordnung anweisen sollen
/ und wird hierdurch solche Rotte und gottlose Gesellschafft
einiger Juniorum selbst so durchteuffelt / so grundböß und so
unverschämt / daß sie fur keiner Unthat sich mehr schämen
/ sondern es ihnen erlaubet zu sein erachten / und zu ihrem
Lob außdeuten / wann sie auch die allerungeräumste heßlichs-
te Dinge vornehmen und begehen. In den Kirchen scheuen sie
sich nicht / für dem Angesicht der hochgeehrten Heiligen Drei-
einigkeit / für den Heiligen Engeln GOttes / und für ehrlichen
Christlichen Leuten / die leichtfertigste und abscheulichste
Gebahrungen / exagitirungen / Beschimpfungen und Beleidigungen zuverüben / und einander offentlich zu zufügen /
unter dem lieben Gebet solche Aergernüsse vorzunehmen /
als auch die blinde Heiden sich deren bei ihrem irrigen Got-
tesdienst geschämet hätten / also; daß sie neben ihrem [S. 79]
Christenthum auch alle Civilität / Erbarkeit und Schamhaff-
tigkeit ablegen / dargegen eitel Frechheit und allen verstockten
tieff=eingewurzelten Muthwillen / und die allerschändlichste
gestus an sich nehmen: auff den Gassen für ehrlichen Leuten / ja
auch für ihren eigenen Praeceptoribus und Seelsorgern / gehen
sie ohn alle Zucht und Erbarkeit einher / haben keinen Kragen
um / tragen / an statt eines erbaren Mantels / zum offentlichen
Spott und Schand / einen alten Lappen am Arm / die Kleider /
Mäntel und Hüte haben sie / auß lauterm Muthwillen / der
Erbarkeit und aller Tugend zuwider und troz / zerschnitten
und zerrissen / oder von andern zerschneiden und zerreissen

lassen / und treiben die allerschändlichste ärgerlichste Händel
in publico, also / daß sie nicht anders / als die leichtfertigste
Lotterbuben / und verwegneste Vaganten anzusehen seind
/ und / wann sie ihren Eltern und Vorgesezten zu Hauß / in
solchem habitu und gestu, unter Augen kommen solten / dieselbe gewißlich eitel Grämen / Zorn und Ungedult über ihnen
empfangen würden: wozu dann auch noch dieser ungeheuere
Greuel komt / daß die jenige junge Leute / so in Academia patria gebohren und gezogen seind / nicht eher wollen für Studenten erkandt / noch in Ruhe / auch nicht in den Lectionibus
und Collegiis unperturbirt gelassen werden / es sei dann / daß
sie zuvor [S. 80] in Academia peregrina, darinn solche Laster im
Schwang gehen / ein Jahr sich auffgehalten / und die Absolution
/ wie sie reden / daselbst erlangt haben / da hergegen / welche
etwan nur ein viertel Meil von solcher Academia patria daheim
seind / erlaubet wird / auff solcher Academi zuverharren / und
Studenten zu werden: und halten / aus trieb des bösen Geistes
/ Studenten und Juniores / wie sie pflegen genant zu werden /
so steiff und fest über diesem ihrem bösen Thun / daß sie sich
ihrer vorgesetzten Academischen Obrigkeit ganz ungezäumt
trotziglich hierinn entgegen sezen / und / da sie vernehmen /
daß diesem Unflath aller Gottlosigkeit soll gesteuret werden /
halten sie ihre conventus und conciliabula, versprechen und
verbinden sich / ganz frecher und vermessener / uffrührischer
Weise / und zwar auff Teufflisches Anstifften nur etlicher boß-
haffter Antesignanorum und Uffwigler / daß sie miteinander
ehe eine oder andere Academiam, da solchem Unheil würde
gesteuret werden / verlassen / und / mit hellem hauffen / sich
anders wohin begeben wolten / also / daß man darauß genugsam zu vernehmen hat / wie sehr der böse Geist sich sperre /
da man ihme und seiner Zucht Abbruch thun will / und was
nicht wenige aus dem Mittel der studirenden Jugend / (sintemahl der Teuffel Sie noch gar nicht alle eingenom= [S. 81] men /
sondern unter denselben freilich auch noch verschiedene Gott=

und Tugend=liebende / von solchen Greueln Abscheu tragen-
de / nach Geschicklichkeit / gutem Leumuth und Ehr trachtende / und Ihren Beruff rühmlich und wohl in acht nehmende
Studiosi, als sonderbahre ornamenta Academiarum, zu finden
seind) nunmehr für einen trotzigen / unbändigen und unver-
schämten Sinn / wider die hohe Lands=Fürstliche Obrigkeit /
wider den Magistratum Academicum, und wider alle Christliche Rechte und Erbarkeit / an sich genommen haben / und wie
die Welt je länger je ärger werde.

Was aber nun für ein unsäglicher Schaden und überauß böse
Früchte / als ein unleidlicher Greuel und Aergernuß / aus solchen gottlosen Pennal-Sitten / zu entspringen pflege / das ist /
in der kürze / nicht gnugsam zubeklagen noch zu beschreiben /
und mag wohl / mit dem Römischen Burgermeister Posthum-
io[359], (welcher zu Rom auch ein so ärgerliches / abscheuliches /
eingerissenes Unwesen / die Bacchanalia, abgeschafft /) auch
von diesem gegenwärtigen Greuel gesagt werden: Niemahls ist
ein so grosses Ubel und Greuel in der Republic zu Rom gewesen / der so viel ergrieffen / und so weit sich ausgebreitet hätte:
was in diesen Jahren vor [S. 82] Leichtfertigkeit / Betrug und
Laster begangen worden / solchs möget ihr wissen / ist allein
daraus entstanden. Einmahl ists an dem / da die Universitäten löbliche und erwünschte Officinae & Castra pietatis, In-
tegritatis, & Murum honestorum, Habitacula Sacro-sanctae
Trinitatis, & Seminaria Ecclesiarum, Scholarum & Rerum pu-
blicarum conservandarum sein / und aus denenselben Gottesfurcht / Erbarkeit / Tugend / Geschicklichkeit / und alles gute
hervorkommen solte; (wie sie dann / und welche auff denselben solchen Zweck erreichen / eben deßwegen nicht allein von
Heidnischen / sondern auch von so vielen Christl. höchstlöbli-
chen Röm. Kaisern / Königen / und Potentaten bevor gehabt /
und sonderlicher Ehr / grosser Gutthaten / und stattlicher

359 Spurius Postumius Albinus, Römischer Konsul 186 v. Chr.

Privilegien und Immunitäten gewürdiget worden / wie noch)
So wollen sie aber hierdurch / ganz umgekehrter Weise / zu
Cloacken omnis iniquitatis, turpitudinis & scelerum abomina-
bilium, zu Receptaculis malignorum Spirituum, quibus Satan,
ceu praefectus aliquis & Gubernator, praesidet, zu Seminariis
Nequitiae summopere detestandae, und mit einem Wort zu reden / zu offentlichen Buben=Lagern gemacht werden / und kan
das gute / so sich sonsten bei Universitäten befinden thut / für
solchem überhäufftem und schändlichem Wust deß Pennalismi fast nicht mehr [S. 83] gesehen / noch erkant werden / daß
daher fromme Christen freilich ein Grauen und Abscheuen für
solchen Universitäten / darinn diese obbeschriebene Greuel im
Schwange gehen / und dieselbe nicht mit Ernst und Eyffer abgeschafft werden / bei sich empfinden müssen.

Aus solchem Pennalisiren entstehen allerlei böse Actiones,
Factiones und Tumultus, und wird fast kein einiger Pennal-
Schmauß gehalten / welcher nicht auf noch viel andere insolentien, auch bißweilen auff Rauffen und Balgen / ja! wie
darvon auf diese Stund leidmüthige exempla zeugen / auch
wohl gar auf Mord und Todschlag / hinauß lauffen; daß der
Herr Rector, und Hernn Professores Academiarum, mit nichts
anders so sehr zu thun haben / und sich beunruhigen lassen
müssen / als mit solchen Händeln / welche / auß dem teufflischen pennalismo / Ungehorsam / und Halstattigkeit solcher
frecher perruptorum omnium legum & honestatis, entspringen / also / daß solcher also genanter Pennalismus wohl anders
nichts ist / als ein abscheuliche Bruth des Teuffels / und ein
Fabellum, dadurch er die allergreulichste Ubelthaten / in den
Universitäten / aufzublasen und anzurichten pfleget. Es werden auch durch diese Fucos & Carcinomata in Academiis, durch
den Pennal=Verfolgere / die [S. 84] ankommende junge Studiosi eben in dem Jahr / da sie die Studien, deren fundamenta sie
zuvor in den Schulen wohl gelegt / fleissig und am nuzlichs-
ten fort zu führen am meisten vonnöthen haben / erbärmlich

verhindert / und also zugerichtet / und zu Grund verderbet /
daß sie auch hinfüro nichts redliches erlernen können / sondern / wann GOtt nicht sonderlich hilfft / mit denen / welche
sie also verderben und übel zurichten / Stimpler und Schlingel
bleiben müssen ihr Lebenlang: die gute Stunden / welche sie /
zu Beförderung des gemeinen bestens / und ihrer Wohlfart / zu
fleissigem Studiren anwenden solten / werden ihnen durch so
unrecht ohnverantwortliche servitia, Auffwartungen / und hin
und her Schickung / GOttes= und Ehrnvergessener Weise / ohn
alle Commiseration, gleichsam abgestohlen / ja! mit vermale-
deiter Gewalt abgezwungen / und noch darzu selbige ganz übel
und höchst=straffbarlich angewendet. Alle Gottseeligkeit lassen solche Gewaltthäter und Leutzwinger fahren / alle Erbarkeit wird von ihnen gleich als mit Füssen getretten / und auß-
gelachet / der allerhöchste GOtt im Himmel wird / grausamer
unerhörter Weise / verunehret / Seine heilige Ehr und Lehr /
Wort und Befehl gelästert und verspottet / und sein theurer
Nahme wird aufs ärgste geschendet / die hohe Christliche Obrigkeit / sie sei ein [S. 85] Herr oder Fürst / oder sonst ein Stand
deß Reiches / und ihre Sanctiones und Ordnungen werden
höchst=straffbarlich verachtet / viel fromme Herren werden
geärgert / vieler Gerechten Seelen werden gequälet und gekrän-
cket / die Herrn Professores werden auffs eusserste betrübet /
und von guten Verrichtungen und getreuen informationen
abgehalten: ja! es wird sich nicht geschämet / den Hn. Professoribus und löblichen Ordnungen eigenthätige angemaste Gesetze zuentgegen zumachen / und leges honestas Academicas
durch solche leges maleferiatorum, so viel an ihnen / gleichsam
aufzuheben / und ihren vermaledeyten Conventiculis, wieder
die vornemste Professores, selbst hoch=strafbahre Conclusa zu
machen / und dadurch denselben zu insultiren, die Heil. En-
gel mit deren Schuz werden verjaget / die Eltern / Verwandten /
Vormundere / und andere Patroni und Mecaenates werden /
um ihre geschöpfte Hoffnung / wie auch Kirchen / Schulen /

Rathhäuser und das gemeine Wesen / um manches nuzliches
Instrumentum und Rüstzeug / schändlicher Weise / gebracht /
ja viel Eltern werden hierdurch / ihre Kinder zun Studiis zu
halten / gänzlich abgeschreckt und verhindert: die Unkosten /
welche die Eltern / zu diesen Geldglemmenden Zeiten / mit
ihrem Blut=sauren Schweiß erobern müssen / werden zumahl
übel angewendet / unverantwortlich [S. 86] verschwendet / und
gleich als dem Moloch auffgeopffert / daß / wovon solche Studiosi ein Jahr über / und noch weiter / hätten leben können /
solches in einem einigem solchem Pennal- Access- oder Absol-
vir-Schmauß und andern unnüzen Verschwendungen / heß-
lich durchgejagt / und vergeudete wird. Daher die Universitäten selbst in einen so unaußlöschlich bösen Ruff gerathen / daß
viel ehrlicher Leute / ihre Kinder dahin zu schicken / Beden-
ckens tragen / und darvon abgehalten werden / ja ehrliche Leute und Professores ihnen ein Gewissen machen müssen / mehr
auff Universitäten zu dienen: den Lehrern und Predigern wird
von solchen vorsetzlichen beharrlichen pennalisirern / und
gottlosen Gesellen / in der Beicht die Absolution, und folgends
auch das Heil. Abendmahl gleichsam abgestohlen / als wozu
sie / mit Behaltung ihres bösen Vorsatzes / unwürdig gehen.
Wann sie auch endlich zu Aemtern befördert werden / so heng
ihnen doch der Fluch GOttes / als wie eine Klette / an / welchen sie auch / mit solchem ihrem boßhafftigem brutalischem
Unwesen auff Universitäten / wohl verdienet / und ihnen auff
den Hals selbst geladen haben: derselbe zeucht dann ihnen in
ihren Aemtern auff den Socken nach / daß dahero / bei ihren
Arbeiten und Verrichtungen / in Kirchen / Schulen / in den
Canzleien und anders worinnen / kein Stern oder Segen sein /
und es [S. 87] nirgend fortgehen will / wiewohl doch GOtt / der
ein gerechter Richter / sie offt noch viel eher und dergestalt /
männiglich zum abscheulichem Exempel, abgestraffet / daß
sie auch zu Ehren=Aemtern nicht einmahl gelangen können /
und sich hernach Ihrer Verübungen selbst schämen / auch wohl

meinstens in der Blüth selbst verderben / und hernach andern
vor den Augen / als Scheusal / herum gehen müssen.

Weil nun diesem in allem also / und solche scheußliche /
gottlose unverantwortliche / verfluchte / verdamte Handlungen sich bei dem leidigen pennalismo enthalten / so muß je /
laut des ohnfehlbaren Worts GOttes / selbst folgen / ja auß
dem Liecht der Natur ist es auch bei den erbarn Heiden bekant
und unläugbar / daß der gerechte GOtt (als dessen Augen rein
seind / daß Er das übel nicht sehen mag) durch solches lasterhaffte Unwesen auf den Academien zu einem brennenden
Zorn / und hefftigen Straffen wider dieselbe / ja auch wider alle
jenige / welche solchem Greuel sich nicht mit rechtem Ernst /
wie wohl geschehen kan und soll / wider setzen / angereizet
werde / also daß nicht Wunder wäre / wann der gerechte GOtt /
aus Trieb seines flammenden Eivers / über solche Universitäten
und Städt / in welchen solcher Greuel vorgehet / gleich wie auch
über alle die jenige / welche solchem [S. 88] Teuffels=Wesen zusehen / und es nicht außrotten / über deren Lande und Leute /
Hauß und Hoff / gleich als über Sodoma und Gomorra / Bliz /
Feuer und Schwefel regnen liesse / und ihnen ein Wetter zu
Lohn gebe / und also einen mit dem andern außtilge.

Es können und sollen auch von vernünfftigen Leuten /
und noch vielmehr von Christen / keine andere Gedancken
geschöpfft werden / als daß Gott / nechst anderen Sünden
und Schanden / auch um solcher Ubelthaten des Pennalismi
willen / unser Vatterland Teutscher Nation mit dem dreissig
jährigen Kriege heimgesucht / und auch die meiste Universitäten / darinnen solch Teuffels=Wesen getrieben worden / hart
gestraffet und fast zu grund verderbet habe / und hinfüro mit
ferner schweren Plagen das Teutschland belegen / und die Universitäten / darinnen solche vermaledeite Handlungen annoch
fortgehen / in seinem Zorn endlich umkehren werde / wofern
solchem barbarischem und mehr als Heidnischem Unwesen
nicht / mit gebührendem Eifer und Gewalt wird gesteuert

werden / denn ja sein heilig Wort nicht leuget. So thut auch die gesunde Vernunfft und sein eigen Gewissen / wann man nur dasselbe anhören will / einen jeden dißfals selbst überzeugen.

Damit dann Christliche Potentaten / Chur=Fürsten und Stände / wie auch deren Räthe / und [S. 89] alle Professores auff Universitäten / je ihr Gewissen hiervon entladen / den gewiß=erfolgenden Fluch und Straffen GOttes / von ihren respective Land und Leuten / von ihren Aemptern / von sich selbst und den Ihrigen abwenden mögen: So seind sie / Gewissens= und Amtshalber / verpflichtet / solchem Pennal-Greuel mit allem Ernst zu begegnen / und ihre Universitäten von demselben zu repurgiren und zu reinigen / so lieb ihnen ist des Allerhöchsten Gnad / Heil und Segen / so dann ein gutes Gewissen / wie auch einen ohnbefleckten Nahmen zu behalten. Und werden demnach alle Christliche Potentaten und Stände des Reichs ein Gott sehr wohlgefälliges Werck vollbringen / welches Er Ihnen und Ihrer Posterität reichlich wieder vergelten / und seine Vätterliche Gnade und Segen häuffig zu Ihnen wenden wird / wann Sie auff allen Universitäten / mit gesamter und zusammen gesezter Hand / solche Ubel und lasterhaffte Actiones nicht dulden; sondern als einen unleidlichen Greuel abschaffen: gestalt dann etliche Herrn Chur=Fürsten / und Stände des Reiches bereits preyswürdig gethan / theils aber noch im Werck seind / auch theils hochlöblichste Hernn Chur= und Fürsten solch Ihr Christ=löbliches Vorhaben / und die Notturfft deßwegen respective gar an offenen Land=Tägen haben proponiren / so dann sonst an verschiedene andere Fürsten und Stände [S. 90] deß Reichs / gesamter Hand / und vor sich absonderlich / gelangen lassen. Zumahl aber ist bekandt / daß zu solchem End / der Evangelischen Chur=Fürsten / Fürsten und Stände / zu Regenspurg versamlet gewesene Gesandte sich / vermittelst eines sonderbaren Auffsatzes / sub Signato den 1. Maii Anno 1654. nechst eigentlicher Abmahl= und Beschreibung solches heilosen Unwesens / allbereit löblich verglichen haben: welchem gemäß die Execution billich auch an Hand zu nehmen / und die Verbrechere / nach solchem Auffsatz / abzustraffen / damit es nicht gleichsam Campana sine pistillo seie.

Wann dann auch schon einige noch übrige Universitäten / in welchen dergleichen Sachen / wenig oder viel / alle oder zum Theil / im Schwange gehen / wider all besser Verhoffen / sich nicht eines bessern / noch Ihr Gewissen bedencken / und also nicht Hand mit anlegen / sondern hierbei cunctiren würden: wie dann bei hohen Potentaten und auff Universitäten / wider vieler Christlicher dapfferer Leute heilsame monita und Rathschläge / bißweilen einige (obwohl nur etliche wenige) auß Eygensinnig= oder Furchtsamkeit / oder auch ex naturali ad dissentiendum vel contradicendum studio, solch heilsam gut Werck etwa eher zu hindern / als zu befördern / sich unterfangen möchten; so soll dennoch billich / und der jetzt erzehlten trifftigen und [S. 91] hocherheblichen Ursachen willen / ein jeder Christlicher Potentat / Chur=Fürst und Stand / und eine jede / zumahl Evangelische Universität / für sich selbst / hierinnen sich keines weges säumig erzeigen / sondern unerschrocken / getrost / ohn einiges zurück sehen und verzug / solche Greuel / nach dem Exempel der frommen Königen / Histiae / Josiae / Josaphats und anderer / abthun und ausjagen: dann dadurch wernden sie GOtt dienen / ihr Ambt / welches ihnen aufferleget ist / treulich verrichten / den Teuffel sein gottloses Reich und scheußliche Castelle / welche / als schändliche cloacas, er an die herrliche Paläste deren / Gott und Menschen wohlgefälligen Lob= und Preiß=würdigen Universitäten hencken thut / zerstören und abbrechen / so viel tausend seufzende unschuldig=leidende Eltern trösten / erquicken und erfreuen / so grossem Wust aller Ubelthaten abhelffen / die liebe Jugend zu ihrer zeitlichem wie ewigem Wohlfahrt herrlich befördern / sich selbst und allerseits gute ruhige Gewissen machen / auch Gottes reichen Segen / an Leib und Seel / erlangen: wie dann nicht zuzweifeln / gleich wie / durch Gnad des Allerhöchsten /

ohne das auff Universitäten / wie obgedacht / noch verschiedene Gottes=fürchtige / Ehrliebende / Gewissenhaffte / nach Tugend und Geschicklichkeit trachtende Studiosi seind / welche sich zu solchem teufflischem Unwesen / vom Satan / nicht [S. 92] haben verführen lassen / noch daran lusten oder belieben / sondern vielmehr höchstes Mißfallen und Eckel tragen / ob sie sich schon bey den Rädlinsführern bißher nicht wohl haben dürffen mercken lassen / theils auch nur von etlichen wenigen / welche das Ruder führen / verleiten / theils auch nolentes volentes, darzu gezogen werden; daß also / auch wohl auß der Rott der verführten selbst / noch mehrere / (bei welchen nur noch ein Funcken der Gottseligkeit und Erbarkeit übrig ist /) herzu= und beitretten werden / zumahl wann sie dieses löbliche Vorhaben der höchst=nöthigen Abschaffung so schändlicher und schädlicher Actionum, und was darauff stehe / recht vernünfftig und Christlich erwegen / und / neben Beschreibung des teufflischen Pennalismi, die bißhero eingeführte bewegliche remonstrationes und Ursachen / und sonderlich auch dieses in etwas bei sich betrachten werden / daß gleichwohl kein Mensch gesunder Vernunfft der von GOtt vorgesetzten hohen Obrigkeit / welche Ihre Universität mit ansehnlichen Einkünfften reich begabet / mit hochberühmten dapffern Professoribus versorget / und ein so grosses darauff wendet / zumuthen werde / könne oder solle / daß sie solch ihr hohes Kleinod des ganzen Vatterlandes / durch des Teuffels und seines Anhangs Tücke und Boßheit / conspurciren und verunreinigen / die von Christlichen Ehr=lieben= [S. 93] den Eltern / Vormündern und Freunden zu Erlernung GOttes Heiligen Worts / Fassung guter heilsamen disciplinen und Wissenschaften / Sammlung rümlicher Geschicklichkeit in frembden Sprachen / freyen Künsten / auch in den höhern Facultäten / auff die Universitäten geschickte studirende Jugend / und gute herrliche Ingenia, durch welche undisciplinirte Fucos & in publicum exitiosos homines, durch verwegene / nichtsnüzige / Gottes=

und Ehr=vergessene Gesellen / zurück sezen / betrangen und
verfogen / ja auch alte Studiosos vmb deß willen / weil sie auf
solchen Christlichen wohlgeordneten Academien, in ihrem
Vatterland ihre studia angefangen und fortgeführet / von ihren
Universitäten excludiren / und mit Hohn und Spott gleichsam
vertreiben lassen sollen / da sie doch hingegen in denselben /
Gewissens= und Hohen Obrigkeitlichen Amts halber / neben
denen Studiis auch gute disciplin cultiviren und handhaben
sollen.

Gewißlich werden Christliche Ehr=liebende Studiosi sich
alsdann solchem Christlichem Anstalt keines weges entgegen
zusezen begehren / sondern denselben selbst für ganz billich /
löblich und Christlich halten / allen Gehorsam dabei erweisen /
vor allen untereinander etwan vorgangenen / widersinnischen /
vor= und an sich selbst ungültigen und nich= [S. 94] tigen Be-
redungen und Besprechungen / secundum illum: In malis pro-
misse rescinde fidem: gerne abstehen / und sich ferners nicht /
durch etlicher maleferiatorum und frevelhaffter perruptorum
& contemporum legum honestissimarum & sanctissimarum,
hinterlistiglich / zu ihrem kundbahren und ihnen vor Augen
schwebenden zeitlichem und ewigem Verderben / bereden
und verführen lassen: sonderlich da sie noch ferner in reiffes
Nachdencken ziehen werden / daß gleichwohl alles zu ihrem
zeitlichem und ewigem selbst eigenem besten gemeinet und
gerichtet seie / und die Ursach ihres widerspenstigen Ungehorsams und trotzigen Abzugs / da schon etwan von einem oder
andern / wider besser Versehen / solcher deßwegen beschehen
solte / ihren Eltern / Patronen und Obrigkeit in Patria, wie dann
solches ohnausbleiblich geschehen soll / werde notificirt und
überschrieben / auch wohl / nach Befindung und Beschaffenheit des begangenen Ungehorsams / Trozes und Excessus, und
auff vorher beschehene Citation, Verhör und Erkundigung der
waaren Beschaffenheit / ein wohlverdientes Relegations-Patent
cum infamia mitgegeben oder nachgeschickt / auch / nach

Beschaffenheit des Verbrechens und Uffwiglung / theils / nemlich die Rädleinsführer / gar am Leib bestrafft werden / welchen fals sie sich dann selbst wohlverschuldeter [S. 95] massen gewißlich bey derselben in höchste Unehr / disaffection und Ungnade sezen / und auch umb ihr eigene Promotion / kunfftigen Ehrenstand / Wohlfahrt / betrüblich bringen werden.

Was aber die verstockte ruchlose / unverkehrten Sinn / ja in einen rechten Unsinn dahin gegebene refractoris anlanget / die sich an nichts kehren / sondern per petratores ac hortatores scelerum, nec non trangressores omnis pietatis, Diviniq; & Humani juris violatoris seyn und bleiben / und weder ihre Seeligkeit / existimation und ehrlichen Nahmen / noch selbst eigene Wohlfahrt bedencken wöllen; (deren gleichwohl / und sonderlich der / vor Gottes und der Erbarn Augen / abominabeln Uffwiegler und Rädlingsführern / doch wie angeregt / verhoffentlich gar wenig sein werden /) die seind / als purgamenta Academiarum, billich nicht zu attendiren / sondern pro nefariis piaculis und Fegeopffer zu achten und der Gebühr / ohn zurücksehen / scharff abzustraffen / auch es dahin zu richten / daß sich andere vor ihnen hüten / und an ihnen bespiegeln mögen / und würde eine jede löbliche Universität sich vor des Teuffels Larven / als ob dadurch die frequenz abnehmen werde / sich nicht zu förchten / sondern Ihr vielmehr zu gratulieren und sich zu erfrewen haben / daß das corpus Academicum von solchen [S. 96] bösen Leuten / gleich als von pravis & pestiferis, humoribus gereiniget / befreiet und entlediget worden: Gestalt / an stat eines so bösen schändlichen Menschens / Christliche / Gottesfürchtige Eltern desto lieber und häuffiger ihre Söhne zu solchen / von bösen Leuthen gesäuberten Universitäten schicken / und also desto grössere frequenz von guten ingeniis zu hoffen sein wird / Ohne daß auch bei wenigen desto mehr Göttlichen Segens und Glücks sich befinden würde.

Worbei es gleichwohl die Meinung gar nicht hat / als ob die erst auff Universitäten neu= ankommende Studiosi & tyrones sich um deß willen / weil sie von der bißherigen thätlichen und frevelhafften Verfolgung etlicher maleferiatorum und älterer verwegener Studiosorum errettet werden / sich solten einzubilden haben / daß ihnen nunmehr / die limites modestiae und geziemender discretion und Ehrerbietigkeit gegen andere zu überschreiten / frei stehe; sondern sie sollen vielmehr derselben sich aufs höchste zu befleissigen / und alles Vortringens / Uppigkeit und Muthwillens müssig zu gehen / Ihre studia aber fleissig zu treiben / sich auffs eusserste anliegen lassen / damit also die Universitäten in gutem florirendem / GOTT und Menschen wohlgefälligem / Wohlstand gesezt / und darinn erhalten werden mögen.

ENDE."

Patent zur Abschaffung des Pennalismus auf der Universität Jena vom 2. Juli 1661

Überlieferung: Deutsche Fassung: [VD17 547:633820Z]; UAJ A 2196, fol. 231–238; ThHStAW A 8264, fol. 8–14, ThHStAW A 8256, fol. 231–238; lateinische Fassung: [VD17 23:646591C]; ThHStAW A 8256, fol. 225–230.

Wiedergabe: Deutsche Fassung: Dilherr: ProphetenSchul, Anhang, S. 30–67; in Auszügen bei Fritsch: Scholaris Peccans, S. 83–90; lateinische Fassung: Happel: Roman, S. 915–931.

„Gänzliche Abschaffung des schädlichen Pennal=Wesens auf der Universität zu Jehna. Aus dem Lateinischen ins Teutsche übersetzt. Jena 1661.

Wir Rector und gesambte Professores der Universität zu Jehna entbieten den Leser unsern Gruß.

Es sind bei nahe vierzehen Jahre verflossen / seit [1647][360] die Studirende Jugend den greulichen / und durch des leidigen Sathans Trieb aus dem verkehrten Heidenthum unter Christen eingeführten / Göttlicher Heiligkeit höchst wiedrigen Unwesen des Fastnächtlichen Umlaufens / bei welchem die schändlich verkappte / verlarfte / mit abscheulichen Hörnern / Ohren / Schnäbeln / Nasen / Schwäntzen / und dergleichen andern (wer wolte diß gottverhaßte Wesen alles mit Nahmen aufführen?) heßlichen Habit übel verstellte Rotte / so wohl hier / als anderswo / grosse Uppigkeit von vielen Jahren hero verübet / theils auff deren Durchläuchtigsten Unterhalter hiesiger Universität scharf ergangene Befehle / theils auch unsere ernstväterliche Vermahnungen endlich gute Nacht gegeben und gäntzlich abgesaget / auch von selbiger Zeit an sich dessen niemahls wieder angemasset.

Gleich wie wir nun hierüber so wohl der gesamten Universität / als auch uns insonderheit zu gratuliren haben / und des zuverläßigen Vertrauens leben / es werde solches neben uns ein iedwedes aufrichtiges Gemüthe thun; also erkennen wir es gegen den hohen GOtt / von welchem alle heilsame und löbliche Ordnungen herrühren / mit demühtigen Danke / und bitten von innersten Grunde des Hertzens / es wolle derselbige solchen Sinn in den Hertzen unserer Jugend bekräfftigen / Sie mit seinem guhten Geiste erfüllen und regiren / damit Sie durch des höllischen Drachens listige Anregung zu solcher wühtenden Unsinnigkeit sich ewig ferner nicht verleiten lassen mögen.

Nun währe ja wohl zu wündschen gewesen / daß erwähnte Studirende Jugend vorlängst gleichen Muht zu Ausrottung und gäntzlicher Vertilgung einer noch andern Teufelsbrut /

---

360 Tatsächlich wurden nach 1649 bis zum Ende des 17. Jahrhunderts von der Universität Jena keine Intimationen mehr gegen das Fastenlaufen publiziert. Vgl. Müller: Sammlung, S. 348.

welche biß anhero die Absolution oder Pennal=Stand genennet / gefasset hätten; Allein es hat solches so gar nicht erfolgen
wollen / das in Erwägung dessen / was zum öftern so wohl von
ältern Studiosis als Neulingen (worunter fromme ungemeinet
seyn) wider die so oft widerholete und öffentlich angeschlagene / nicht allein unsere des Academischen Senats, sondern
auch der Durchlauchtigsten Nutritorn, ernstliche und durch
Bestraffung vieler delinquenten gleichsam bestätigte verbo-
the / angereget und ausgeübet woren / es vielmehr das Ansehen
gewinnet / als ob die freche Freyheit zu pennalisiren nicht so
wohl abgenommen / als sich verstärket / und von Zeit zu Zeit
vermehret habe. Demnach damit solches umb desto mehr bekannt werde / und hiernächst männiglich spüren möge / das
weder die Durchlauchtigsten Unterhaltern / noch auch wir
iemahls gemeinet gewesen / solchem unermäßlichem Unheil
nach zusehen / oder dasselbe in einigem Wege zu hegen / sondern daß vielmehr zu beiden Seiten äuserstes Fleisses dahin
gearbeitet worden / damit es zeitig aufgehaben / und gänzlich
vertilget und ausgerottet werden möchte / als wollen wir das
gantze Werk aus seinem Ursprung erheben / und ein und des
andern ausführlichen Bericht thun.

Als nunmehro vor funfzig und mehr Jahren [um 1610] dieses schändliche Gift von benachbarten Orten hieher gebracht
(welches dazumal in so genanten Vocation=Schmäusen / und
daß etzliche Schlemmer von den Neuankommenden Studiosis, so etwan von andern bemittelt / unter dem Schein einer
sonderbahr=höflichen Beneventirung etwas presseten / worbey
sie doch ihre Unart nicht verbergen mochten / sondern öffters
solche Neulinge mit schimpflichen Worten / Schlägen und allerhand exactionibus beschwereten / auch ihnen / dafern Sie
nicht alsobalden angefordertes entrichteten / Kleider / Bücher /
und andere bey ihnen angetroffene Sachen zu Pfanden hinweg
nahmen / bestunde) und hiedurch diese löbliche Universität gleichsam angestekket worden / ist man dem Ubel gleich

anfangs mit einem öffentlichen programmare begegnet[361] / und hat sothanen Schmausern bey poen höchstes verbrechens (massen denn eben solches der Laut und Meinung des Academischen Edicts / aus welchen und andern wir aus gewissen Ursachen hinfüro ein und anderes anführen werden /) anbefohlen entweder solches allerdings abzustellen / oder sich von hinnen zu ihres gleichen / und an solche Orte / von welchen sie das unartige pennal=wesen mitbracht / wiederum schleunig zu erheben. Worbey ihnen denn genugsamlich remonstriret worden / das die Unhöflichkeiten / Muthwillen / und übel anständige Sitten / welche etwan solche Neulinge an sich haben möchten / keines weges durch solche Unsättige Sauffereien und unzierliche agitationen / sondern durch sorgfältige aufsicht des Magistrats und der Praeceptoren / welchen solches von Ambtswegen zukomme / solten und müsten bezähmet und abgeleget werden.

Als aber bei anfang des nächst=folgenden 1611. Jahres etzliche / ungescheut des geschehenen harten interdicts / doch die Pennals=Händel wiederum hervor gesucht / und solche theils zu beschönen / theils durch heimliche zusammenverbindung fort zu pflantzen / sich unterfangen / sind sie gutes theils mit Straffe öffentlicher Relegation auf etliche Jahre lang beleget / und von hiesiger Universität mit unauslöschlichem Schimpf verwiesen worden[362] / zu keinem andern Ende / als damit hierdurch das aller abscheulichste Unwesen / die viehische Unvernunfft / und Teufelische bosheit / der der stinckende Wust und schändliche Pful aller Laster (mit diesen farben wurde schon dazumahl der Pennalismus abgemahlet) alsobald

---

361 Gemeint ist das erste Universitätsprogramm gegen den Pennalismus vom 23. Dezember 1610, ThULB HSA 2 Hist. lit. VI, 2 (19); 7 (229); 8 (69); 9 (254); 10 (120); 20 (34).

362 Vgl. das Programm zur Relegation von 6 Studenten wegen Pennalisierens vom 21. Januar 1611, ThULB HSA 2 Hist. lit. VI, 8 (72); 9 (255); 10 (229); 20 (37); 24/1 (134).

abgeschrekkt / und wie in der ersten Blüte erstikkt würde. Und zwar so fehlte es nicht gantz und gar: Sintemahl hernachmahls die heftigkeit solcher thürstigen Frechheit mercklich sich zulegen schien / in dem man zu Ende des 1618sten Jahres (bey dessen Eintritt vorberührtes Edict war wiederholet worden)[363] nicht weiter vernahm / das die Jungen Studenten zu schmäusen / und dergleichen mit Gewalt angehalten wurden / sondern sich freies willens darzu erkenneten / auch nicht mehr mit harten Worten / Schlägen und agiren / sondern nur mit höflichen schertze / und aufs freundlichste angefrischet wurden / Pennal-insolenzen und Muthwillen abzulegen / und anständiger Sitten sich zu befleissigen.

Allein / dieweil die Obrigkeit wohl vermerkte / daß solcher gestalt der Pennalismus nicht gäntzlich aufgehoben / sondern nur der Gift mit einem anmuthigen Honig überzogen / der Wolf mit einem Schafs=belze / und der Esel mit einer Löwenhaut verdekkt wurde / haben sie abermals die Jugend mit allem Ernst vermahnet / das sie doch endlich solch verderblich wesen erkennen / demselben feind werden / und es durch gehorsame Folge austreiben möchten / mit angehengten schönen und bey ausgang leider alzuwahr erfundenen Spruche: Christliche Schulen könten nicht ehe gedeihen und zu stande kommen / biß dieses schädliche Unkraut von denselben mit strumpf und stiel ausgerottet wäre. Da sie denn zugleich allen ihren Untergebenen öffentlich angedeutet / sie wolten alle Pennalputzer durch schimpfliche Relegation von hinnen jagen / und um deren Abzug sich wenig betrüben / welche von so unflätigen Leben nicht ablassen könten: wolten ihnen etzliche wenige Körner Pfeffers weit angenehmer seyn lassen / als einen grossen hauffen Mahnsamen. Welcher Sinn nicht allein an sich selbst hochlöblich / sondern auch hertzlich zu wünschen wäre / das

---

363 Vgl. Handschriften- und Sondersammlung der ThULB 2 Hist. lit. VI, 5 (297); 8 (217); 5 (297); 10 (63); 24/1 (78); Schöttgen: Historie, S. 83f.

er heutiges Tages bey mehren sich finden möchte / in dem derer leider viel ist / welche mehr beliebt eine starke anzahl der Lasterhaftigsten Buben / als eine geringe Menge Frommer und der Tugend ergebene Gemütter.

Doch wie dem allen / so hat doch wenig Jahre hernach dieses übel wiederum dergestalt überhand genommen / das als im Jahr CHristi 1623. den 8. Octobr. ein Academischer Senat alhier vermerkt / daß mit der Straffe / so biß dahin den Verbrechern war auferlegt worden / wenig ausgerichtet währe / Er schlüssig werden müssen / dem vielfältigen Unheil / welches der Pennalismus (als in welchem gleichwie in die schändlichste Cloace / der gestanck und wust aller ersinlichen Büberei und der gröbsten Laster zusammen schiesse) nach sich zeucht / eine höhere und schärfere Straffe zusetzen / daß nehmlich alle die jenigen welche den Pennalismus hegen / lieben / üben / und fortpflantzen würden / nicht allein wieder alles vorbauen und vorbitten öffentlich solten relegiret / sonder auch solche Relegations-Patenta durch Drukk publiciret in deren Vaterland so wohl als benachbarte Academien geschickt werden[364] / damit vor solchen Scorpionen / Ottern und Drachen sich alle fromme Hertzen bey zeit zu hüten und vorzusehen wüsten. Noch hat auch dieses seinem Anschlage nach so gar nicht fruchten wollen / daß endlich selbst die Durchläuchtigen Nutritores ihre Fürstl. Hoheit interponiren müssen; gestalt dann der Durchläuchtige Hochgebohrne Fürst und Herr / HERR ALBERTUS / im nahmen und an statt des Durchl. Hochgebohrnen Fürsten und Herrns / Herrn Johann Ernsten als Domini Territorii und Regierenden Landes=Fürsten im Jahr Christi 1624. den 9. Decembr. ein Deutsches Edict in öffentl. Drukk heraus gegeben[365] / in welchem /

---

364 Das Schreiben konnte vom Verfasser nicht ermittelt werden. Diese Idee war der Kern aller Abschaffungsbemühungen und wird hier erstmals erwähnt.
365 Siehe Quellentexte.

nach erzehlung der mancherley Pennal-händel / beklaget
wird / daß durch den bösen Ruff / so diese Universität hätte /
viel Eltern beweget würden / entweder ihre Kinder gar nicht
hieher zu senden / oder von hier wieder schleunig abzufordern.
Weswegen denn alda ernstlich verbothen wird / daß kein Student einen jüngern oder neuen Studenten mit dem verächtli-
chem [!] / gehässig / ärgerlich / und allen Studiosis in gesamt /
ja auch der löblichen Freien Feder selbst / welcher doch als der
Regentin aller Welt / die höchste Ehre gebühre / zu höchsten
unehren und verkleinerung gereichenden / von dem leidigen
Teufel aus dem höllischen Pfuhl herfürgebrachten / deswegen
auch zu hinderung und dämpfung aller nützlichen Künste
und heilsamen disciplin ausschlagenden Pennal- oder andern
dergleichen zunahmen / weder heimlich noch öffentlich ver-
schimpfirte / verachtete / beleidigte / oder beschwerte: noch
auch zu lösung dessen einige Gasterei / unter was Schein es
gleich were / begehrte / erpochte / und erpressete / noch derselbigen beywohnte: auch niemand / der Studenten im Hause und
an seinem Tisch hette / zur selben Hülf und vorschub thäte /
sondern daß vielmehr ein ieder Universität=Verwanter / und
anderer Haus=und Tischwirth / der was davon in erfahrung
bringen würde / die Frevler davon abmahnete / sie vor schaden
warnete / oder das sie nicht folgen wolten / solches laut machte / den Obern durch alle mügliche wege andeutete / und ungescheut klagte. Im widrigen fall ein sehr ernstliches einsehen
dermassen solte gehalten werden / daß so wohl der eine als
andere verbrecher / nach gestalten Umständen seiner Person /
Vermügens und Mißhandlung / mit Fürstlicher schwerer Ungnade / Privirung seiner Privilegien / Beneficien / Ammts=und
andern Ehren=Standes / poena publicae relegationis uff eine ansehnliche Anzahl Jahre / item exclusionis, harten Gefängnüß /
LandesVerweisung / Leibstraaf / beneben vierfacher Wieder-
stattung der abgezwungenen oder fürgeschossenen und aufge-
wandten Unkosten unfehlbar beleget / und zu desto gewisserer

Execution seiner verdienten Straafe / nach Hofe zu gefänglicher Hafft geliefert werden / und sich einziger Intercession oder Remission nicht zu getrösten / noch zu erfreuen haben solte.

Durch diesen der Durchlauchtigen Fürsten sonderbahren Eifer / auch des Senatus Academici wachsame Aufsicht und scharfen Ernst ist so viel erhalten / daß die Lust und Begierde junger Studenten zu exagitiren zum Theil erloschen; biß endlich in folgenden 1630sigsten Jahre etzliche sich unterfangen / dieselbe wiederum zu reegen / und aus dem tieffsten Höllen=Grunde durch ungewöhnliche und zuvor nie erhörte Wege hervor zu bringen. Doch ist deren Vorhaben bald durch offentliche Verbohte gesteuret worden. Hernachmahls aber sind bei dem schändlichen Krieges=Läufen solche Zeiten in hiesigen Landen entstanden / bei welchen nicht zuverwundern / daß neben andern guten Ordnungen auch dißfals die Academische Disciplin gesunken : weswegen denn der Senatus Academicus vor rahtsam / ja nothwendig erachtet / nach dem etzlichen Pennal=Vexanten ernste Straafe verübet worden wahr / im Jahr Christi 1638. den 11. Maii / die unbezähmte Licenz des Pennal=wesens und daraus erwachsende schändliche und schädliche Früchte / abermahls in einem gedruckten Patent fürzustellen[366] / auch dabei anzudeuten / Er wolte diese Pest der Academien / dieses äuserste Unheil / die Schmach und Schande der Studien alles Ernstes ausstossen und tilgen / und solche Urheber und Unterschleiffer desselben uff etzliche viele Jahr lang öffentlich relegiren / oder wohl gar als untüchtige Gliedmassen von der Academie gäntzlich abschneiden und ausschließen / auch von execution gedachten Schlusses sich weder Gunst noch Freundschafft / noch Eigennutz abhalten lassen. Hat auch dieses Edict so viel gefruchtet / daß man in nächst folgenden drey Jahren fast wenig von Pennalisationen gehöret.

---

366 Vgl. die Intimation vom 11. März 1638, wiedergegeben in Fritsch: Scholaris Peccans, S. 77–81.

Allein es sind dieselben im Jahr Christi 1644. durch etzliche verzweiffelte Gemüther wiederum aufs neue hervor / und wieder alles steuren und widersetzen / dennoch dahin gebracht / daß nach entstehung eines ziemlichen Tumults die Hochfürstliche gnädigste Herrschaft abermahls zu grosser Ungnade bewogen worden / und öffentlich beklagen müssen / daß die uff hiesiger Universität sich befindende Studiosi ins gemein durch etzliche wenige leichtfertige Gesellen sich verleiten lassen / das verfluchte Pennal=wesen / dem ein und der ander sonst nur in geheim zugethan gewesen / nunmehro gleichsam autoritate publica unerhörter Weise einzuführen / die jenigen / so sich ihren Willen nach nicht accommodiren / vor untüchtig hielten / und aufs äuserste an Leib und Leben verfolgten / darüber gewisse wider GOtt und Rechte lauffende Bündnüsse aufrichteten / und ihrer ordentlichen Obrigkeit / zuwider ihren schweren Eid und Pflichten / den schuldigen Respect und Gehorsam verweigerten.[367] Doch haben auch diesen Unheil theils damals ertheilte deren Durchläuchtigsten Herzogen scharfe und ernste Befehle / theils aber des Durchläuchtigsten Fürsten und Herrn / Herrn WJLHELMS / unsers gnädigsten Landes Fürsten und Herrns / Hochfürstl. gegenwart / mercklich gesteuret / also daß an die drei Jahr hernach solche Unsinnigkeit nicht wenig verringert worden. Welche doch bald darauf / durch des Teufels boßhafftiges und unabläßiges Anregen / gleich zu der Zeit / da zu wieder Aufrichtung des ädlen [!] Reichsfriedens der Grund geleget wurde / wider viel heftiger herfür gebrochen.

Sintemahl im 1647sten und nachfolgenden Jahren / nicht allein die oft gedämpfte Flamme wieder aufgelodert / in dem alle die jenigen / so entweder von Schulen und Gymnasiis, oder von

---

367 Vgl. den Fall Laurentius Niska. Die vorhergehende Beschreibung wurde dem Programm vom 4. Februar. 1644 entnommen (vgl. ThULB HSA 2 Hist. lit. VI, 10 (287)), abgedruckt bei Schöttgen: Historie, S. 31–34; vgl. auch Erman/Horn, Bd 2, Nr. 9590–9592; Schmeizel: Chronik, S. 85.

frembden Universitäten / auf welchen das Pennalwesen nicht bräuchlich / hieher kommen / mit schimpflichen Nahmen beleget;[368] als solche die der Academischen Freyheiten annoch nicht fähig / vernichtet; des hohen Nahmens der Studenten unwürdig / und vor iedermans Spott gehalten; verunehret / geschmähet / mit Schlägen übel tractiret / ums Geld bracht / der Bücher und Kleider beraubt / zu vielerely / besonders Absolutions=schmäuse / (als ohne welche / nach der Schmaruzer vorgeben / niemand zu einem redlichen Studenten werden künte) ausrichtung gezwungen / zu allerhand knechtischen / oft auch wohl schändlichen / Dinstbarkeiten gedrungen / und mit einem Worte / gantz wie Sclaven und Leibeigene gehalten worden / sondern über dis alles eine gantz neue und zuvor unerhörte Art zu pennalisiren gleichsfals aus des Tausendkünstlers / des Teufels / Werkstatt herfürkommen. Denn da haben die jungen Studenten untereinander selbst / bevorab die jenigen / welche sich Absoluten genennet / nach Art der ältern Studiosorum, die neuankommenden aufs heftigste agiret, sie nach anzahl der Wochen / welche sie alhier gelebt / in gewisse Classen eingetheilet / und etliche Füchse / andere Esel / noch andere anders zubenahmet / und nicht allein heimlich / und ausser der Stadt / sondern auf öffentlicher Strassen / uf dem Markt / und (welches der aller unverantwortlichste Greuel ist) in der Kirchen / unter währenden Predigten und Gottesdienste / beschimpfet / verlachet / gezopfet / geraufet / und mit Nasenstäubern und Maulschellen auf das allerunbillichste tractiret. Und zwar / damit nicht etwan ein oder der andere solchen injurien entgehen möchte / haben sie einen gewissen Ort in der Kirchen ausgesetzt / an welchen sich die Neulinge stellen / und mit solchen schönen Ceremonien einweihen lassen müssen. Hier ist nun die gantze Zeit währenden Gottesdinsts mit

---

368 Siehe das Universitätsprogramm vom 12. September 1647, ThULB HSA 2 Hist. lit. VI, 5 (356).

hin und widerlauffen / Gewäsche / Gemurmel / Gelächter /
Geschrei / Gezänke / und den leichtfertigsten Muthwillen so
zugebracht worden / daß es GOTT zu erbarmen gewesen. Wo
auch etwan die nächsten darbeistehenden oder sitzenden
Bürger / und andere ehrliche Leute ob solchen unchristlichen
beginnen abscheu genommen / die tolle Rotte zum guten ver-
mahne / und gebeten / des heiligen Orts und vorhabenden
Gottesdienstes zu schonen / und auf die Predigt zu hören /
sind sie mit gleicher Schmach und Schimpf von denselbigen
übel angelassen worden. Ebenmässiger weise nun haben diese
Gottes und aller Erbarkeit vergessene Gesellen ihrer auch auf
dem Markte und andern offenen örtern / in gegenwart und an-
schauung der Fremden und des Landvolks begonnen / damit ja
iedermänniglich von solcher Boßheit zeugen und reden könte.
Darbei ists nun nicht verblieben / sondern ferner hinaus in die
Vorstädte und nächste Dörfer gangen / unter dem praetext, daß
man den Neulingen die Fuchsschwäntze abschneiden / und sie
zum pennal-stande einweihen wolte. Da hat man auf derselben
Beutel dapfer gefresse und gesoffen / sie dabei zum aufwarten
gebraucht / zum heftigsten vexiret / und damit es ja an keiner
Unbilligkeit fehlen möchte / ihnen die Hüte durchbohret / die
Kleider zerschnitten / und wohl gar abgetauscht. Hier lassen
wir nun Verständige urtheilen, weil dieses alles an freier öffentlicher Sonnen / und ungescheut geschehen / was wohl in
den Häusern / und auf den Stuben vor unermäßliche und unaussprechliche Uppigkeit / Unrecht / und Muthwillen müsse
vorgangen seyn. Bei so gestalten Sachen nun / und weil sich oft
erwehnte Neulinge so tausenfacher Beschimpfung augenblick-
lich zu versehen hatten / waren freilich Patronen vonnöthen /
welche dieselben mit ihrer Autorität beschützten und wo sie
auf dem Markt / ins Collegium, oder in die Kirche gingen /
begleiteten / zumahl aber an dem den Neulingen bestimmten
solennen Orten / welche wir vorhin erwehnet / beistünden /
damit sie nicht gar zu unmenschlich tractiret würden. Darzu

wurden nun die ältesten und meistentheils aller unversch-
amtesten und leichtesten Gesellen / so iemahls mochten an-
getroffen werden / ausersehen / und mit reichen Verehrungen
und möglicher Bewirthung darzu vermöget. Daraus erwuch-
se abermahls ganz neue Ungelegenheit / in dem nicht allein
Patron-schmäuse auf die bahn gebracht wurden / sondern
auch / wo etwan ein solcher Patron sich seines Clienten gar zu
treulich annahm / oder ein anderer den Clienten gar zu hart
anstrengte / es an ein zancken / ausfordern / balgen und schlagen ginge / und also tausendfaches Unglück erreget wurde.
Bei beiderlei Art des pennalisirns aber hatte der leidige Satan
dieses erdacht / daß man denen zu aller Ungebühr beschwer-
ten Neulingen härtester massen / und bei Anordnung der in-
famation und äusserster Verfolgung verboten / weder bei der
ordentlichen Obrigkeit es zu klagen / noch auch die ihnen zu-
gefügten injurien an Eltern und Freunde zuberichten / oder so
nach zureden / das die Obrigkeit etwas in Erkundigung ziehen
möchte. Da doch zu weilen die Neulinge solche Gewaltthaten
dulden und außstehen müssen / von welchen so sie ungestraft
bleiben / zu befürchten wahr / es würde GOtt der Allerhöchste
die gantze Universität deswegen zur Strafe ziehen.

Was thäten nun bei diesen allen die Durchläuchtigsten
Nutritii unserer Universität? Was begann selbst auch die Universität? Sie liessen solche unmenschliche Barbarei / solch pes-
tilenzialisches Gift in keinem Wege einnisten / oder wurzeln:
sondern sie die Durchläuchtigsten Herzoge / nach dero un-
vergleichlichen und mehr als Landes=Väterlichen Vorsorge vor
gemeine Wohlfahrt / und zumahl für das aufnehmen und ge-
deien dieser löblichen Universität / erinnerten zum öfftern die
Professores ihres Amptes / und vermahnten sie ernstlich / dem
wider aufwachsenden Pennalismo mit aller Gewalt zu steuern / diese aber / die Professores, in Erwägung ihrer Pflicht /
hielten an mit oftmahligen und fast jährlich widerholten
verbothen / auch vielfältig und ernstlicher Abstraffung der

delinquenten / also und der gestalt / das zum öftern etzliche gefunden wurden / welche sothane schärfe für alzu groß und unbillich hielten / und sich darüber beklagen durften. Und dennoch aber ist auch durch alle dieses erzelhte wenig / oder / wenn wirs bekennen wollen / gar nichts der Sache abbruch geschehen. Welches denn als es hochoftermeldete Durchläuchtigste Herzoge wahrgenommen / haben sie in Jahr Christi 1653. dero wohlverordnete Geist= und weltliche Räthe gnädigsten abgeordnet / die Universität zu visitiren / und alles in bessern Stand zuverfassen / bald darauff aber neue Statuta[369] ertheilet / in welchen dann unter andern löblichen Verordnungen auch dieses mit begriffen / es solten alle die jenigen / so zur pennalisirung Ursach geben / ohne Ansehen der Person / Geschlechts / vorigen wohlverhaltens / oder auch beywohnender qualiteten / unverenderlich auf gewisse Zeit und Jahre / nach dem die Excesse, so bey der pennalisirung vorgangen / publice relegiret / die relegations patenta gedruckt / und / damit alles einen mehrern Nachdruck haben / auch die Ursach der relegation bekant werden möge / der Obrigkeit des Orts / da der relegatus gebohren oder dessen Eltern und Gefreunde wohnhaftig / geschickt werden. Würde sich auch zutragen / daß die pennalisanten / über das pennalisiren / denen Jungen Studiosis etwas von Büchern / Kleidern / oder andern mobilien / entwenden / oder an ihren Leibe und Gesundheit Schaden zufügeten / solten dieselbigen / nechst wircklicher restitution, oder billichmäßiger Ersetzung der abgenommenen Sachen / und geursachten Schäden / cum infamia in perpetuum releiget; die jenigen aber / so zwar nicht autores dieses Unfugs gewehsen / gleichwohl aber dazu sich mit gebrauchen lassen / gleicher Gestalt / uf gewisse Zeit / Ihrer Verbrechung nach mit der tacite oder privata relegatione bestraffet; beyderseits aber dahin gehalten werden / daß sie denen Novitiis Studiosis alle verursachte Unkosten und

---

369   Am 7. Januar 1653 veröffentlicht (vgl. UAJ A 2548, fol. 112–147).

Schäden erstatten müsten. Würde auch einer oder der ander bey der pennalisirung betreten werden / welcher ohne Vorsatz und ungefehr dazu kommen / gleichwohl aber denselbigen ohne wirckliche Beleidigung beygewohnet / die solten zwar mit der relegation verschonet / aber nichts desto minder / andern zum Exempel / mit Carcere, oder in andere wege bestrafft werden. Ferner wolten Ihre Fürstll. Durchll. auch die benachbarten Universitäten / zu Leipzig / Wittenberg und Erffurt / dahin vermögen / daß sie die jenigen pennalisanten / die zu Jehna publice relegirt worden / unter Jahr und Tag / und doch gleichwohl anderer gestalt nicht recipiren noch aufnehmen wolten / sie hetten denn von ihrer Obrigkeit / oder andern bekanten Leuten / ihres gebesserten Lebens glaubwürdigen Schein vorzuweisen. Sollten auch die in caussa pennalismi publice relegirte ohne vorbewust beiderseits Fürstl. Herrschaft von dem Senatu Academico, viel weniger aber von dem Rectore allein / nicht recipiret werden. Endlich solten auch die jenigen / welche die pennalisirung in ihren Häusern wissentlichen vorgehen lassen / oder zu demselben mit Beyschaffung Essens und Trinckens / oder sonsten in einerley weise und wege / Vorschub thun / nach Gelegenheit der Umbstände / entweder / ihrem Vermögen nach / mit Gelde / oder uf etliche Tage mit Gefängnis gestraft werden / auch ihrer Forderung / wegen außgerichter Pennalschmäuse / oder sonsten dißfals gethanen Vorschusses / verlustig / und das jenige / was schon gezahlet worden / den Novitio Studioso wider heraus zu geben schuldig seyn.

Dieses Statutum ist nun nicht allein jährlich zweimahl / so oft nemlich ein neuer Rector aufgeführt worden / öffentlich bis dato der studirenden Jugend vorgelesen; sondern auch der Innhalt desselben theils kurtz zuvor / eh es neben denen andern publiciret / theils aber hernach im Jahr 1655[370]. und

---

370 Universitätsprogramm vom 21. März 1655, ThULB HSA 2 Hist. lit. VI, 4 (282).

abermahls 1657[371]. der studierenden Jugend durch öffentliche
programmata angedeutet worden. Inzwischen sind die delinquenten / so oft sie etwas können überwiesen werden / nach
beschaffenheit des Verbrechens / mit Relegatione publica oder
privata, carcere oder andern scharffen Straffen iederzeit angesehen worden. Worbei denn / durch mitwürkung Göttlicher
Gnade / so glücklicher success gewesen / daß diejenige schändliche Tyrannei / welche die ältern Studiosi gegen die Neulinge
ausgeübet / und in welcher der Pennalismus vor diesem meisten theils bestanden / erstlich nur heimlich und verstohlener
weis verübet / hernach gantz und gar / oder doch zum wenigs-
ten unter den meisten / und zum grössern Theil / nach und
nach erloschen. Jedennoch aber blieb allezeit die Verachtung
der Neulinge / und der jenige verderbliche Gebrauch / da niemand / auch nicht die jenigen / welche wohl etzliche Jahr in
Frankreich / Dennemark / Schweden Niderlande / und andern
ausländischen Universitäten / so wohl inner als ausserhalb
Teutschlandes (welche den Pennalismum nicht dulden) gelebt
hatten / nicht eher ein redlicher Student heissen künte / als bis
er sich dem Pennalismo submittiret hette. Gleich als ob bei solchen verzweiffelten Bösewichtern stünde / einen und andern
deren von den Glorwürdigsten Keisern ertheilten Privilegien
fähig zu machen! So gestalten Sachen nun / sind die Pennal-
Schmäuse / so wohl Access, als absolutiones, einen weg wie den
andern / wie wohl meistentheils unter den Nahmen der Valet==
und anderer Schmäuse / verblieben: ja es sind solche / alldie-
weil die Neulinge darzu umb desto williger waren / ie weniger
Schmach und Injurien ihnen izt auferleget wurden / an kosten
nur desto höher gestiegen / und so weit endlich erhöhet worden / daß sie an rahren kostbahren Speisen / zu förderst aber
an köstlichen Confect, fast keiner Fürstlichen Tafel gewichen.

---

371 Universitätsprogramm vom 19. April 1657, ThULB HSA 2 Hist. lit. VI, 4
(286).

Letzlich / es wurde nun bemäntelt wie es wolte / blieb doch die
Bothmässigekeit der ältern Studenten über die Neulinge / und
wurde dadruch desto leichter erhalten / daß gedachte Neulinge etwas glimpflicher tractiret worden / allerdings aber die ältern vor ihre Herren erkennen / alle Freyheit von denenselben
demütig erbitten / ihre Befehle mehr als des Senatus Academici
(welchem sie sich doch mit einem Eyde verpflichtet) respecti-
ren / und also gäntzlich in allen auf jener geheis sehen musten.
Hatten demnach die ältern Studenten ihre Macht und Gewalt
allerdings verstärcket / und dahin erhoben / daß sie öffentliche Zusammnekunften anstellen / gewisse Statuta verordnen /
Gesetze geben / Decreta machen / und solche schriftlich den
Tischen publiciren; über dis die zwischen ihnen entstandenen Strittigkeiten entscheiden / auch zuweilen wohl hierüber
Zeugen bey eydlicher Pflicht anführen und vernehmen durften: strafften unrecht und verbrechen ihres erachtens / und
beseligten mit sonderlichen Beneficien / wer ihren Gesetzen
gehorsame Folge leistet: nach Beschaffenheit ein und anderen
Verbrechens durfften sie wohl gar infamiam denen delinquenten zuziehen. Ja sie hielten Convocationes, colligierten vota,
richteten Schlüsse / liessen executiones ergehen / und masse-
ten sich fast alles des jenigen an / was der Obrigkeit einig und
allein zukommt.

Die Jungen Studenten aber / in dem sie sich unter so gelinden Regiment fühleten / liessen / wie gemeiniglich zu geschehen pfleget / ihnen solches zu äusserster Leichtfertigkeit
und Frevel dienen / und waren nicht daran begnüget / daß sie
ihres gleichen auf ob erzelte Weise verfolgeten / sondern grif-
fen weiter und fingen an das Weibsvolk / nicht allein auf dem
Markt und Gassen / sondern auch selbst in der Kirchen / vornehmlich aber bei Hochzeitlichen Ehrenbegängnissen auf das
aller verächtlichste und schimpflichste durch zuziehen / mit
unzüchtigen / unflätigen Reden und leichtfertigen Gebärden
zu beschämen / an ihrer Andacht zu hindern / und demselben

in aus= und eingehen Beine unter zu schlagen / und durch ge-
machte Gassen und auf andere Wege sie aufzuhalten. Darzu
fielen sie auf öffentlichen Markte das Bauervolk an / nahmen
oder / wie sie redeten / promovirten ihnen Obst / und was sie
etwan sonst zu Markte gebracht / entweder gewaltsamer Weise
oder aber heimlich hinweg / und wo sich hierinnen iemand wi-
dersetzlich erzeigte / oder über solchen Unfug beklagte / schal-
ten / schlugen / und tractirten sie denselben zum aller ärgsten.
Sie strichen aus in die Vorstädte und Dörfer / fiengen daselbst
mit den Einwohnern allerhand Streit / schlagen / und gewalt-
sames Unheil an / woraus zum öftern Leib= und Lebensgefahr
erwachsen. Damit auch ja nicht irgend das Ansehen bliebe / als
wenn ein einiger Funcke Erbarkeit bei ihnen rückständig were /
gingen sie in der aller schändlichsten Kleidung einher / trugen
sich in zerschnittenen Hüten / zerrissenen Mänteln / zerlumpten Pantoffeln / oder hiengen auch nur ein einziges stüklein
von Mänteln an den Arm / und zogen also GOtt zum Greuel /
und allen redlichen Hertzen zum Abscheu an öffentlichen örtern einher / der gestalt daß wer sie ungefähr ersehen / hette
gentzlich vermeinen sollen / das sie nicht guten Künsten und
der Erbarkeit ergebene Studenten / sondern entweder wahn-
witzige Leute / Landbettler / oder von Strassenräubern auss-
poliertes Gesindel weren. Aber es ist unmüglich allen verübten
Muthwillen ausdrücklich zu benahmen. Ja es hat sich diese
schreckliche / frevelhaftige Boßheit nicht allein innerhalb der
Universität und denen Orten / an welchen es nun nichts neues
mehr war / ereignet / sondern auch anderswo müssen spüren
mercken lassen; in dem nunmehro vor jähriger Zeit [1660] die
boßhafftige Rotte auf der Naumburgischen Messe / im Gesichte so vieler fast aus gantz Deutschland zusammenkom-
mender ehrlicher und theils fürnehmer Leute sich zusammen
gefunden / und dermassen leichtfertig / Gotteslästerlich und
frevelhaftig / auch gegen hohe Standes=Personen erwiesen /
daß nicht allein unserer Universität / sondern auch den Studiis

selbsten ein übler Nahme und fast unauslöschlicher Makel zu gewachsen.[372] Indem nun solcher Gestalt die Bothmäßigkeit der alten Studenten über die Neulinge / wie denn auch der beharliche Vorsatz den Pennalismum zu hegen sich mehr und mehr verstärcket; auch der jungen Studenten Frevel und Muthwille / wie denn nicht weniger observanz gegen die ältern zu genommen / hat es fast nicht anders seyn können / als das zuweilen / wenn ein oder ander theil / oder etliche wenige aus ihren Mittel sich offendirt befunden / oder auch ihre böse Tükke gegen die Obrigkeit verhälen / und freventlicher Weis erhalten wollen / die Sache endlich zu einen Tumult und öffentlicher Gewalt außschlüge. Denn wenn wir den ersten Ursprung gründlich erwägen wollen / ist von nichts anders / als von Begierde zu pennalisieren / und die Pennal-Händel zu defendiren / her entsprossen / das Anno 1644. die damahls alhier befindlichen Studenten in großer Anzahl gefährliche zusammen Rottierung eingiengen / der Obrigkeit allen gebührenden respect und gehorsam weigerten / etliche ihres gelichters / welche / die Wahrheit von ihnen zu erforschen / theils auch sie zu bestraffen / in Verhaft genommen worden waren / mit gewaltsamer frevelthätiger Hand loß machten / die Neulinge bewehrten / die Thor und Mauren einnahmen und besetzten / auch endlich an das Fürstliche Schloß allhier mit Gewalt setzten / und nicht eher ruhig waren / als bis der Durchläuchtigste Hochgebohrne Fürst und Herr / Herr WILHELM / unser Gnädigster Regierender Landes=Vater / mit einer ziemlichen Anzahl Volckes sich anhero begeben / alle Studenten in das Collegium beruffen / von dannen in das Schloß führen lassen / und daselbst so lang enthalten / biß die meisten Rädelsführer entdekt / und sie ingesambt der Conspiration abgesaget hatten. Daß auch numehr

---

372   Vgl. die Intimation vom 1. September 1660.

vor 4. Jahren [1657][373] innerhalb der Stadt / vor 2. Jahren [1659][374] in der Vorstadt durch Stürmung der Bürgerhäuser ein Tumult entstanden / woher ist solches entsprungen / als daß die Neulinge denen ältern zu aller Boßheit gäntzliche Folge zu leisten / sich verbunden erachteten / und zu erhebung schädlicher Empörung bereit und geneigt waren? Und was ist von nöthen mehrers anzuführen? Der jüngste traurige / und fast gäntzlicher ruin unserer Universität / (wo Gottes väterliche Güte / und der Durchlauchtigsten Hertzogen sorgfaltige Aufsicht / es nicht zum bessern gewendet hetten) abgesehene Tumult / und daß darainnen vergossene Blut / ist guten theils deme zu zuschreiben / daß die Neulinge die von hoher Landes=Fürstlicher Obrigkeit zu mehrer Gewahrsamkeit und gemeiner Sicherheit angeordnete Bürgerwache geschimpft / und als eine Hindernis ihrer Freiheit / wie sie geredet / (in Wahrheit aber ihres frevelhaften Muthwillens) abzutreiben gesucht / und zu solchem Ende auf freien Markte / in gegenwart der ältern Studenten / und wo nicht auf Geheiß / dennoch nicht ohne Bewilligung oder Beliebung derselben / in grosser Anzahl hin und wider gelauffen / andere von ihren Stuben durch gräßliches und erschreckliches grosses Geschrey abgefordert / und darbey nichts unterlassen / was ihnen ihr verderblicher Muttwille an die Hand gegeben. Uber diß alles / wer hat wohl zeit hero über der schändlichen Verbündnis dies ganze Universität aufzuhenben / welcher doch auf gnädigsten Befehl unsers gnädigsten Regierenden Landes=Fürsten die meisten Studenten durch Eydes kräfftigen dem Rector getahnen Handschlag in beyseyn Fürstll. Commissarien und des gesambten Senatus Academici reuniiret / härter und steiffer gehalten / als eben die jenigen jungen Studenten / welche Absoluti seyn und heißsen wollen? Wie wohl uns auch andere nicht unwissend seyn / welche mit

---

373 Vgl. UAJ E I 2, fol. 148; UAJ E I 1, fol. 112f.
374 Vgl. E I 9, fol. 1–10.

Hindansetzung ihres theurgeleisteten Juraments schädliche
Anschläge wider unsere Universität erhoben / so aber der Straffe des gerechten GOttes auf keine Wege entlauffen werden.

So erscheinet demnach zur gnüge aus dem / was biß anhero aus unterschiedlichen Ursachen so weitläuftig angeführet
worden / so wohl daß weder denen Durchläuchtigsten Herzogen / noch auch uns der Wille und Wunsch den Pennalismum gänzlich auszurotten iemahls ermangelt / als auch das
so vielfältige Unheil / welches aus demselben hergeflossen.
Derowegen denn / als hoch reiflich erwogen worden / wie das
Unheil ferner in keinem Wege zu dulden / doch gleichwohl auf
bißher versuchte Weise gänzlich nicht aufzuheben were / haben die Durchläuchtigsten Hochgebohrnen Hertzoge zu Sachsen / beiderseits Linien / höchstmildeste Unterhalter unserer
Universität / unsere gnädigste Fürsten und Herrn / das Werk
mit andern des H. Römischen Reichs Fürsten und Ständen / zu
förderst aber mit Chur=Fürstlicher Durchläuchtigkeit zu Sachsen communiciret / und den Pennalismum endlich mit Stumpf
und Stiel auszureutten / einheiliglich beschlossen / auch hierüber Gnädigste Befehle / solche zu publiciren / an uns abgege-
ben. Deren Meinung und Innhalt diese ist :

Es hetten Ihre Fürstll. Durchll. Sich untereinander verglichen / und dahin vereinbahret / daß der verfluchte Pennalismus
bey dieser Universität gleichfals zu grunde ausgerottet seyn /
und kein Studiosus Veteranus, oder alter Student / die aus den
Gymnasiis und Schulen neuankommende Juniores hinfüro mit
Acces= Pennal= Absolvir= Correction= oder andern Schmäusen /
ingleichen mit Collecten, schimpflichen agiren / jäcken / aufwarten / oder was dergleichen Plackereyen mehr / viel weniger
mit Schlägen / oder sonsten uff was Weise das geschehen möchte / im geringsten beschweren / noch sich einiger Botmäßigkeit
über sie anmassen / sondern dieselben allein unter des Magistratus Academici und ihrer eigenen Hofmeister und Praeceptorum
Aufsicht und Bestraffung allerdings lassen / die Novitii auch /

oder junge Studenten / beedes die itzo bereits auf dieser Universität sich befinden / als künftig dahin gelangen möchten / den bißhero bey ihnen üblichen leichtfertigen / üppischen und läppischen Beerenheuter=Habit ablegen / und gleich andern einer erbaren Kleidung sich befleißigen / auch so wohl des exagitirens untereinander selbsten / als alles andern ärgerlichen / unsinnigen / leichtfertigen Wesens und Muthwillens uf der Gassen / in Häusern / und bevorab in der Kirchen und allen Versamlungen / gäntzlich enthalten / und zu förderst hiebey die Professores ihr tragendes schweres Ambt / dero Gewissen und Pflichten nach / bey Verlust ihres Diensts treulich und fleißig verrichten / die delinquenten ohne affecten und ansehung der Person zu gebührender Straffe ziehen / und zwar zum erstenmahl / nach des Verbrechens grösse / uff etliche Jahre / das andermahl in perpetuum, iedoch sine infamia, wenn aber einer wieder recioirt wird / und zum drittenmahl frevelt / in perpetuum cum infamia, und zwar mit praeclusion aller fernern reception, und mit außschliessung von allen Ehren=ämbtern / relegiren / darvon in allen dreyen Fällen andern Universitäten / damit solche Verbrechere uf keiner angenommen / sondern uf allen zugleich excludiret seyn mögen / wie auch an die Fürstlichen Höfe / und dem Magistrat, darunter der relegatus wohnhafft / notification thun / und weder im ersten / andern / noch dritten Fall ohne der Fürstll. Herren Patronen beyderseits Linien Vorbewust und Befehl sich durchaus keiner dispension oder reception unterfangen / noch ihre Verbrechen vertuschen / auch insonderheit / da einer oder der ander von Professoribus betreten würde / daß er zu einigen Pennal= Access= und dergleichen Schmause Vorschub oder die Außrichtung gethan / derselbige seines Ambts und Diensts verlustig und hiermit ipso facto und würcklich entsetzet / wie auch nicht weniger andere nach Gelegenheit der Umbstände nachtrücklich bestrafft werden solten.

Dieses ist der Inhalt dessen von beiderseits Linien Durchläuchtigsten Hertzogen abgelassenen decrets, den Pennalismum, die leibhaftige Bruth und Geschmeisse des leidigen Teufels / unümbgänglich und gänzlich aufzuheben / zu tilgen / und mit strumpf und stiel auszurotten. Stehet nun euch Studenten / so wohl ältern als Neulingen nichts anders zu / als daß ihr der denen Durchläuchtigsten Hertzogen und der Universität geleisteten Pflicht eingedenk lebet / und gehorsame Folge schleunig leistet. Denn es selbst die Furcht Gottes nicht anders erfordert / als daß man der Obrigkeit / welche Gottes Stadthalterin ist / gehorsam leiste:nun ist ja niemand unter euch / der nicht viel lieber den Preis haben wolte / daß er Gottselig lebett / als den bösen Nahmen / daß er gottlos und verrucht seyn. Der ungefärbten Tugend Eigenschaft ist / alle das jenige mit Fleis zuvermeiden / welches nur den geringsten Verdacht einiger Boßheit nach sich ziehen möchte: Nun ist abermals niemand / der nicht lieber tugendhaft gepriesen / als vor einen Lasterschlauch ausgeschrien werden wolte. Gehorsam ist eine Mutter aller Glükkseligkeit: wer wünscht ihm nicht glücklichen progress in seinen studiren / und andern vorhaben? Endlich es bringt guten Nachruhm und löbliches Gerüchte / sich den Gesetzen und Erbarkeit gemäs halten: nun ist ja im geringsten nicht zu muthmassen / daß iemand unter euch solte betreten werden / der nicht eher und mehr erbar und redlich / als übel berüchtet und unredlich wolte genennet werden.Dieses erwäget nun ihr Studenten / und wofern ihr eure Wohlfart liebet / eilet freies Willens dem jenigen / was Fürstliche Befehl erfordern Folge zu leisten / und zu unterlassen / was selbe vermieden haben wollen. Im widrigen Fall (welches wir doch nicht vermuthen / und einem iedwedern väterlich wollen gewarnet haben) wird in der That zu spüren seyn / daß weder denen Durchläuchtigsten Hertzogen / noch auch uns Mittel ermangeln die Ungehorsamen zu bezähmen. Und darf ihm gar niemand die Gedanken machen / daß / was Dieselbe mit so weitläuftiger Müh und sonderbaren Eifer beschlossen / Sie auf einige wege widerumb nichtig machen / oder sich darüber werden schimpfen lassen. Im übrigen werdet auch ihr übrige Universitäts=Verwandten euch äusserstes Fleisses zu hüten wissen / daß ihr inskünftige zur pennalisation auf keinerlei Weise Vorschub thut / oder in widrigen Fall euch ernster harter Straffe unausbleiblich vermuthen. Solches ist öffentlich angeschlagen und mit beidrükkung unserer Universität Insiguls bekräftiget / am Fest Mariae Heimsuchung oder den 2. Tag Julii / Anno Christi 1661."

Johann Balthasar Schupp[375] berichtet von seiner Pennalisation in Marburg um 1625

Zitiert nach: Schupp: Schrifften, S. 393f.

„Treiben die Holländer / Engeländer / Frantzosen / Italiäner und Spanier solche Thorheiten? Thun es die Papisten in Teutschland? Und ich frage ob sie nicht eben so wol gelehrte Leute erziehen / als die Lutheraner? [...] Als ich auf die Universität N.[376] kam und mein Pennal=Jahr anfienge / waren allda etzliche Lumpehunde / Ertz-Pennalputzer / welche mich in meinem Pennal=Jahr einsmahls besuchten / und sahen dass ich die Horas succisivas Camerarii in der Hand hatte / und lase darin / da sagte einer / sehet was das für ein hoffärtiger Pennal sey / daß er da alsbald in großen Büchern lesen will! Du kleiner Pennal / verstehstu was du lesest? Ich erstummete und machte eine tiefe Reverentz. Endlich kam einer zu mir und sagte mir in ein Ohr: Habt ihr Geld? Ich sagte Nein. Da antwortete er so schickt den Camerarium auff den Weinkeller / und lasset ein paar Viertel Wein bey Flandes Kirschbaum holen / ich will euch gnädig davon helffen. Ich schickte nicht allein den

---

375 Johann Balthasar Schupp (1610–1661), Satiriker und Lyriker, Professor und zeitweise Rektor der Universität Marburg.
376 Vermutlich Marburg.

Camerarium / sondern auch meinen Mantel / welchen ich am Sonntag pflegte zu tragen / auff den Weinkeller / und bate / Flandes wolle mir doch in dieser Noth zu Hülff kommen / biß ich meinem Vater schreiben könne. Als mein Camerarius und mein Mantel auff den Keller kommen waren / war Herr Bürgermeister Conr. Lüncker [...] in dem Rathskeller / als Wein=Herr gewesen / hatte den Cammerarium durchblättert / und gesehen / was ich in margine annotirt hatte / und hatte erstlich zu der Magd gesagt: Das muß ein feiner gelahrter Herr seyn / der dieses Buch gelesen hat.Und zu dem Wirt: hat er gesagt: Helffrich / gebt ihm was er haben will. Ach wer war so frohe als Ich / da die Magd kam / mit einem großen Krug voll Wein / daß ich diese Wetterauischen Milch-Bengel contentiren konnte? Ich wartete ihnen so fleißig auff; als wann ich Page bey dem Hertzogen von Friedland[377] wäre / und dachte wann ich einmahl zu wenig in das Glas schenckte / so würde ich alsbald hören die erschröckliche Stimme / lasset die Bestie auffhencken. Attila der grosse Tyrann / welcher als er in Franckreich kame / gefragt wurde wer er seye / und antwortete / Sum flagellum Die / hat gantz Franckreich so großen Schrecken nicht gemacht / als mir damals diese Milch-Dölpel machten in meiner Stuben. Allein zwey unter eben diesen Lemmeln kamen zehen Jahr hernach zu unterschiedenen Zeiten zu mir / und bückten sich so tieff / und war nichts als Ew. Excellentz [...]."

---

377 Albrecht Wenzel Eusebius von Waldstein, gen. Wallenstein (1583–1634), Herzog von Friedland (1625–1634), Herzog zu Mecklenburg (1628–1631), Herzog von Sagan (1628–1634).

Schreiben der Universität Leipzig an die Universität
Jena über das Wiederaufkommen des Nationalismus
vom 23. Juli 1675

Überlieferung: UAJ A 2196a, fol. 36–37.

„Vnsere freundliche Dienst zuvorn, Rector Magnifice, Hoch-
ehrwürdige, Wohledle, Veste, Grosachtbahre und Hochgelahr-
te, Hochgeehrte Herren und Freunde,

dieselben haben uns gestriges Tages in Schrifften zuverneh-
men geben, was maßen bey ihnen eine zimliche Anzahl derer
Studenten sich zusammen gefunden, in Willens vier Nationes
unter sich aufzurichten, und bey ieder einen Fiscum anzustellen, auch, bey beschehener Inquisition, ihr Vornehmen zu be-
schönigen, auf hiesige Universität Leipzigk, ob solten dergleichen privat Nationes jüngsthin alhier angestellet worden seyn,
sich beruffen, dahero E. Magnif. und die Herren benachrichti-
get seyn wollen, ob dißfalß bey uns etwas fürgelauffen,

hierauff nun sollen denenselben, wir in freundlicher Ant-
wortt nicht bergen, wie daß, nach dem ein hiesiger Studiosus,
Eccardus Thode[378], in einem am 30. Novembr. des jüngst abge-
wichenen 1674ten Jahrs zwischen denen Studiosis und Stadt-
knechten fürgegangenen nächtlichen Tumult verwundet wor-
den, woran |36r| er auch folgenden 5. Decembr. besagten Jahrs
verstorben, die Studenten alhier zwar sich zusammen gefunden, in vier Nationes sich einzutheilen, gewiße Seniores oder
(:wie sie selbige genennet:) Agenten bey ieder Nation zu wehlen,
Famulos Nationales anzunehmen, Fiscos aufzurichten, undt
sich unter einander zu collectiren unterstanden, wiewohl unter dem damahligen Vorwand, damit ihre wieder die Stadtwa-
che habende Action desto füglicher ausgeführet werden könte,

---

378 Eckard Tode aus Itzehoe/Schleswig-Holstein, für 1rt zum WS 1673/74 in
     Leipzig immatrikuliert.

nachdem wir aber solch derer Studenten unzuläßliches Beginnen, tragenden obrigkeitl. Ambts halber, nicht verstatten
sollen und können, dahero sowohln vorerwehnte Seniores oder
Agenten nebst andern alsobalden für uns in locum Concilii erfordern laßen, und ihnen von dergleichen unverantworttlichen
Fürnehmen abzustehen, nachdrücklichen aufferleget, als auch
die andern gesambten Studiosos durch öffentliche angeschla-
gene |36v| Patenta, hiervon und andern dergleichen Neuerun-
gen gäntzlichen abzustehen, ernstlichen anermahnet und bey
des Churfl. Durchl. zue Sachsen p unsers gnädigsten Herrns
pp darob geschärftes ungnädigstes Mißfallen, als auch unsern,
der Universität, eusersten Unwillen, und weßen sich die Studiosi, bey Verweigerung der anbefohlen Abstellung obiger Excesse, ungezweifelt zuversehen, zur Gnüge contestiret, inmaßen aus beygehenden zwey Abschrifften und dem gedruckten
Exemplar de datis den 20. Xber. 1674. 14. Martii und 27. Junii[379]
dieses Jahres mit mehren erhellet,

Alß haben E. Magnif. und die Herren hieraus zuersehen,
was für sonderbahre Sorgfalt und ernstlichen Nachdruck wier
gebrauchet, die Privat-Nationes zu hintertreiben, gestalt wier
auch nicht unterlaßen werden, do sich dergleichen (:welches
wir iedoch nicht hoffen:) wieder herfür thun solte, solch Feuer
alsobalden in der Asche zu dempfen, dem daraus besorglichen
neuerlichen Übel gnädigst anbefohlener Maßen nachdrück-
lich zu steuren, und dißfalß |37r| guter Disciplin und Ordnung
nichts ermangeln zu laßen,

welches E. Magnif. und denen Herren wier hiermit in
Antwort vermelden wollen, nicht zweifelnde, dieselben auch
ihres Orths dergleichen thun, und, daß der einmahl ausge-
rottete schändliche Pennalismus abgeschaffet bleiben, und
allenthalben behörige Disciplin gehalten werden möge, sich
euserst bemühen werden, gestalt wier uns dann zu fernerer

---

379 UAJ A 2196a, fol. 38–40 und 41.

Communication, und was von uns dißfalß beygetragen werden kann, willigst anerbiethen,

    Datum Leipzigk den 23. Julii Anno 1675.

Rector, Magistri und Doctores der Universität daselbst, |37v|"

VIII. Abkürzungsverzeichnis

Art.	Artikel
Anm.	Anmerkung
Bd(e).	Band/Bände
bearb.	bearbeitet
Bsp.	Beispiel/e
Churfl.	Kurfürst/kurfürstlich(en)
d	Pfennig
Diss.	Dissertation
gl	Groschen
EGA	Ernestinisches Gesamtarchiv
EnzNZ	Enzyklopädie der Neuzeit
E./Ew.	Euer
fol.	folio
Hg./hg.	Herausgeber/herausgegeben
HSA	Handschriften- und Sondersammlung
Ld. / Lbd.	Liebden (Lieben)
ND	Neudruck
NF	Neue Folge
o. O.	ohne Ort
o. J.	ohne Jahr
p/pp/p.	usw.
Reg.	Registrande
rt/Rthlr	Reichstaler
S.	Seite
SS	Sommersemester
StAJ	Stadtarchiv Jena
ThHStAW	Thüringisches Hauptstaatsarchiv Weimar
Thlr	Taler
ThULB	Thüringer Universitäts- und Landesbibliothek
Tl.	Teil
UAJ	Universitätsarchiv Jena

UB	Urkundenbuch
VD16	Verzeichnis der Drucke des 16. Jahrhunderts [http://www.vd16.de]
VD17	Verzeichnis der Drucke des 17. Jahrhunderts [http://www.vd17.de]
Verf.	Verfasser
Vgl.	Vergleiche
WS	Wintersemester
ZVThGA	Zeitschrift des Vereins für Thüringische Geschichte (und Altertumskunde)

Nicht aufgeführten Abkürzungen folgen der Normierung des Duden.

IX. Quellen- und Literaturverzeichnis

IX. 1. Quellen

IX. 1. 1. Gedruckte Quellen

[Anonym]: Deutscher Sermon vom Deponieren der Bacchanten, in: [Anonym]: Dyas Orationum de Ritu Depositionis, Strassburg 1666 [VD17 1:064950A] [ND 1880].

[Anonym] Gepflückte Fincken / Oder Studenten-Confect / Auffgetragen in zwoen Trachten / Jede von 100. Gerichten. [...] zur Recreation, Belustigung des Gemühts / und Verkürtzung der Zeit / in Druck gegeben hat: Aabcdefghiklmnopqrstuwxyz. Im Jahr / BezahL DV MICh nVn Itzt fVr baar. [Franckenau, 1667] [VD17 23:305748L].

Abel, Heinrich Caspar: Wohlerfahrner Leib-Medicus der Studenten, Welcher So wohl allen auf Schulen / Gymnasiis und Universitäten Lebenden [...] / als auch allen Menschen insgemein die nöthigsten Regeln und herrlichsten Artzeneyen mittheilet [...], Leipzig [erstmals 1699] ⁴1713.

Bericht und Bedencken, wie solche dem Durchleuchtigsten Fürsten und Herrn / Herrn GEORGEN / Landgrafen zu Hessen [...] hin und wieder auff etlichen Academien in Teutschland / und theils auch auff S. Fürstl. Durchl. Universität Giessen eingerissenen Pennal-Wesen underthänigst erstattet worden [...], Gießen 1660 [VD17 1:016034M].

[Breda, Jacob von]: Manuale Scholarium qui Studentium Vniuersitates aggredi ac postea proficere in eis intendunt, [Köln um 1500].

Die iüngere Matrikel der Universität Leipzig 1559–1809 [...], Bd. 2: Die Immatrikulationen von Wintersemester 1634 bis zum Sommersemester 1709, bearb. von Georg Erler, Leipzig 1909.

Die Matrikel der Universität Jena, Bd. 1 (1548–1652), bearb. von Georg Mentz/Reinhold Jauernig, Jena 1944.

Die Matrikel der Universität Jena, Bd. 2 (1652–1723), bearb. von Reinhold Jauernig/Magda Steiger, Jena 1977.

Die Matrikel der Universität Rostock, Bd. 2 (1499–1611), bearb. von Adolph Hofmeister/Ernst Schäfer, Rostock 1891.

Dilherr, Johann Michael: ProphetenSchul. Das ist / Christliche Anweisung / zu Gottseliger Betrachtung [...], Nürnberg [1662] [VD17 12:133732E].

Dinckel, Johannes: De Origine, Causis, Typo, et Ceremoniis ellius Ritus, qui vulgo in Scholis Depositio appellatur, Oratio [...], Erfurt 1578 [VD16 D 1745]. Darin:
-   De Origine, Causis, Typo, et Ceremoniis ellius Ritus, qui vulgo in Scholis Depositio appellatur, Oratio M. Iohannis Dinckelij, [o. O., o. J.].
-   Ivdicium reverendi Patris D. Doctoris Martini Lvtheri, Depositione in Academiis visitata, Wittenberg [o. J.].
-   Typus Depositionis Scholasticae, Heroico carmine descriptus. Avtore Friderico VVidebrando, [o. O., o. J.].

Dürer, Hieronymus: Lauf der Welt und Spiel des Glücks. Zum Spiegel menschliches Lebens vorgestellet in der wunderwürdigen Lebens-beschreibung des Tychanders, Hamburg 1662 [ND der Ausgabe von 1668 (VD17 1:664538Q) = Hildesheim/u. a. 1984].

Freyheiten / Ordenungen / vnd Statuten / der löblichen Vniuersitet Jhena / Durch [...] Herrn Johans Wilhelm / Hertzogen zu Sachsen [...] ernewert vnd publicirt / [Jena] Anno 1569. am tag Concordie / den 18. Februarij [VD16 S 1123].

Friederich, Adam Wilhelm: Oratiuncula de Origine, Actu, Ceremoniis, & Utilitatibus, quas habet Ritus ille plerisque in Academiis usitatus, Depositio Beanorum [...], Witteberg 1623 [VD17 3:012209Y].

Fritsch, Ahasver: Scholaris Peccans, sive Tractatus se Vitiis et Erroribus Scholarium, cum Appendice de Vitiis et Erroribus Moderatorum Iuventutis Scholasticae, Breslau/Leipzig 1679 [VD17 1:002124Q].

Gänzliche Abschaffung des schädlichen Pennal=Wesens auf der Universität zu Jehna. Aus dem Lateinischen ins Teutsche übersetzt. Jena 1661 [VD17 547:633820Z].

- Pennalismus proscriptus profligatusque ab Academia Ienensi, Jena 1661 [VD17 23:646591C].

Happel, Eberhard Werner: Der Academische Roman, Worinnen Das Studenten-Leben fürgebildet wird; Zusamt allem / Was auf den Universitäten passiret / wie diese bestellet werden / wie die Professionen und Facultäten eingetheilet sind / [...] Wann der Pennalismus abgeschaffet; Was für Excessen die Studenten offt begehen / was die Bachanten für Leute / und was man von dem Academischen Leben zu wissen verlangen mag. Das Gute zur Lehre / das Böse aber zur Warnung der Ehr-liebenden Jugend / in einer schönen Liebes=Geschichte fürgestellet [...], Ulm 1690 [ND Berlin 1913].

Heider, Wolfgang: Hypotyposis Scholastici boni simul et mali. Studiosae iuventuti publice exhibita in Acad: Ienensi: A. M. Wolfgango Heidero. Die 5. Feb. Anno 1607. Cum onus Magistratus Scholastici in ipsum devolveretur accesserunt eiusdem Orationes duae de Proverbio: Heroum Filii Noxae, Jena 1607 [VD17 23:245390W].

Hoffmann, Valentin: Fernere Ausführung / worinnen Die alte Gewohnheit zu deponiren, so bey allen Academien stat einer Einleitung zu besserm Verhalten üblich / in einem Carmine kürzlich vorgestellt wird von Valentino Hoffmann/ aus Eisenach / Not. Publ. Caes. und der Hochlöblichen Universität Jehna 39. Jährigen Depositore, [Jena] 1688 [VD17 1:089353U].

Hoffmann, Valentin: Laus Depositionis Beanorum / VI. Idib. Novembr. Anno M.DC.LVII. In Alma Salana publice dicta a Valentino Hoffmann / Isnaco-Tyrigeta, Academiae h. t. Depositore, Jena 1657 [VD17 12:135683Y].

Hundorph, Johann: Kurtzes Tractätlein de Ritu Depositionis. Darinnen ordentlich nacheinander erzehlet (1) von wem / (2) wo / (3) warüm / (4) wann / (5) und wie das Deponiren eingeführet:

(6) was für unterschied zwischen der Deposition der Schüler
und Studenten; und der Deposition der Handwercksgesellen /
(7) warum diese / wann sie ihre Lehrfahre außgestanden; jene
aber/ wenn sie noch meistentheils unter der Disciplin, deponiret werden; beneben (8) Erklär- und Bedeutung der mancherley Instrumenten / und (9) der Ceremonien / so darbey
gebraucht werden. Männiglichen / weme solcher Ritus wun-
derlich fürkömt / sonderlich aber denen / so ex ignorantia,
schimpff- und spöttlich davon reden / zum Vnterricht auffge-
setzt von Johanne Hundorphio / Erffurt, S. S. Joh. C. pariterqve
Minist. Academ. [...], Erfurt [ca. 1652] [VD17 27:721035R].

Kindermann, Balthasar: Schoristen-Teufel. Das erste Gesicht,
    Jena 1661 [VD17 12:101860W].

Kindermann, Balthasar: Wollüstige und verstand-lose Jugend
    Eines reuigen Studenten / Nicht allein den Gelehrten son-
    dern einem jeden Christen Alt und Jung zu betrachten
    nützlich / Von einem hiebevor durch des Teuffels Wirckung
    verführten / numehr aber durch Gottes Erleuchtung be-
    kehrten Schrifftgelehrten In hertzlicher Bußfertigkeit mit
    vielen Thränen verfertiget und auffgesetzet, [ersmals o. O.
    1664] Leipzig 1691 [VD17 23:284327N].

Lauremberg, Jacob Sebastian: Orbis Bacchans seu Oratio in qua
    Seculi nostri mores repræsentantur pronunciata / Ipsis Sa-
    turnalibus in Auditorio Magno. à Jacob. Sebastian. Laurem-
    berg. J. U. D. & Historiarum Professore publico, Rostock 1652
    [VD17 12:138459B].

Liechtbützer, Erasinus: Discursus Theoreticopracticus ad. §
    Non autem omnes. Iust. de perpet. & temporal. Action:
    Continens Naturam et Proprietatem Actionum Pennalium /
    Quem Praeside [...] Erasino Liechbützer [...] discutiendum
    proponit Theopompus Innocentius Spuelwurm [...], Fuchste-
    hudae, 1627 [VD17 23:259335R].

Luchten, Adam: Oratio Adami Luchtenii Phil. Et Med. D. [...]
    Quam habuit cum Magistratum Scholasticum per Semestre

Tempus gestum resignaret, in qua tum de Calumnia ipsa paucis disseritur, tum etiam de quibusdam Calumniis ob Gestum Magistratum in se iactis Rationem reddit, & de aliis se redditurum promittit, Helmstedt 1611 [VD17 23:250703P].

Lünig, Johann Christian: Das Teutsche Reichs-Archiv. Tl. 1: Pars Generalis [...], Leipzig 1710.

Luther, Martin: Werke. Kritische Gesamtausgabe. Tischreden, Bd. 4, Weimar 1916.

Luther, Martin: Werke. Kritische Gesamtausgabe. Tischreden, Bd. 6, Weimar 1921.

Melander, Otto/Melander, Dionysius: Joco-Seria:. Das ist / Schimpff und Ernst : Darinn nicht allein nützliche un[d] denckwürdige / sondern auch anmütige und lustige Historien erzehlet und beschrieben werden / Erstlich in Lateinischer Sprach außgangen / durch Herrn D. Othonem Melandrum, Jetzt aber [...] ins Teutsch ubersetzet, Darmstadt [erstmals 1605] 1617 [VD17 23:253599V].

Meyfartus, Johannes Matthaeus: Christliche Erinnerung von der auß den evangelischen Hohen Schulen in Teutschlandt an manchem Ort entwichenen Ordnungen erbaren Sitten, vnd bey dißen elenden Zeiten eingeschlichenen Barbareyen vor etzlichen Jahren aufgesetzt durch Johannem Matthaeum Meyfartum [...], Schleusingen 1636 [VD17 23:248940K].

Moscherosch, Johann Michael: Visiones de Don Quevedo. Wunderliche und Wahrhafftige Gesichte Philanders von Sittewald, Hildesheim/New York 1974 [ND der Ausgabe Straßburg 1642].

Multibibus, Blasius [Brathwaite, Richard]: Jus potandi oder Zechrecht, Neuwied/u. a. 1997 [ND der Ausgabe von 1616].

Palaeottus, Onuphrius/Penna, Luca de: Disputatio Physiolegistica. De Iure & Natura Pennalium. Per multas quotidianas decisorias Conclusiones / cum Valentiis et Fallentiis / ex generali Universitatum Studenticarum Styli Observantia Collecta [...] / quam Praesidente Onuphrio Palaeotto [...] Excutiendam proponit Dn. Lucas de Penna [...] in Academia Actuaricensi [...] Anno M.D.XI [1611], [Leipzig ca. 1690] [VD17 12:145353R].

Patent Die von denen Durchlauchtigsten Herren Nvtritoribvs Der Jenaischen Academie In hoher Conformitaet gnädigst anbefohlene Abschaffung Des Nationalismi, Wie auch Seniorate und Svbseniorate, Hochschmäusse derer Landsmannschafften u. d. g. betreffen. Gegeben Jena, 23. Juni 1724.

Plagosus, Orbilius/Afflictis, Tyrus de: Quaestio Status de Iure et Natura Beanorum / quam Praesidente Orbilio Plagoso, Cornutorum monstrorum Domitore famosissimo. Pro consequendo iure Pennalium adferet & tutabitur Tyro de Afflictis, [o. O.] 1661 [VD17 1:049079Y].

Quistorp, Johann: Johannis Quistorpii Theol. D. & Professoris, Oratio in qua Schoristae Academiarum Pestes delineantur. Publice ab ipso Rostochii in Auditorio Maiore recitata, quando Academiae Rectoratum secundo assumpsit 25. die Octobris anno 1621, Rostochii 1621 [VD17 39:160342M].

Quistorp, Johann: Orationes duae, una, in qua Schoristae, Altera, in qua Nationalia Collegia, seu Nationales Societates delineantur / Publice ab ipso in Auditorio Maiore recitatae, illa anno 1621. [...] haec anno 1625, Rostock 1640 [VD17 12:151478H].

Rollos, Peter: Vita Corneliana Emblematibus in Aes artificiose incisa, novo Varietatum genere pulcre distincta, & in Favorem Studiosorum sempiternum edita. Das ist das gantze Leben Cornelii, mit ausserlesenen Gemelten in Kupfer gestochen [...] durch Peter Rollos, [o. O.] 1624.

Schöttgen, Christian: Historie des ehedem auf Universitäten gebräuchlich gewesenen Pennal-Wesens, Dresden/Leipzig 1747.

Schram, Johannes: Monopolium der Schweinezunft. Rede gehalten in Erfurt in dem Jahr 1494, hg. von Friedrich Zarncke, [Leipzig 1857].

Schröder, Joachim: Bericht / Daß die auff Universiteten durch boßhafftige Studenten / Als insonderheit Der Sophisten /

Schoristen / Pennalisirer / und deßfalls halstarrigen und auffrührischen National-Brüder Verderbung der Jugend in Rechten Verdampt / und grosser Straff würdig sey. Wie H. Johannes Matthaeus Meyfartus, S. S. Theol. Doctor, und auff der uhralten Academien zu Erffurt Professor [...] denselben in seiner Christlichen Erinnerung hievon lib. 4. c. 2. & 3. hat eingeführet / Das jederman / sonderlich aber Lehrer und Prediger hie und anderswo / da solche Verderbung vorgehet / derselben auff gebührende Art / mit Ernst und Eyffer müglichkeit nach Dafern sie ihren Ehren-König Christum nicht ferner erzürnen / und nicht zeitlichen und ewigen Fluch auff sich laden wollen / stewren und wehren mügen [...], Rostock 1642 [VD17 12:131186B].

Schröder, Joachim: Hellklingende vnd durchringende FriedensPosaune / Das ist / Eine Christeyffrige Vermahnung zum Friede. Dem vber alles Hochgelobten [...] Herrn Ferdinando dem Dritten / Erwehlten Römischen Käyser [...] Zur Ermunterung Daß er dem Könige der Ehre / die Thüre und Thore in in seinen Reichen und Academien, sonderlich in Deutschland / daß der Ehrenkönig Christus zu uns könne einziehen / wolle hoch und weit machen, Rostock 1640. [VD17 23:295537N].

Schröder, Joachim: Herrn D. Martini Lutheri Trewhertzige Vermanung an Kinder / Gesinde / Unterthanen und Zuhörer / Daß sie ihre Eltern / und die / so an Eltern stat sind / ehren und gehorsamen / Wie auch An Eltern / daß Sie die Ihrigen zum Guten erziehen sollen. Neben einer Vorrede an die Jungen Knaben / Fürnemlich aber an die Auff Evangelischen Academien lebende Studenten in Deutschlandt / Daß sie kürtzlich und gründlich erkennen / Was von ungehorsamen Kindern zu halten / und was sie zu erwarten / und demnach allen Ungehorsam meyden [...], Rostock 1641 [VD17 12:131189Z].

Schröder: Joachim: Hertzwecker Der vollen Brüder des reichen Schlemmers / Wie ins Gemein Aller / die mit Bier / Wein /

Brandwein etc. sich außfüllen / Also auch Insonderheit Aller
und jeder SauffStudenten und Nationalgesellen / Durch ein
vierfaches Weh vom Propheten Joel denen zu seiner und aller
Zeit Zechbrüdern gestellet / Und von einem eyffrigen Theologe [...] in einer Geistreichen Erklärung gewaltig beweget;
Jetzt aber / da fast Jedermann im Saufe lebet [...] Und fürnemlich auch Die Academische Obrigkeit [...], Rostock 1642.
[VD17 28:718919K].

Schupp, Johann Balthasar: Lehrreiche Schrifften / Deren sich
beyds Geist- als Weltliche / wes Standes und Alters sie auch
sind / nützlich gebrauchen können [...], 2 Bde., [erstmals Ha-
nau 1663] Franckfurt a. M. 1677 [VD17 23:298677G].

Senfft, Johann Christoph: Ritus Depositionis Academicae, Wittenberg 1637 [VD17 12:131013C].

Uhse, Erdmann [Suden, Hermann]: Der gelehrte Criticus über
zwey hundert sieben und viertzig curieuse Dubia und Fragen
so wohl aus der Kirchen- Profan- und Gelehrten-Historia, als
auch aus dem Jure Publico des Römisch-Teutschen Reichs /
wie nicht weniger aus der Geographie, Philologie, Moralité
und Staats-Politic der meisten Reiche und Republiquen in
Europa. In dreyen Theilen abgefasset von Hermann Suden.
Erster Theil, Leipzig ³1715, darin: Was es mit dem Pennalismo
vor einen Anfang, Fortgang und Ausgang gehabt?, S. 186–194.

Universitätsprogramme der Universität Jena in folgenden Bän-
den:
- ThULB HSA 2 Hist. lit. VI, 1–30.
- ThULB HSA A. l. IX, 7–8.
- UAJ A 1238 Patente und Programme 1587–1736.
- UAJ A 1239 Patente und Programme 1684–1731.
- UAJ A 1240 Patente und Programme 1615–1725.
- UAJ A 1241 Patente und Programme 1569–1732.
- UAJ A 1242 Patente und Programme 1650–1734.

Urkundenbuch der Universität Wittenberg, Bd. 2: 1611–1813, bearb. von Walter Friedensburg, Magdeburg 1927.

Valentinus: Johann Justus: M. Joh. Iusti Valentini Depositoris quondam Publici. Academicus Civilis Oder Der Höffliche Student. Nach Anlaß Der auff Universitäten gebräulichen Deposition Kürtzlich entworffen und nach des Authoris Tod zum erstenmahl in Druck gegeben / Von Joh. Conrado Valentini M. A. P., Giessen [erstmals 1696] 1699 [VD17 12:625789G].

Weigel, Erhard: Erhardi Weigelii Consiliarii Cæs. & Palatino, Sulzbac. Artium Archit. Direct. Supr. Mathem. P. P. Alumnorum Inspectoris, h. t. Academiæ Rectoris, Oratio In Laudem Studiosorum Jenensium. Non minus, ac aliarum Academiarum Germaniæ. In Actu Rectorali prid. Cal. Martii 1695. habita, Jena 1695 [VD17 12:134614F].

Wichgreve, Albert: Cornelius Relegatus. Eine newe lustige Comoedia, welche gar artig der falschgenannten Studenten leben beschreibt / Erstlich in Lateinischer Sprache beschrieben durch M. Albertum Wichgrevium Hamburg, ietzo aber in teutsche Sprache ubersetzt durch Johannem Sommerum Cycnaum, Magdeburg [1605].

Zincgref, Julius Wilhelm: Gesammelte Schriften, Bd. 3: Facetiae pennalium, hg. von Dieter Mertens, Tübingen 1978 [Erstauflage: Facetiae Pennalium. Das ist / Allerley lustige Schulbossen / auß Hieroclis facetiis Philosophorum zum theil verteutschet / und zum theil auß dem täglichen Prothocollo der heutigen Pennal 'zusammen getragen. Mit sampt etlichen angehengten underschiedlichen Characterismis oder Beschreibungen des Pennalismi, Pedantismi, und Stupiditatis oder der Stockheiligkeit, [o. O.] 1618].

IX. 1. 2. Ungedruckte Quellen

Universitätsarchiv Jena

UAJ A 12/1	Gesetze und Verordnungen 1572–1734.
UAJ A 16	Gesetze und Verordnungen 1590–1732.
UAJ A 18	Abnahme, Statuta, leges, und Verbesserung auch verschiedene derselben Prozesse 1548–1722.
UAJ A 19/1	Akademische Statuten 1538–1687.
UAJ A 55	Visitationen und Statuten 1622–1702.
UAJ A 174	Sammlung der Rescripte Tranksteuer, Rosenkellerey und Brauen im Kollegio betr. 1557–1696.
UAJ A 1182	Polizei-Sachen, Auszüge derer Studenten, Wohnen in Gartenhäusern etc. 1592–1751.
UAJ A 2196	Pennalismus und Nationalismus betr. 1619–1664.
UAJ A 2196a	Pennalismus, Nationalismus, Tumulte betr. 1638–1724.
UAJ A 2197	Pennalismus und Nationalismus betr. 1592–1728.
UAJ A 2548	Altes Copial- und Recess-Buch der Universität Jena 1591–1794.
UAJ E I 1	Tumulte an der Universität Jena 1587–1686.
UAJ E I 2	Tumulte an der Universität Jena 1561–1726.
UAJ E I 4	Tumulte an der Universität Jena 1564–1704.
UAJ E I 5	Tumulte an der Universität Jena 1644–1720.
UAJ E I 6	Tumulte an der Universität Jena 1558–1736.
UAJ E I 7	Tumulte an der Universität Jena 1558–1738.
UAJ E I 9	Tumulte an der Universität Jena 1576–1734.

Stadtarchiv Jena

StAJ C III 3	Kopialbuch 16. Jahrhundert.
StAJ C III 5	Kopialbuch 16. Jahrhundert.

Thüringisches Hauptstaatsarchiv Weimar

ThHStAW A 8250–8271	Studentische Disziplinarsachen 1591–1727.

ThHStAW EGA Reg. Qq B 2041   Tranksteuerbefreiung   für
Tischhalter betr. 1556.

ThHStAW EGA Reg. O 554   Schriftwechsel zwischen Johann Friedrich dem Mittleren und Johann Wilhelm mit Johann Stigel und Victorin Strigel sowie Statuten der Hohen Schule in Jena 1548–1549.

Forschungsbilbiothek Erfurt/Gotha

FBG Chart. A 633   Protokolle von Sitzungen des Coburger Konsistoriums 1615/16 und von Senatssitzungen der Universität Jena 1617–1624.

IX. 2. Literatur

Alenfelder, Klaus Michael: Akademische Gerichtsbarkeit, Baden-Baden 2002.

Arnold, Leni: Die akademische Deposition, in: Schmutzer, Ernst (Hg.): Jena soll leben. Beiträge zum historischen Studentenleben an der Universität Jena, Jena 1991, S. 122–132.

Art. „Cornut", in: Johann Georg Krünitz: Ökonomisch-technologische Enzyklopädie, Bd. 8 (^{2}1785), S. 393 [http://www.kruenitz.uni-trier.de].

Art. „Deponiren" in: Zedler, Johann Heinrich: Grosses vollständiges Universal-Lexicon, Bd. 7 (1734), S. 325, Sp. 608.

Art. „Hänseln", in: Johann Georg Krünitz: Ökonomisch-technologische Enzyklopädie, Bd. 20 (^{2}1789), S. 705–707 [http://www.kruenitz.uni-trier.de].

Asche, Matthias: Art. „Akademische Freiheit", in: EnzNZ, Bd. 1 (2005), Sp. 156–159.

Asche, Matthias: Der Dreißigjährige Krieg und die Universitäten im Heiligen Römischen Reich. Ein Fazit und viele offene

Fragen, in: Militär und Gesellschaft in der Frühen Neuzeit 15 (2011), Heft 1, S. 147–182.

Asche, Matthias: Jena als Typus einer protestantischen Universitätsgründung im Zeichen des Humanismus, in: ZVThGA NF 63 (2009), S. 117–142.

Baader, Joseph von: Wallenstein als Student an der Universität Altdorf. Ein Beitrag zu seiner Jugendgeschichte, Nürnberg 1860.

Baeker, Paul: Die Kämpfe um die akademische Freiheit einst und jetzt, Prenzlau 1905.

Bahnson, Karsten: Akademische Auszüge aus deutschen Universitäts- und Hochschulorten, Saarbrücken 1973 [Diss.].

Bärnstein, Adolf Pernwerth v.: Beiträge Zur Geschichte und Literatur des deutschen Studententhumes, Würzburg 1882.

Bauer, Erich: Zur Deposition und ihrer Symbolik, in: Einst und Jetzt 14 (1969), S. 120–136.

Bauer, Joachim/Hellmann, Birgitt/Müller, Gerhard (Hg.): Logenbrüder, Alchemisten und Studenten. Jena und seine geheimen Gesellschaften im 18. Jahrhundert, Rudolstadt 2002.

Bauer, Max: Sittengeschichte des deutschen Studententums, Dresden 1926.

Baumgart, Peter: Universitäten im konfessionellen Zeitalter, Aschendorff 2006.

Becker, Wilhelm Martin (1907): Zur Geschichte des Pennalismus in Marburg und Gießen, in: Archiv für hessische Geschichte und Altertumskunde NF 5 (1907), S. 327–355.

Bernhard, Michael: Goswin Kempgyn de Nussia, Trivita studentium. Eine Einführung in das Universitätsstudium aus dem 15. Jahrhundert, München 1976.

Beyer, Carl: Studentenleben im 17. Jahrhundert. Kulturgeschichtliche Bilder, Schwerin 1899.

Bock, Otto: Die Reform der Erfurter Universität während des Dreissigjährigen Krieges, Halle a. S. 1908.

Braun, Tina: Die studentischen „Nationen" in Uppsala und ihre Feste im 17. Jahrhundert, in: Bernhard, Kirsten/Krug-Richter, Barbara/Mohrmann, Ruth-E. (Hg.): Gastlichkeit und Geselligkeit im akademischen Milieu in der Frühen Neuzeit, Münster/New York/München/Berlin 2013, S. 49–66.

Brecht, Martin: Die Rezeption von Luthers Freiheitsverständnis in der Frühen Neuzeit, in: Lutherjahrbuch 62 (1995), S. 121–151.

Bruchmüller, Wilhelm: Das deutsche Studententum von seinen Anfängen bis zur Gegenwart, Leipzig 1922.

Bruchmüller, Wilhelm: Der Leipziger Student im Zeitalter des Pennalismus, in: Schriften des Vereins für die Geschichte Leipzigs 9 (1909), S. 78–100.

Brügmann, Arnold: Zucht und Leben der deutschen Studenten 1648–1848, Berlin 1941.

Buchwald, Georg: Ein Studentenaufruhr in Jena im Jahre 1660. Nach dem Briefe eines Teilnehmers und Augenzeugen mitgeteilt, in: ZVThGA NF 8 (1892) Heft 1–2, S. 203–209.

Deichert, Heinrich: Die akademische Freiheit in Helmstedt während des 16. und 17. Jahrhunderts, in: Hannoversche Geschichtsblätter 14 (1910), S. 257–277.

Dietrich, Peter: Die Deutsche Landsmannschaft, in: Historia Academica 3/4 [o. J.], S. 1–153.

Dolch, Oskar: Geschichte des deutschen Studententhums. Von der Gründung der deutschen Universitäten bis zu den deutschen Freiheitskriegen, Leipzig 1858.

Eckstein, Fr[iedrich] Aug[ust]: Art. „Pennalismus", in: Allgemeine Encyclopädie der Wissenschaften und Künste, 3. Sektion, Tl. 16 (1842), S. 29–39.

Erman, Wilhelm/Horn, Ewald: Bibliographie der deutschen Universitäten. Systematisch geordnetes Verzeichnis der bis Ende 1899 gedruckten Bücher u. Aufsätze über das deutsche Universitätswesen, 3 Bde., Leipzig/Berlin 1904/05.

Eulenburg, Franz: Die Frequenz der deutschen Universitäten von ihrer Gründung bis zur Gegenwart, Leipzig 1904 [ND Berlin 1994].

Fabricius, Wilhelm: Die akademische Deposition (Depositio cornuum). Beiträge zur Deutschen Literatur- und Kulturgeschichte, speciell zur Sittengeschichte der Universitäten, Frankfurt a. M 1895.

Fabricius, Wilhelm: Die ältesten gedruckten Quellen zur Geschichte des deutschen Studententums II, in: Zeitschrift für Bücherfreunde 3 (1899/1900), S. 99–105.

Fabricius, Wilhelm: Die deutschen Corps. Eine historische Darstellung der Entwicklung des studentischen Verbindungswesens in Deutschland, der Corps bis zur Gegenwart, Frankfurt a. M. 1926.

Fabricius, Wilhelm: Joh. Georg Schoch's Comoedia vom Studentenleben. Mit Einleitung und Erläuterungen nach der Ausgabe von 1658, München 1892.

Fick, R[ichard]: Auf Deutschlands hohen Schulen. Eine illustrierte kulturgeschichtliche Darstellung deutschen Hochschul- und Studentenwesens, Berlin/Leipzig 1900 [ND 1997].

Flöter, Jonas: Eliten-Bildung in Sachsen und Preußen. Die Fürsten- und Landesschulen Grimma, Meißen, Joachimsthal und Pforta (1868–1933), Köln/Weimar/Wien 2009.

Franke, Richard Walter: Der Pennalismus auf der Universität Leipzig, in: Emmerich, Werner (Hg.): Von Land und Kultur. Beiträge zur Geschichte des mitteldeutschen Ostens, Leipzig 1937, S. 203–244.

Franke, R[ichard] W[alter]: Zur Geschichte des Zweikampfes und Duellwesens an der Universität Leipzig, in: Schriften des Vereins für die Geschichte Leipzigs 19 (1936), S. 34–45.

Friedensburg, Walter: Geschichte der Universität Wittenberg, Halle a. S. 1917.

Füssel, Marian: Akademischer Sittenverfall? Studentenkultur vor, in und nach der Zeit des Dreißigjährigen Krieges, in: Militär und Gesellschaft in der Frühen Neuzeit 15 (2011), Heft 1, S. 124–146.

Füssel, Marian: Devianz als Norm? Studentische Gewalt und akademische Freiheit in Köln im 17. und 18. Jahrhundert, in: Westfälische Forschungen 45 (2004), S. 145–166.

Füssel, Marian: Gewalt im Zeichen der Feder. Soziale Leitbilder in akademischen Initiationsriten der Frühen Neuzeit, in: Hohkamp, Michaela/Jarzebowski, Claudia/Ulbrich, Claudia (Hg.): Gewalt in der Frühen Neuzeit. Beiträge zur 5. Tagung der Arbeitsgemeinschaft Frühe Neuzeit im VHD, Berlin 2005, S. 101–116.

Füssel, Marian: Riten der Gewalt. Zur Geschichte der akademischen Deposition und des Pennalismus in der frühen Neuzeit, in: Zeitschrift für historische Forschungen 32/4 (2005), S. 605–648. [zitiert nach: http://www.burschenschaftsgeschichte.de/pdf/fuessel_riten.pdf]

Gebhardt, Bruno: Deutsches Studentenleben im 16. und 17. Jahrhundert, in: Zeitschrift für Allgemeine Geschichte, Kultur-, Litteratur- und Kunstgeschichte 4 (1887), S. 949–963.

Gerber, Stefan/Asche, Matthias: Art. „Studentenverbindung", in: EnzNZ, Bd. 12 (2012), Sp. 1166–1175.

Götze, Otto: Die Jenaer akademischen Logen und Studentenorden des XVIII. Jahrhunderts, Jena 1932.

Hallier, Christian: Johann Matthäus Meyfart. Ein Schriftsteller, Pädagoge und Theologe des 17. Jahrhunderts, Fankfurt a. M. 1926 [ND Neumünster 1982].

Haupt, Herman/Lehnert, Georg (Hg.): Chronik der Universität Gießen. 1607 bis 1907, Gießen 1907.

Heiler, Carl: Der Herborner Student 1584–1817, in: Nassauische Annalen 55 (1935), S. 1–100.

Hensel, Matthias: „Wir sein so starck als ir seyd". Die ungastliche Stadt und die Hohe Schule zu Jena, in: Bernhard, Kirsten/Krug-Richter, Barbara/Mohrmann, Ruth-E. (Hg.): Gastlichkeit und Geselligkeit im akademischen Milieu in der Frühen Neuzeit, Münster/New York/München/Berlin 2013, S. 67–99.

Hofmeister, Adolph: Rostocker Studentenleben vom 15. bis ins 19. Jahrhundert, in: Archiv für Kulturgeschichte 4 (1906), S. 1–50, 171–196, 310–348.

Jahn, Ralf G.: Die Studenten der Antike, [o. O. u. J.] [http://www.adel-genealogie.de/Antike2.html].

Kalischer, Wolfgang (Hg.): Die Universität und ihre Studentenschaft. Universitas magistrorum et scholarium. Versuch einer Dokumentation aus Gesetzen, Erlassen, Beschlüssen, Reden, Schriften und Briefen, Essen 1967.

Keil, Richard/Keil, Robert: Geschichte des Jenaischen Studentenlebens von der Gründung der Universität bis zur Gegenwart (1548–1858). Eine Festgabe zum dreihundertjährigen Jubiläum der Universität Jena, Leipzig 1858.

Kelter, Edmund: Ein Jenaer Student um 1630 (Eberhard von Todenwarth). Eine Jubiläumsausgabe zur Universitätsfeier, Jena 1908.

Keussen, Hermann: Die alte Universität Köln. Grundzüge ihrer Verfassung und Geschichte. Festschrift zum Einzug in die neue Universität Köln, Köln 1934.

Klose, Werner: Freiheit schreibt auf Eure Fahnen. 800 Jahre deutsche Studenten, Oldenburg/Hamburg 1967.

Kn., E.: Zur Geschichte des deutschen Studententums, in: Kühne, Ferdinand Gustav (Hg.): Europa. Chronik der gebildeten Welt für das Jahr 1858, Leipzig 1858, Sp. 513–522.

Koch, Herbert: Geschichte der Stadt Jena, Jena ²1996.

Koerrenz, Ralf: Reformation – Protestantismus – Bildung. Martin Luther als Referenzpunkt protestantischer Bildungstraditionen, in: Koerrenz, Ralf/Schluß, Henning (Hg.): Reformatorische Ausgangspunkte protestantischer Bildung. Orientierungen an Martin Luther, Jena 2011, S. 31–67.

Kossert, Thomas: Inter arma silent litterae? Universitäten im Dreißigjährigen Krieg, in: Militär und Gesellschaft in der Frühen Neuzeit 15 (2011), Heft 1, S. 9–17.

Krug-Richter, Barbara: ‚Ein stund ernennen unnd im ein schlacht lieffern'. Anmerkungen zum Duell in der studentischen Kultur, in: Ludwig, Ulrike/Krug-Richter, Barbara/ Schwerhoff, Gerd (Hg.): Das Duell: Ehrenkämpfe vom Mittelalter bis zur Moderne, Konstanz 2012, S. 275–288.

Landwehr, Martin: „Normdurchsetzung" in der Frühen Neuzeit?, in: Zeitschrift für Geschichtswissenschaft 48 (2000), S. 146–162.

Lange, F. A.: Pennalismus, in: Karl Adolf Schmid (Hg.): Encyklopädie des gesamten Erziehungs- und Unterrichtswesens, bearbeitet von einer Anzahl Schulmänner und Gelehrten, Bd. 5, Gotha 1866, S. 834–841.

Lieber, Jule: „Amboss oder Hammer sein, wir waren Opfer und Täter!" Was vom Pennalismus am heutigen Gymnasium St. Augustin zu Grimme während der DDR-Zeit noch geblieben ist, Beucha 2008.

Lockemann, Theodor: Zur Geschichte der Deposition an der Universität Jena, in: ZVThGA NF 34 (1940), S. 250–265.

Lück, Heiner: Art. „Universitätsgerichtsbarkeit", in: EnzNZ, Bd. 13 (2011), Sp. 1040–1043.

Luther, Martin: Von der Freiheit eines Christenmenschen. Studienausgabe, Stuttgart 2011.

Martin, Daniel: Vom Penal und Schulfuchsen (New Parliament oder Hundert kurzweilige, doch nützliche Gespräche usw. Kapitel 25). Straßburg, 1637, in: Jahrbuch für Geschichte, Sprache und Litteratur Elsass-Lothringens 13 (1897), S. 208–216.

Marwinski, Felicitas: Die Jenaer Tischgesellschaften des 17. Jahrhunderts als Vorläufer studentischer Organisationen, in: Schmutzer, Ernst (Hg.): Jena soll leben. Beiträge zum historischen Studentenleben an der Universität Jena, Jena 1991, S. 94–121.

Mayer, Hermann: Über die studentische Tracht, in: Zeitschrift der Gesellschaft für Beförderung der Geschichte-, Altertums- und Volkskunde von Freiburg 31 (1916), S. 163–191.

Medick, Hans: Zwischen Religionskrieg und Fakultätskonflikt. Professoren an der „Reform-Universität" Erfurt – im 17. Jahrhundert, in: Lüdtke, Alf (Hg.): Gelehrtenleben. Wissenschaftspraxis in der Neuzeit, Köln/u. a. 2008, S. 47–64.

Meiners, Christoph: Geschichte des Beanismus, der Deposition und des Pennalismus, in: Göttingische akademische Analen 1 (1804), S. 102–190.

Mentz, Georg: Die Statuten der Universität Jena von 1591, in: Mitteilungen der Gesellschaft für deutsche Erziehungs- und Schulgeschichte 10 (1900), S. 56–68.

Mezger, Werner: Narrenidee und Fastnachtsbrauch. Studien zum Fortleben des Mittelalters in der europäischen Festkultur, Konstanz 1991.

Meyer-Lingen, Gustav: Jenaisches Bürgerleben zur Zeit des Dreißigjährigen Krieges. Aus einem alten Tagebuch (Bürgermeister Michael Dannenberger) mitgeteilt, in: Amtliches Adressbuch der Stadt Jena 35 (1929), S. 1–22.

Mitgau, Herman: Die Studententrachten, in: Doeberle, Michael/u. a. (Hg.): Das akademische Deutschland, Bd. 2: Die deutschen Hochschulen und ihre akademischen Bürger, Berlin 1931, S. 135–154.

Mohl, Robert von: Geschichtliche Nachweisungen über die Sitten und das Betragen der Tübinger Studenten während des 16. Jahrhunderts, Tübingen 1840 [ND 1977].

Motschmann, Just Christoph: Erfordia Literata oder Gelehrtes Erffurth. Worinnen so wohl Von der Beschaffenheit und Einrichtung der Erffurthischen Universität Als auch Von denen Gelehrten Leuten, [...] ausführliche Nachricht ertheilet wird, Bd. 1, Erfurt 1729.

Müller, Hans: Die Sammlung von Universitätsprogrammen in der Universitäts-Bibliothek Jena, in: Zentralblatt für Bibliothekswesen 60 (1944), S. 337–353.

Müller, Hans: Eine Episode aus dem Kampf gegen den Pennalismus an der Universität Jena, in: ZVThGA NF 31 (1935), S. 113–159.

Müller, Hans: Ein Schreiben der Universität Jena über den Pennalismus, in: Jenaische Zeitung 102 (2. Mai 1930), S. 6.

Müller, Johann Sebastian: Des Chur- und Fürstlichen Hauses Sachsen / Ernestin- und Albertinischer Linien / Annales, von Anno 1400. bis 1700. [...], Leipzig 1701.

Müller, Rainer A.: Landsmannschaften und studentische Orden an deutschen Universitäten des 17. und 18. Jahrhunderts, in: Brandt, Harm-Hinrich/Stickler, Matthias (Hg.): „Der Burschen Herrlichkeit". Geschichte und Gegenwart des studentischen Korporationswesens, Würzburg 1998, S. 13–34.

Müller, Rainer A.: Studentenkultur und akademischer Alltag, in: Walter Rüegg (Hg.): Geschichte der Universität in Europa, Bd. 2, München 1996, S. 263–286.

Nail, Norbert: Über den akademischen Brauch der Deposition in Marburg. Vortrag im Rahmen der Marburger „Nacht der Geisteswissenschaften" am 23. 11. 2007 [http://www.staff.uni-marburg.de/~nail/pdf/Deposition.pdf].

Nimtz, Herbert: Motive des Studentenlebens in der deutschen Literatur von den Anfängen bis zum Ende des achtzehnten Jahrhunderts, Würzburg 1937.

Oschilewski, Walther G.: Der Buchdrucker. Brauch und Gewohnheit in alter und neuer Zeit. Berlin ³1988.

Paulsen, Friedrich: Geschichte des gelehrten Unterrichts auf den deutschen Schulen und Universitäten vom Anfang des Mittelalters bis zur Gegenwart. Mit besonderer Rücksicht auf den klassischen Unterricht, Bd. 1, Leipzig 1885.

Platen, Michael: Ein aufsehenerregender Fall im Kampf gegen den Pennalismus während des Dreißigjährigen Krieges (1618–1648), in: Schmutzer, Ernst (Hg.): Jena soll leben. Beiträge zum historischen Studentenleben an der Universität Jena, Jena 1991, S. 86–93.

Platter, Thomas: Lebensbeschreibung, hg. von Alfred Hartmann, Basel ³2006.

Rasche, Ulrich: Art. „Deposition", in: EnzNZ, Bd. 2 (2005), Sp. 924–927.

Rasche, Ulrich: Aspekte studentischer Konflikt- und Erinnerungskultur im 17. Jahrhundert, in: Bruning, Jens/Gleixner, Ulrike/Dorn, Nico (Hg.): Das Athen der Welfen. Die Reformuniversität Helmstedt 1576–1810, Wolfenbüttel 2010.

Rasche, Ulrich: Cornelius relegatus in Stichen und Stammbuchbildern des frühen 17. Jahrhunderts, in: Einst und Jetzt, 53 (2008), S. 15–47.

Rasche, Ulrich: Cornelius Relegatus und die Disziplinierung der deutschen Studenten (16. bis frühes 19. Jahrhundert). Zugleich ein Beitrag zur Ikonologie studentischer Memoria, in: Krug-Richter, Barbara/Mohrmann, Ruth-E. (Hg.): Frühneuzeitliche Universitätskulturen. Kulturhistorische Perspektiven auf die Hochschulen Europas, Köln/Weimar/Wien 2009, S. 157–221.

Rasche, Ulrich: Über die „Unruhe" am „academischen Uhrwerck". Quellenstudien zur Geschichte des Dienstpersonals an der Universität Jena vom 17. bis zum frühen 19. Jahrhundert, in: ZVThGA NF 53 (1999), S. 45–112.

Rasche, Ulrich: Die mitteldeutschen Universitäten, in: Döring, Detlef/Hollberg, Cecilie (Hg.): Erleuchtung der Welt. Sachsen und der Beginn der modernen Wissenschaften, Dresden 2009, S. 102–111.

Rasche, Ulrich (Hg.): Quellen zur frühneuzeitlichen Universitätsgeschichte. Typen, Bestände, Forschungsperspektiven, Wiesbaden 2011.

Rauschenbach, Gerhard: Entwicklung und Stellung der Körpererziehung der Studierenden an der Universität Jena. Ein Beitrag zur Geschichte der Universität Jena (1548/58–1958), Jena 1960 [Diss. Schreibmaschine].

Retter, Hein (bearb.): Fahrende Schüler zu Beginn der Neuzeit Selbstzeugnisse aus dem 16. Jahrhundert – „J. Butzbach: Wanderbüchlein", „Th. Platter: Lebensbeschreibung", „F.

Platter: Tagebuchaufzeichnungen", „L. Geizkofler: Selbst-biographie", Heidenheim 1972.

Richter, Wenke: Die vier mitteldeutschen Universitäten Leip-zig, Wittenberg, Jena und Erfurt im Dreißigjährigen Krieg. Eine Frequenzanalyse, in: Militär und Gesellschaft in der Frühen Neuzeit 15 (2011), Heft 1, S. 41–55.

Roselt, Christof: Die rechtlichen und wirtschaftlichen Bezie-hungen zwischen Universität und Stadtrat Jena im sech-zehnten und siebzehnten Jahrhundert, Jena 1951 [Diss. Schreibmaschine].

Schade, Oskar: Über Jünglingsweihen. Ein Beitrag zur Sitten-kunde, in: Weimarisches Jahrbuch für deutsche Sprache, Lit-teratur und Kunst 6 (1857), S. 241–416.

Schlumbohm, Jürgen: Gesetze, die nicht durchgesetzt werden – Ein Strukturmerkmal des frühneuzeitlichen Staates?, in: Geschichte und Gesellschaft 23 (1997), S. 647–663.

Schluß, Henning: Reformation und Bidlung. Ein Beitrag zur Dekonstruktion des protestantischen Bildungsmythos in der Auseinandersetzung mit der Ratsherrenschrift Martin Luthers, in: Koerrenz, Ralf/Schluß, Henning (Hg.): Reforma-torische Ausgangspunkte protestantischer Bildung. Orien-tierungen an Martin Luther, Jena 2011, S. 7–30.

Schmeizel, Martin: Jenaische Stadt- und Universitäts-Chronik, nebst einem Stadtplan vom Jahr 1758, hg. von Ernst De-vrient, Jena 1908.

Schmid, Achatius Ludwig Carl: Zuverläsiger Unterricht von der Verfassung der Herzoglich Sächsischen Gesamtakademie zu Jena, aus Akten und andern Urkunden, Jena 1772.

Schmidt, Erich: Komödien vom Studentenleben aus dem sech-zehnten und siebzehnten Jahrhundert. Vortrag gehalten auf der Trierer Philologenversammlung von Erich Schmidt. Er-weiterter Abdruck, Leipzig 1880.

Schulze, Friedrich/Ssymank, Paul: Das deutsche Studententum von den ältesten Zeiten bis zur Gegenwart, Leipzig 1910 [ND 1991].

Schwarz, Johann Carl Eduard: Das erste Jahrzehnt der Universität Jena, Jena 1858.

Schwerhoff, Gerd/Schreiner, Klaus (Hg.): Verletzte Eher. Ehrkonflikte in Gesellschaften des Mittelalters und der frühen Neuzeit, Köln/Weimar/Wien 1995.

Schwinges: Der Student in der Universität, in: Walter Rüegg (Hg.): Geschichte der Universität in Europa, Bd. 1, München 1993, S. 181–223.

Schwinges, Rainer Christoph: Europäische Studenten des späten Mittelalters, in: Patschovsky, Alexander/Rabe, Horst (Hg.): Die Universität in Alteuropa, Konstanz 1994, S. 129–146.

Schwinges, Rainer Christoph: Mit Mückensenf und Hellschapoff. Fest und Freizeit in der Universität des Mittelalters (14. bis 16. Jahrhundert), in: Jahrbuch für Universitätsgeschichte, 6 (2003), S. 11–27.

Schwinges, Rainer Christoph: Sozialgeschichtliche Aspekte spätmittelalterlicher Studentenbursen in Deutschland, in: Fried, Johannes (Hg.): Schulen und Studium im sozialen Wandel des hohen und späten Mittelalters, Sigmaringen 1986, S. 527–564.

Schwinges, Rainer Christoph (Hg.): Universität im öffentlichen Raum, Basel 2008.

Späte, Helmut: Das wirtschaftliche, gesellschaftliche und geistige Leben der Studenten in der Universität Jena im ersten Jahrhundert ihres Bestehens 1548/58–1658, Jena 1955 [Diss. Schreibmaschine].

Speitkamp, Winfried: Ohrfeige, Duell, Ehrenmord. Eine Geschichte der Ehre, Stuttgart 2010.

Stein, Friedrich: Die akademische Gerichtsbarkeit in Deutschland, Leipzig 1891.

Steinmetz, Max (Hg.): Geschichte der Universität Jena (1548/58–1958). Festgabe zum vierhundertjährigen Universitätsjubiläum, Bd. 1, Jena 1958.

Stieda, Wilhelm: Der Pommersche Chor in Rostock, in: Jahrbücher des Vereins für Mecklenburgische Geschichte und Altertumskunde 84 (1919), S. 3–97.

Tholuck, August: Lebenszeugen der lutherischen Kirche aus allen Ständen vor und während der Zeit des dreißigjährigen Krieges, Berlin 1859.

Tholuck, August: Vorgeschichte des Rationalismus, Tl. 1: Das akademische Leben des 17. Jahrhunderts mit besonderer Beziehung auf die protestantisch-theologischen Fakultäten Deutschlands, nach handschriftlichen Quellen, Abt. 1: Die akademischen Zustände, Halle 1853.

Traeger, Ilse (Hg.): Chronologus Jenensis. Magister Adrian Beiers jehnische Chronika (1600–1672), Jena 1989.

Troger, Franziska: Ehre und Duell in der Literatur des Jung Wien. Analyse der politischen Semantik des Ehrbegriffs in „Der Weg ins Freie" und „Das neue Ghetto", Wien 2010 [Diplomarbeit] [http://othes.univie.ac.at/9164/1/2010-03-23_0402271. pdf].

Trunz, Erich: Johann Matthäus Meyfart. Theologe und Schriftsteller in der Zeit des Dreißigjährigen Krieges, München 1987.

Turner, Victor: Das Ritual. Struktur und Anti-Struktur, Frankfurt a. M./New York 1989.

Vollert, Max: Die Geschichte der Verfassung der Universität Jena, in: ZVThGA NF 37 (1930), S. 18–53.

Volkmann, Rolf: Helmstedter Kindes-Immatrikulationen als Ausweg aus dem Pennalismus, in: Braunschweigische Heimat 96 (2010), S. 15–17.

Wallentin, Stefan: Fürstliche Normen und akademische „Observanzen". Die Verfassung der Universität Jena 1630–1730, Köln/Weimar/Wien 2009.

Wilms, Yvonne: Ehre, Männlichkeit und Kriminalität, Berlin/
Münster/Wien/u. a. 2009.
Zucker, Friedrich/Schneider, Friedrich (Hg.): Jenaer Papyrus-
Urkunden und spätmittelalterliche Urkunden, nebst den
ersten Universitätsverordnungen und Statuten vom Jahr
1548, Zwickau 1926.